▶ 2004 年 1 月 18 日，智慧足球棋在泰州上市

▲ 贾玉宏的妻子刘爱萍全力支持和协助他推广智慧足球棋

▲ 贾玉宏、刘爱萍夫妻两人带队参加江苏省智力运动会国际跳棋比赛

▶ 贾玉宏和国际象棋讲师常忠宪老师在一起畅谈棋事棋趣

◀ 在北京，贾玉宏走进校园开展智慧足球棋普及教学

▲ 贾玉宏将智慧足球棋摆放在摩托车后备箱上，吸引来众多小学生围观学习

▲ 棋手风采——杨锐明在比赛中

▲ 棋手风采——朱羿铭在比赛中

▶ 周靖、阚阳、袁凯利用节假日，来赛场义务做裁判工作

▲ 智慧足球棋 2022 新版棋盘设计完成，朱羿铭抢先试下

▲ 高港区口岸中心小学智慧足球棋社团室外课

▲ 南京理工大学泰州科技学院智慧足球棋“战队”个个都是强手

▲ 下课了，学生们涌上讲台，一试身手

▲ 大学生棋手风采

◀ 贾玉宏的儿子贾奇峰 10 岁时，棋艺出众，成为父亲的小助手，常跟在父亲身边帮助辅导学员

▶ 又一轮比赛结束了，冲进了八强，孩子们欢呼庆祝

▶ 史必虎（左一）、顾海峰（左二）、郑晓东（左三）、王刚（右一）在泰州上大学期间，义务协助贾玉宏推广智慧足球棋

▶ “春兰杯”围棋国手车轮战现场，智慧足球棋车轮战吸引了围棋界名家来探秘

▲ 贾玉宏在北京陶然亭小学讲棋，一名学生兴奋地从座位上跳了起来

▲ 2008 年，贾玉宏应邀来北京第一届世界智力运动会现场观摩比赛

▲ 环溪小学的学生曾连续 5 次夺得泰州市智慧足球棋比赛冠军，图为学校智慧足球棋社团课

▲ 2016 年，泰州市智慧足球棋棋王争霸赛上，选手田海龙射门的瞬间

▲ 陈强主任义务参与了多届智慧足球棋比赛，负责积分编排和组织工作，是智慧足球棋赛场上的“定海神针”

◀ 贾玉宏走进小学开展智慧足球棋讲座

▲ 智慧足球棋男女混合比赛中，巾帼不让须眉

▲ 智慧足球棋走进课堂，受到了学生们的欢迎

► 泰州市大浦中心小学智慧足球棋社团课

◄ 贾玉宏讲棋生动幽默，经常让学生开怀大笑

▲ 贾玉宏实战讲棋

▲ 每次上完课，都会有学生将贾玉宏围起来要签名

▲ 在最初几年，智慧足球棋比赛中，贾玉宏都用手工编排积分

▲ 智慧足球棋刚刚上市，贾玉宏自己制作教学棋盘、棋子、支架等，棋桌也是用货架角铁和木板自制而成的

峰级证书

贾奇峰 经长期的不懈努力，你的足球峰棋棋艺有成，经评定现授予你为 三峰级 棋手。特颁发此证，希望你再接再厉，继续登峰。

姓　　名：贾 奇 峰
性　　别：男
出生年月：1998年9月12号
棋手编号：第011818号
证书编号：第T200700001号

足球峰棋基地

二〇〇七年十月十八日

州市足球协会
足球峰棋基地

◀ 2007 年从北京回到泰州后的 10 月，足球棋正式更名为“足球峰棋”，同时设计完成了初版“峰级证书”

不是一个人在战斗

贾玉宏与智慧足球棋的故事

贾玉宏◎著

企业管理出版社
ENTERPRISE MANAGEMENT PUBLISHING HOUSE

图书在版编目（CIP）数据

不是一个人在战斗：贾玉宏与智慧足球棋的故事 / 贾玉宏著 . — 北京：企业管理出版社，2022.7
ISBN 978-7-5164-2629-6

Ⅰ. ①不…　Ⅱ. ①贾…　Ⅲ. ①贾玉宏—传记　Ⅳ. ① K828.1

中国版本图书馆 CIP 数据核字 (2022) 第 096372 号

书　　名：不是一个人在战斗：贾玉宏与智慧足球棋的故事
书　　号：ISBN 978-7-5164-2629-6
作　　者：贾玉宏
策　　划：赵喜勤
责任编辑：赵喜勤
出版发行：企业管理出版社
经　　销：新华书店
地　　址：北京市海淀区紫竹院南路 17 号　　邮编：100048
网　　址：http://www.emph.cn　　电子信箱：zhaoxq13@163.com
电　　话：编辑部（010）68420309　　发行部（010）68701816
印　　刷：河北宝昌佳彩印刷有限公司
版　　次：2022 年 7 月第 1 版
印　　次：2022 年 7 月第 1 次印刷
开　　本：710mm × 1000mm　1/16
印　　张：15.25 印张
字　　数：205 千字
定　　价：68.00 元

序

本书的序，一直想请朋友代写。因为和我交往的朋友中能言善写的挺多，例如校长朋友、老师朋友、记者朋友以及熟悉我的一些大师们。多年接触下来，他们对我也都很了解。若是请他们当中的任何一位来作序，自然会为我的这本书增色添彩，一定是很有意义的！但静下心来几经思虑之后，还是放弃了这个想法，决定自己来写。就如同最初想请朋友来代写这本书一样，最终还是自己拿起了笔。

写作《不是一个人在战斗：贾玉宏与智慧足球棋的故事》这本书，挺不容易。完成之后才感觉到，这还真不是任何人能够代写的，因为我只是一个名不见经传的小人物，不像大家熟知的公众人物那样有现成的资料和故事。

这是我有生以来第一次正式写书，难度挺大的。写书有别于我平时写微信小文发公众号，这是要在更大的“舞台”上讲故事！就如同演员表演节目一样，在地方小舞台上演出，可以是随意和即兴的，不会有太多约束；如果换成面向全国的大舞台，那就要对演出的内容做精简和细化，同时也要对表演方式等进行锤炼和打磨，这一点在我完成这本书的写作和修改工作的过程中体会最深。

本书能够顺利完稿，得益于我平时有写日记的习惯，通过日记记录下许多真实发生的事件，为今天的写作打好了基础。当然那时写日记，并没有想到为日后写书做准备，这就像发明智慧足球棋后进行普及推广一样，一切似乎都是在有意无意之中顺其自然做到的。

有了详尽的记录，写作也就有了素材。不过在整理资料、编写提纲、立意和构思等方面，还是花费了不少精力，用去了大量的时间。写好了提纲、写作初稿并不费劲，每天坚持写一点，渐渐也就写成了。

其实，写书是我从小学阶段就开始怀揣的一个梦想。那时，我特别喜欢看书，其中尤以历史小说和武侠小说为多。为了看书，常常将父母给的午餐费和零花钱用在买书上。书看多了，脑子里的故事也就多了，后来在上初一时还试着写了一部武侠小说，供自己欣赏。那时每看一部自己喜爱的书，都非常崇拜书的作者，也就梦想着自己写书出版。但心里很清楚，实现这个梦想是很遥远的事。尽管那时对自己写的武侠小说有些自恋和期待，但怎么都想不到在年过半百之后我的这本书能够付梓出版，这算得上我的“处女作”了。

《不是一个人在战斗：贾玉宏与智慧足球棋的故事》这本书中有几点需要在此说明：

第一，智慧足球棋上市后，在推广过程中，棋的名字更改了两次。初始阶段名字是“足球棋”，后来改为“足球峰棋”，再后来又进行了更改，名为“智慧足球棋”。三个名字，代表着智慧足球棋在推广中经历的三个不寻常的阶段。在写作时，为了承上启下，沿着推广进程讲述每一阶段的故事时，智慧足球棋所用的名字都是当时的实际名字。这样可以全面展现智慧足球棋每个阶段的艰难历程，也能更加清晰地对故事进行完整叙述。

第二，对于故事中的人物、单位、场所等，书中多数用的是真名，而有一些用的是化名。用这种方式来写，是为了在保留这些真实故事的前提下，避免给当事人带来不便，也是为了还原智慧足球棋真实的推广经历，让大家全面透彻地了解智慧足球棋的发展过程。对此，大家不必对号入座。

第三，《不是一个人在战斗：贾玉宏与智慧足球棋的故事》一书是我独立写成的一部自传体著作。在写作方法上与多数人的写法不同，主人公直接用我的名字，是从旁观者的角度来写。看上去，就像是另外一个人在写贾玉宏的故事。这样写作，我感觉更能自如、真实地讲述故事和突出我内心的所思所想，因此我以“旁观者”的视角讲述自己的故事，也算是一种与众不同了！

仅此！

请看我的故事——《不是一个人在战斗：贾玉宏与智慧足球棋的故事》。

目　录

第一章

奇思妙想，“纸上谈兵”踢足球

一、突发奇想，灵感来了

在江苏省中部，长江沿岸，有一座古老的历史文化名城，它有 2100 多年的历史，这就是有着“汉唐古郡、淮海名区”美誉，被称为“祥泰之州”的泰州市。

泰州人杰地灵，历代明贤辈出。《水浒传》作者施耐庵、“扬州八怪”的代表人物郑板桥、现代著名京剧艺术大师梅兰芳等都是泰州历史文化名人的杰出代表。

贾玉宏的老家在泰州，但他生长在辽宁省营口市鲅鱼圈区。他中学毕业后回到老家泰州工作，先是在一家企业做会计，后来进入泰州市阀门厂做产品销售工作。这份工作需要经常出差，他走南闯北，接触外面的精彩世界，既增长了阅历，开阔了视野，又结交了许多朋友。因此，这个工作，他很喜欢。

贾玉宏爱好广泛，唱歌、跳舞、看书、写作、运动等他都喜欢。小时候他最喜欢鼓捣小发明，制造出电影放映机、电视机及小飞机和在水里能自动行走的小船等。

他还特别喜欢足球，不仅喜欢看球赛，更喜欢踢球。他经常和哥哥一起踢球，有时还就地取材，将塑料瓶、玉米棒等当成足球踢。不过真正踢起球来，还真不怎么样，和哥哥比起来那更是差远了。哥哥踢球很厉害，常常将狗窝当成球门进行射门。刚开始，狗还能抵挡一下；后来实在抵挡不住了，只要一见他抬脚，狗就立刻趴在门旁，做投降状。

贾玉宏踢球踢不过哥哥，但是在看球和侃球上更胜一筹，为此常和哥哥争得面红耳赤。哥哥说不过他时，总是随手拿起身边的物件对准他，大喊一声“射门”，结果当然是“武力”获胜。

小时候这样的趣事深埋在贾玉宏心里，久而久之，使得他对足球这项运动更加痴迷和热爱。

参加工作后，贾玉宏得到了一份能够游走“江湖”的美差。经常到大城市出差，比如北京、天津、石家庄、沈阳等，这些都是足球氛围浓厚的城市。来到这些城市出差，常常可以观看到国内高水平的足球比赛，也结识了许多球友，和他们侃球论球。在这样的环境中，耳濡目染，日久蓄积，在1996年的一天，突然间灵感来了！

那一天，贾玉宏在家中看电视台播放的足球比赛。他突发奇想，如果能将足球运动搬到棋盘上进行，下棋的时候就如同教练员一样指挥球员来踢球，这样不用到球场也能体验足球运动激烈搏杀的快感，同时又能像下棋一样比拼智慧，一举两得，那该多好！

灵感突现让他兴奋了好一阵子。可冷静下来，他又反问自己：这可能吗？足球要动，下棋要静，这一动一静，风马牛不相及的事物怎么结合？

二、动静结合，棋规棋理

一连串的问号都指向了不可能，不过他还是决定先试着玩玩。凭着对足球的印象，他就地取材，将一副军棋拆开，在棋子的背面贴上标签，分别写上“前锋”“中卫”“后卫”“守门员”字样。然后拿来一张 A4 纸，画了一个简易的足球场。再将代表球员的棋子放到“足球场”上面，模仿球场踢球的样子替双方对战起来。结果，在你来我往中，都是由一个人操控，始终无法决出胜负。你方射门，我方就拦截；你方拿球，我方就去抢球。枯燥无聊，索然无味。

这时，他想到了规则，要制定规则来限制和约束双方。想到这，顿时眼前一亮！但是，真要设计一套合理的下棋规则，还不能脱离足球运动的特点，这谈何容易！

大家都知道，足球运动是全场球员同时在动，下棋时却是局部在动，两者结合，这本身就不符合足球运动的规律。而棋类运动的规则更要严丝合缝，不能有一点缺陷，否则双方就难以形成公平合理的对局。

想到制定规则，这着实难住了贾玉宏。他脑海中一片茫然，看着眼前草画的“足球场”和最原始的棋子，不知该如何下手。

自从有了制定规则的念头后，他一直想着这件事。于是就到新华书店翻阅和购买足球及棋类书籍，寻找共同点和切入点。这样持续了将近一个月时间，有一天他边跑步健身边琢磨这个难题，突然灵光闪现，想到了“棋位”。对呀，下棋怎么能没有棋位呢！这个念头令他茅塞顿开。之前他一直想着足球的特点和规律而忽略了棋类理论，这时他明白了，想要将足球运动搬到棋盘上进行，必须向棋靠拢。既然是下棋，就得符合棋类运动的理论和规律。

这样的突破让贾玉宏很开心，从那一天起他开始了全新的构思。

三、突破难关，四年成型

众所周知，要设计一种全新的棋不是容易的事，而要将棋类运动的理论与足球运动的规律完全融合，更是难上加难。为此，贾玉宏做了大量试验。

他最初画的棋盘并不大，棋子在上面移动起来磕磕绊绊的，不易于规则制定和运用。于是，他找来大一些的纸张，增加棋位数量。如此反复试验，他面前的棋盘在渐渐地变大，棋位也在逐渐地增加，规则也在相应地改变，一切都在摸索和实验中进行着。可是当棋盘放到宽 60 厘米、长 100 厘米时，棋位数也突破了 300 个。忽然间，他又发现规则松散和棋盘不协调。于是他在多方面构思和论证后，开始修改和细化规则。为了适应规则，棋盘又开始逐渐缩小，而棋位数也相应减少，渐渐地双方在对局中的争斗也越来越平衡了。

设计这样的棋不是一朝一夕就能完成的，而最终能否成功，发言权不在发明者，而在所有使用者。贾玉宏深知这一点，一开始他确实没有把握能成功，只是基于自娱自乐和对发明创造的浓厚兴趣做这件事。随着时间推移和棋的逐步成型，他才有了更为远大的目标。

从 1996 年到 1999 年，贾玉宏初期设计就用了四年。这期间他克服了种种困难，越过了一道道难关，利用出差的机会拜访足球界和棋界名家，求得指点，同时还四处收集足球和棋类书籍等相关资料，进行推敲和研究。他还养成了一个习惯，就是不论到哪里身上都会带着笔和小本子，随时将脑海里闪现的灵感和创意记录下来。就连晚上睡觉，也要将记录本和笔放在枕边，有时在睡梦中获得灵感，他也会记录下来。

工作之余，他更多的时间是一个人待在家中研究和实验，琢磨细节。他总是替双方摆上阵型，然后你来我往地为双方走棋，自娱自乐。每过一段时日他都会及时总结，随时进行规则和棋盘的细节调整。在设计进入第四个年头时，他在棋盘、棋子和规则之间已经找不到不足的地方了。足球棋的棋盘已经接近了传统棋盘的大小，棋位数定格在 89 个，规则制定也越发合理了。而棋子在多次变化中，由最初的军棋棋子变成了圆形棋子。棋子上面球员的名称也从之前的“前锋”“中卫”“后卫”“守门员”简化为一个字，分别以“前”“中”“后”“守”四个字来代替。

到了这一步，是不是就可以定型了？贾玉宏不这么认为，他觉得一项发明创造即使设计成型了，也是需要时间来“打磨”的，更重要的是使用者验证的结果。这时他已经不满足于自己和自己下棋了，他想找陪练来陪自己下棋，进一步验证足球棋的合理性。

四、物色陪练，最佳人选

找陪练，他首先想到的是自己的妻子。可是妻子并没将他设计的足球棋放在心上，认为他就是工作之余玩玩而已。当贾玉宏提出需要她陪练后，妻子一口就拒绝了。这让他很尴尬，不过他没放弃，而是软磨硬泡，勉强得到了妻子的同意。

于是，他立刻摆上棋盘和棋子，详细地给妻子讲解玩法。没想到，平时不怎么下棋的妻子一学就会了，走起棋来有模有样。尽管不太熟，需要悔棋和让棋，但总算能陪着下了，这让他很开心。

第一次和妻子下足球棋，他感觉到还是以自己的思路在对局，胜负结果仍然在自己的掌控之中。在妻子略微熟练一些，能够自行思考行棋路数时，足球棋存在的一些问题就显现出来了，他会立刻记录下来，加以改进。这样进行了一段时间后，贾玉宏要求练习的次数增加了。那时儿子贾奇峰还小，妻子一边要带儿子一边要做家务，已经抽不出身给他做陪练了，这时他想到寻找新的陪练。他在同厂职工和身边的朋友中罗列了一个名单，把觉得可能的都写在列表中，逐个推敲成为陪练的可能性。为此，他还设定了几个选拔条件：一是喜欢下棋；二是没有家务负担，能脱身的；三是工作之余的时间充足的；四是和自己谈得来的。

后来的现实证明他列名单和设定条件都是一厢情愿，因为在接触和了解后，他发现名单上的所有人都不具备长期陪练的条件。整个名单全部被否定，选拔失败了，没有办法，他已经尽可能想到了身边的每一个熟人。

就这样，选拔陪练一事被搁置了，只能在妻子空闲的时候偶尔练上几盘棋。

两个月后的一天，贾玉宏在单位遇到了同厂职工陈锦全，眼前陡然一亮，心想，“我怎么就没有想到这小子呢”！

陈锦全是个大朋友，热心人。贾玉宏和他交往并不多，但对他还是略有了解的。这时想起来只有他才最符合陪练的条件，甚至在选拔条件外还可以增加一条，就是他和自己都是“酒鬼”，属于一天不喝酒就难受的人。

为了拉陈景全“入伙”，贾玉宏从失败中吸取了经验，谨慎了许多，他想请酒来帮忙，于是便约陈锦全晚上喝酒。陈锦全对贾玉宏比较了解，也听说过他研究足球棋的事，见他邀约喝酒，也没多想，满口答应。贾玉宏心想，“好小子，只要你来喝酒，我就一定将你‘拿下’”！

这天下班后，贾玉宏没有回家，到工厂外买来酒和菜，就在办公室里摆上“酒宴”。陈锦全应约而来，端起酒杯，两人对饮起来。酒逢知己千杯少，当然话也不会少。

贾玉宏是做销售工作的，销售产品是需要智慧和策略的。陈锦全平时都在厂里上班，基本不出差，肚子里没有那么多套路。酒已入口，三句话不到，贾玉宏便向陈锦全推介起足球棋，介绍足球棋怎样好玩有趣。陈锦全不住点头，讲着讲着贾玉宏还展望了未来，描绘着足球棋将来无限的市场和潜力。

“酒过三巡，菜过五味”，贾玉宏忽然转入正题，表示正在物色一位陪练，希望通过和陪练对弈，来验证足球棋的规则设计是否成功。

听到这，陈锦全明白了，笑着说：“你早说呀，绕了这么大的圈子！”接着问道：“你看我行吗？”

“当然行了，你最合适了！”贾玉宏说。

贾玉宏听他的语气，就知道陈锦全有想法了，便说：“你的条件挺好的，家里有一个好老婆，家务活从来不用你做，你又喜欢下象棋，工作之外又没有其他事情，正好我们下下棋，也是一种娱乐消遣！”说到这，他端起酒杯继续说道：“还有一个最大的好处，我们两个‘酒鬼’可以经常在一起喝酒了！”

陈锦全会心地笑了，抽出一根烟递给贾玉宏，自己叼上一支，拿打火机先给贾玉宏点上，再点燃了自己的烟。

其实，贾玉宏除了喜欢喝酒之外，平时不抽烟。今天这件事让他太开心了，索性也就破了例。自此以后，他在陈锦全的影响下，有一段时间也吸起了烟。因为陈锦全烟瘾较大，每次下棋，贾玉宏都要抽他的“二手烟”。因此，有时贾玉宏在思考问题时也会自然而然地叼上一支。

不经意间，酒足饭饱了。贾玉宏将事先准备好的棋盘棋子摆好，教陈锦全规则和下法。陈锦全有象棋基础，学起来并没有感觉吃力。尽管两个人都喝了不少酒，但没有影响教棋和学棋，反倒成了动力。乘着酒兴，在试着对练几盘后，陈锦全算是入门了。

自此以后，这哥俩成了无话不谈、无酒不欢、有棋必下的好哥们。

五、几经波折，攻克 433 阵型

经过一段时间的对练后，贾玉宏庆幸找到了陈锦全做陪练。陈锦全给了他充足的时间，陪他练棋。贾玉宏除了上班和出差之外，只要有空闲，都会约上陈锦全下棋。陈锦全也是随叫随到，时间不限。有时早晨，有时中午，有时下午下班后。如遇周六日或者节假日，他们还增加时间整日练习。两人下棋的地方也不固定，厂里、家里、公园等随时随地。有时贾玉宏也会到陈锦全家里去下棋。陈锦全自然要尽地主之谊，备上酒菜，对饮下棋，棋趣盎然。

和陈锦全练棋，贾玉宏要求他全力争胜，有好的想法和建议就提出来。这样在每次练棋时，贾玉宏都会及时记录下棋局中出现的问题，回到家后再加以研究和调整。

贾玉宏发明的足球棋共设计了九种阵型，而其中的433阵型在试验中几经波折，后来验证终获成功，才得以保留下来。

对于433阵型的实战验证，贾玉宏感悟较深。他曾在一次两个小时的对练中以0比12的成绩输给了陈锦全，当然都输在了防守上。

那次对局，贾玉宏以433阵型对阵陈锦全的352阵型，条件是每一局都由陈锦全开球，自己练习防守反击。433阵型比较怪，怪就怪在它的中场是3名球员。足球棋和球场上的足球比赛一样，中场很重要。在对局中，如果中场守不住，输的可能性就大了。

陈锦全开球，那就是进攻方。经过两年多的陪练后，陈锦全的攻击能力大大提升，水平长进不小。这次对局，更是超常发挥，他左一球右一球接连攻过中场将球射进球门，尽管贾玉宏全力防守，但均告失败。贾玉宏心里不服气，仍然让陈锦全开球，可还是一个字——“输”。

贾玉宏迷茫了，到底是怎么回事呢？之前多次练过这个阵型的防守，偶尔会丢球，但大多还是防守成功的。这一次邪门了，是陈锦全的功力大增呢，还是阵型和规则有冲突呢？如果433阵型后走必输，那这个阵型就不成立了，必须取消。

当陈锦全攻入第12个球时，已经是晚上9点了。不能再下了，时间不允许，因为这是在厂里。

这个晚上，贾玉宏失眠了。他百思不得其解，躺在床上一直回忆着刚刚进行的战局，一局局清晰在眼前。就在这半梦半醒之间，他忽然间明白了，今天晚上的对局犯了足球棋防守大忌：在子力之间防守协调不好的情况下，急于反攻，贸然出击，给对方留出了进攻的空档，从而被对手接连突破防线。在连续输棋的影响下，心理失衡，棋子之间配合松散，漏洞百出。加上陈锦全的水平和状态上升，这样输棋也就在情理之中了。想到这，他当即起身在棋盘上详细解析了433阵型的防守反击战略。

第二天午间，两人又约到一起，还是选用昨晚对阵阵型，贾玉宏仍以433阵型打防守反击。这一次他稳扎稳打，不急躁。在对局中，尽量保持着子力之间的默契配合，待守住对方开局“三板斧”后，适时反击，果然成功了，而且接连获胜，一雪昨晚被陈锦全“痛殴”之耻。

六、申请专利，创意国际通用棋子

除了和陈锦全对局外，贾玉宏也常和忙里偷闲的妻子下上几盘。通过这样的实战演练，随时改进规则，足球棋的棋盘、棋子和规则三者之间也就越来越协调了。

这时贾玉宏又有了一个大胆的想法，那就是申请国家专利。之前也不是没想过，只是他觉得申请专利的产品一定要成熟实用，否则即使获得专利权，没有市场价值，也是没有意义的。那时他自己琢磨，自己练习，自娱自乐，只是觉得好玩，还没有想过将它当作新棋种推广出去。自从和妻子刘爱萍、好友陈锦全练棋之后，他越发感觉到推广足球棋的意义和重要性。于是他开始查阅关于申请专利方面的资料，还特意到新华书店买来知识产权方面的书籍了解和学习。

想到申请专利，他又有了新的想法，就是改变棋子的标识。之前棋子上标注“前”“中”“后”“守”四个字汉字，若从长远的角度考虑，更应该用图案来代替汉字。因为足球运动是全世界流行的，那足球棋就不能只局限于在国内普及，要适合国际通用。

想到图案，最直观的还是人形，而且是球员踢球动作的立体形状。可能许多人听到“足球棋”三个字时，第一感觉就应该是这样的。可是，贾玉宏在多次试验后，还是否定了这一想法。

首先，人形比较单一，动作不可能变来变去，长期用会感觉枯燥无味。其次就是人形制作成本很高，磨具开发方面投资太大。作为一项新棋种，成本高了，棋具售价也会相应提高，这样会影响销量，不利于普及推广。还有一点就是人形棋子在实战对局中应用起来，它的高度和动作会影响行棋视线，俯瞰棋盘，乱糟糟一片，不符合棋的特点。虽然国际象棋用的是立体棋子，但是它的每个棋子形状大致相同，除了马之外，其他兵种都是直上直下的，看上去比较协调美观。加上深浅方格棋位，相对统一融合。

后来在推广足球棋的数年间，贾玉宏对人形立体棋子又进行了数十次的试验，均放弃了。最后却是国际象棋的立体棋子被巧妙运用，这也成为真正意义上的国际版立体足球棋。

至于图案，选择范围就广了，这让贾玉宏大伤脑筋，选什么样的图案和标识才科学合理呢？他制作各种各样的图案尝试对局，连试了十多种，最后选择了和棋位相同的六边形图形。

其实，在之前的棋位设计试验中，棋位的样式就有过多次变化。最初是交叉点，而后是黑色标记点，再发展就是圆形、正方形、六边形。想到用六边形图案，是他注意到足球球身上有六边形缝合图案，为了与足球运动融合统一，才最终选定了六边形作为棋位，现在又进一步将六边形图案用作球员棋子标识。那怎样才能准确区分前、中、后、守这四个不同位置的球员呢？经过观察，他发现六边形中间，可以通过角对角画线来区分。比如画一条对角线，就代表前锋；四个角平行画两条线代表中卫；而六个角交叉可画出三条线，则代表后卫；在中卫棋子图案的两条线中间画到剩余的两个角，是短线，加一起共四条线，当作守门员。

棋盘、棋子和规则的定型，使得贾玉宏对足球棋的前景充满了期待。在了解和熟悉了专利申请方法后，他果断向泰州市知识产权局递交了专利申请材料。

七、9 种阵型，81 场比赛

贾玉宏发明的足球棋，共设计了 9 种阵型，这些阵型都是经过实战验证后才最终保留下来的。而有趣的是，这 9 种阵型因为具有不同的特点，被他划分为 3 组：第一组包括 352 阵型、343 阵型、442 阵型，这一组的特点是前锋都不低于 2 个，中卫不低于 4 个，都属于进攻和防守均衡的阵型，可称为“常规阵型”。第二组包括 361 阵型、451 阵型、541 阵型，这一组一看就能发现，每个阵型中都是 1 个前锋。在 1 个前锋的阵型运用上，为了均衡进攻和防守，完善规则，贾玉宏还专门设计了“升变”规则，即一个前锋走到一边底线上时，另一边的中卫可以到底线上临时升变为前锋走棋，不算越位，被称为“升变阵型”。第三组包括 433 阵型、334 阵型、532 阵型，这一组 3 个阵型都有 3 个中卫。在实战中，3 个中卫的阵型在中场防守上比较吃亏，用得好可以出奇制胜，用不好会节节败退，就像前文中提及的贾玉宏用 433 阵型连续防守失败那样。只要制定出合理的战略，这 3 种阵型都可以成为克敌制胜的“秘密武器”，被贾玉宏定为怪异阵型。这 9 种阵型，在两个人对局时，如果双方各按顺序选用阵型对阵，可组成 9 轮 81 场对弈局面，而且不会重复。

比如第一轮甲乙双方对局，可对阵 9 场比赛，即甲方以第一种 352 阵型按顺序分别对阵乙方 9 种不同阵型；第二轮甲方则以第二种 343 阵型依次分别对阵乙方同样的 9 种阵型；第三轮用同样的方法进行下去，以此类推，直到甲方下到第九个阵型（第九轮）。这样在这 9 轮 81 场比赛中，双方都可以体验到全部阵型组合在对弈中所带来的不同战略。

于是，贾玉宏决定和陈锦全进行这样一场比赛，来验证阵型和规则的合理性。为此，他提前做好了计划，专门预备了笔记本，准备将所有的对局体会记录下来。

比赛开始了，陈锦全全身心投入其中，从第一轮第一场开始，就铆足了劲儿和贾玉宏斗得难解难分。第一场比赛是352阵型对战352阵型，从中午12点半下到下午2点，一个半小时共对弈了4局，双方居然2比2打平了。

面对这样的对战结果，贾玉宏很开心。棋局精彩激烈，环环相扣，陈锦全下出了气势，下出了水平，进一步验证了在棋盘上踢足球也能感受那种激烈搏杀的精彩。

可好景不长，在第二天进行的第二场比赛中，贾玉宏换成了343阵型，结果比赛出现“一边倒”的现象，仍然是一个半小时对了4局棋。在互相开球的情况下，贾玉宏连下四城，以4比0完胜。

比赛就这样按顺序进行下去，只要贾玉宏不出差，他们两人每天都会安排时间对战。比赛时间、场地等不限制，随时随地进行。在对局中，陈锦全只管认真思考，全力争胜。而贾玉宏是一边下棋一边记录棋局战况，以及棋局中发现的问题等。然后，在晚上或第二天早晨将这些记录整理后写入笔记中。

这次模拟比赛，他们共用了68天的时间，赛完了81场比赛。比赛自评记录了三大本笔记，详尽完整，可谓“史料”。

八、知识产权：专利、版权、商标齐备

在经历了漫长的等待后，2002年12月，贾玉宏终于收到了国家知识产权局颁发的“贾玉宏足球棋”专利证书。

通过了国家知识产权局的审批，拿到了专利证书，他实在太开心了。这意味着从今往后，他可以公开推广足球棋了。因为从这一刻起，他的足球棋已经被纳入《专利法》保护范围，在没有他授权的情况下，别人是不能仿制和生产的，他可以将其作为产权投资与企事业单位合作，共同开发和推广。

通过了解，贾玉宏发现《专利法》保护产权还有一定范围，棋类运动所涉及的规则内容是不在专利保护范围之内的。为了解决这个问题，他想到了版权。于是他来到泰州市科技局咨询版权登记一事，确定了游戏规则可以通过《著作权法》来保护。经科技局工作人员指点，他来到了市文化主管部门咨询版权登记流程，在这里他认识了负责文化市场管理的强处长。

强处长了解了贾玉宏的这项发明后，当即帮助他查阅相关申办资料。在之后的多次接触中，还热情地帮他在推广方面出谋划策。在他的指点下，贾玉宏顺利地准备好了申办手续，来到位于南京市的江苏省新闻出版局申请版权登记。

江苏省版权登记处负责登记的蔡馨老师热情接待了他，还特事特办，仅用了上午半个多小时就办理好了登记。

说到当年蔡馨老师的热心支持和工作效率，贾玉宏至今印象深刻。十多年后他还和蔡馨老师互加了微信，蔡馨老师也一直关注着足球棋的发展。

离开了江苏省新闻出版局，贾玉宏便联系了江苏省科学技术出版社编辑李纯，希望他的书稿《足球棋入门》在出版方面能得到出版局的支持。约好李纯下午见面，午间他简单地吃了一点饭，便早早来到出版局。

还没到上班时间，李纯就来了。他们之前没见过面，只是在电话中简单地聊过，这还是第一次面对面交谈。

知道李纯，是因为贾玉宏看了《教你踢足球》这本书。这本书是由李纯编写，其所在单位江苏省科学技术出版社出版的。在来南京之前，贾玉宏就已经和他在电话中进行过交谈，并表示将来南京拜访。因此，这次虽是第一次见面，但是双方并不陌生。李纯热情接待了他，还给他泡上一杯茶，畅谈了一个多小时。

贾玉宏详细介绍了足球棋的内容。李纯听得认真，不时地点头表示认可。贾玉宏还将带来的棋具铺开，介绍了足球棋的规则和下法。李纯表示，《足球棋入门》只是一本简易的规则入门说明书，是附带于棋具中的，只要通过版权登记就可以了，不需要出版社出版。如果今后有出版书籍的需要，他会给予支持和帮助。作别前，李纯拿出自己的著作《教你踢足球》一书，签上自己的名字赠给贾玉宏。

这次来南京，贾玉宏和新闻出版局蔡馨老师、江苏省科学技术出版社李纯老师成了朋友。他们一直保持着电话联系，两位老师也时常为贾玉宏推广足球棋出谋划策。

版权登记在多方支持下顺利完成了，书稿交给了正规图书印刷厂印刷，棋具也得以生产面市。

《专利法》保护了棋盘和棋子，版权保护了足球棋规则，似乎有了这两项，就可以放心推广了。其实，贾玉宏并不满足于此，他又想到了给足球棋注册商标。他找来资料，精心设计了一个自认为很有特色的图形“商标”。可是这个“商标”被工商行政管理局商标登记处给否定了。工作人员觉得图形商标近似度大，不易于通过。那时申请费是2000元，是个不小的金额，如果不能通过审核，费用是不退的，那么这笔费用就浪费了。为了保险起见，工作人员要他当场手写自己的名字来申请，这样最有把握。于是他当场试着写了10多个，工作人员从中挑选了一个。这样，“贾玉宏”三个字就成了他的足球棋商标，但是要获得审核批准，还需要等待很长时间。

一年后，终于等来了好消息，足球棋“贾玉宏”商标通过了国家工商总局的审核。至此，他发明的足球棋涉及的专利、版权、商标均获得国家主管部门审批通过，知识产权三项齐备。

九、《足球棋入门》写复杂了

为了推广和普及足球棋，贾玉宏编写了一本《足球棋入门》的小册子。为此，他参考了许多棋类方面书籍。首先他将规则逐条分解，按先后顺序排列。为了使规则更具有深度和内涵，他刻意在用词和语句上下了功夫。不是简练化，而是复杂化了。他想着足球棋也要像围棋、象棋一样，有着千丝万缕的脉络，才能显示出它的价值。这样或许才能引起棋类爱好者的兴趣，才能赢得人们对足球棋的关注、认可和喜爱。

可现实并非如此，这本小册子面市后，收到的反馈信息却是相反的。多数人认为，规则不够简明，有些复杂；有些人表示看得懂，而多数人直言看不懂，无法通过这本书自学足球棋。许多人给他支招，要他用简易的语言写规则，最好直白一些，简单说明下法就可以了。

在实践中，面对初学者，既要有入门的简要说明，又要有提升棋艺技巧方面的内容。用精简的语言，概括起来写显然就有些难了。

编写有关足球棋的第一本书，贾玉宏经验不足，只能将能想到的内容都写进去，心中所想就是为了丰富足球棋内涵并展现出棋的完整性。想法是好的，但在实践中，初学者只需要简易玩法，而不是长篇大论。

后来在普及推广中，他对规则文字进行了数十次修改，在写法上做了许多改变，直至将规则简化到一张 A4 纸上（只用了一页纸就说清了规则和玩法），语句上也更加直白易懂。时至今日，现在的规则说明书更加简练，是以彩版来设计印刷的，图文并茂，用不同颜色区分，视觉效果很好，一目了然。正常情况下，初学者如果能认真地阅读规则和尝试下棋，在半个小时左右就能自行学会对局。

其实，许多事物都有相近的一面，首先你不要将它想复杂了，自然理解，多进行实践和体会，许多问题就会迎刃而解。也可以任意想象，即便想得不对也没关系，只要反复推敲，几次试行后问题也就解决了。这样做并不难，难的是要用心去做。

比如现在电脑和手机都已经普及了，其中内容和操作等方面不断创新。从入门到熟练操作，有多少人是手把手教出来的？可以肯定地说，许多人入门和提高都是自行摸索完成的，就连小朋友拿到手机都会很快自行操作。实践的结果，自学入门的技巧，就在于此。

举了这样的例子，想传达的意思就是，世上无难事，只怕有心人。只要行动起来，摆上棋盘试着下棋，很快就可以学会足球棋对局，即可体验棋盘上踢足球的乐趣。

第二章

媒体聚焦，贾玉宏成了新闻人物

一、贾玉宏上电视了

贾玉宏十七八岁时，还在辽宁的家乡上学。那时辽宁电视台电视剧制作中心在拍电视剧《杨运传奇》，他在围观时被剧组拉去充当土匪“尸体”。电视剧播放时，他才看到在硝烟弥漫的战场上，镜头快速地掠过满地“尸体”，个别的还给了特写镜头。那时充当“尸体”，导演要求大家紧闭双眼，静躺五分钟。因此在收看电视剧时，他特别留意那一段场景，努力在找寻，想知道哪个才是自己的“尸体”，可是没看到。在那个科技相对落后的年代，能当群众演员上电视，还是有一定影响力的，尤其是在十七八岁的年纪，大家会以此为荣，也会被同学和朋友们羡慕。不管找没找到，反正那里面有一个是他，这应该算是他第一次入镜。

听说贾玉宏研究设计了足球棋，泰州电视台《新闻夜班车》栏目记者刘锋和贾广志闻声而来，他们扛着大大的录像设备。

贾玉宏见电视台来人采访自己，想到自己将会登上泰州收视率最高的《新闻夜班车》荧幕时，他心里非常紧张。这一回不同于十六年前那次躺在地上拍“死人”的场景了。刘锋记者看出贾玉宏心里紧张，便很有经验地和他攀谈起来，了解足球棋的创意和研究过程以及今后的打算。刘锋一边听一边用笔记录着，不时点头回应，见他说得起劲，不紧张了，这才示意贾广志开始录影采访。选好位置，刘锋手拿话筒，贾广志肩扛摄像机“瞄准了”贾玉宏。

一看到这架势，贾玉宏又紧张起来，面对刘锋的提问，前言不搭后语，连话都不会说了。

刘锋耐心引导，连续录了几次，才满意过关。接着贾玉宏和陈锦全摆开棋盘面对镜头当场演示了一盘对局。

时隔三日，已是2002年元月。

1月2日晚上，泰州电视台《新闻夜班车》栏目在黄金时间播出了泰州市民贾玉宏发明足球棋的新闻。

一直以来，贾玉宏都是这个栏目的忠实观众，只要不出差，每晚必看。但今天和以往不同，在收看这个节目前他心里很是紧张，仿佛这一刻就已经置身于电视之中了，不知道自己在电视上是一个什么样的形象。主持人王娟精彩的一段开场引言，立刻让他如释重负：

在刚刚过去的2001年，足球应该算是最热门的话题了，44年的梦想得以实现，中国足球第一次冲进“世界杯”，中国球迷扬眉吐气。2002年“世界杯”在即，咱们泰州的一位球迷在棋盘上摆起了532阵型和433阵型，这种新的棋类项目足球棋就这样诞生了。

紧接着镜头转向了贾玉宏和陈锦全对弈的画面，同时加入了贾广志记者的配音。他介绍了足球棋的规则和对局方法，说得简单明了，通俗易懂，如同一位足球棋棋手在介绍一样。这位优秀记者的理解能力和表达能力令贾玉宏赞叹不已，他感觉到刘锋和贾广志为这个节目做足了功课。

采访部分，贾玉宏着重介绍了规则中的“升变”。说到升变，喜爱下棋的朋友并不陌生。比如国际象棋和国际跳棋中都有“升变”这样特定的规则，只是略有不同而已。设定这样的规则，一是弥补规则中存在的不足；二是增加棋局的变数和趣味性，有锦上添花之妙。足球棋融入这样的规则，是贾玉宏研究国际象棋棋理后得出的妙法，借鉴运用，可使得足球棋行棋规则更加完美到位。

二、《新闻夜班车》刘锋

《新闻夜班车》是泰州电视台的一档热门栏目，采集的新闻内容大多是泰州人身边的人和事。节目是在每天晚上黄金时间播出，深受泰州人的喜爱。贾玉宏也是这个节目的忠实观众，只要在家，他每晚必看，可是他怎么都想不到会因为足球棋与这个栏目结缘。

自从《新闻夜班车》记者刘锋和贾广志首次采访贾玉宏之后，他就成了这个栏目的常客，和刘锋也就自然成了好朋友。他执着的精神打动了刘锋，而刘锋的才华又深深地吸引了他。如有疑难问题或者推广活动他都会在第一时间和刘锋交流。刘锋很热心，倾其所思，给他出谋划策。在推广活动中，刘锋经常到场对足球棋进行跟踪采访，即使有事抽不开身，也会安排其他同事来。因此，说刘锋是足球棋推广见证人一点都不为过。

的确，足球棋能走到今天，绝非贾玉宏一个人的力量所能及，许多人都伸出了热情的手。刘锋就是其中一位，他的支持和帮助无疑是非常大的。时至今日，在泰州新闻媒体对足球棋的跟踪采访报道中，刘锋到场采访的就有 20 多次，他见证了足球棋的成长过程。据统计，他在不同时期采访贾玉宏发明和推广足球棋的内容包括：棋盘上踢足球、球迷六载发明足球棋、专利证书授权、合作公证、新闻发布会、技师学院讲座、人民公园活动、明珠小区首期培训班、机电高职校合作基地成立、“联通”杯比赛（第一、二、三届）、“易初莲花”杯 32 强对抗赛、“世纪联华”杯首届比赛、京城归来等。再加上该栏目其他记者的采访报道，《新闻夜班车》栏目为贾玉宏推广足球棋给予了最强有力的支持和帮助。

除了正常采访贾玉宏推广足球棋之外，刘锋还为贾玉宏自行录制的两部教学视频进行了后期剪辑制作，给他解决了难题，节省了开支，这一段故事在后文中有讲述。

后来这两则视频在南京网络制作人史必虎的帮助下，上传到土豆网，给足球棋爱好者们提供了自学平台，并得到网友们的一致好评。这样一个新兴的棋类项目，在不被人们熟知的情况下，短时间内视频观看人数就突破了 3000 次。网络上有一个讨论新棋的棋吧，网友们在“新棋吧”里热评贾玉宏发明的足球棋。其中有一句精彩点评：“你看他的规则讲解多么有良心！”还有网友表示，“在土豆网点击量超过 3000，说明他的足球棋是很吸引人的”。这些都得益于刘锋精湛的视频剪辑技术。

对于刘锋给予的帮助，贾玉宏想表示一下谢意，却被他婉言谢绝。他说：“我帮你做的都是我力所能及的，你现在还不富裕，推广的路还很长，不必想着什么回报的事。你能坚持自己的梦想，持之以恒走下来，是我最为敬佩的，希望你成功！再者说了，采访你是我的工作，是分内的事务，因为你的足球棋是有较高新闻价值的，我们能有缘采访你，应该感谢你才是！”

三、《新华日报》赵晓勇

除省内外的一些媒体报道外，采访报道贾玉宏足球棋最多的还是泰州当地的媒体，如泰州电视台各栏目、泰州广播电台各频道及《泰州日报》《泰州晚报》等都参与了报道。贾玉宏发明的足球棋面市后，得到了新闻媒体的持续关注，他们轮番上阵，在不同时期宣传报道足球棋，贾玉宏也因此和采访他的记者老师们建立了良好的关系，赵晓勇记者便是其中之一。

赵晓勇是江苏省委机关报《新华日报》社派驻泰州的一名记者。在得知贾玉宏发明了足球棋后，他第一时间来采访。

赵晓勇通过电话联系上贾玉宏，冒着严寒，穿着一件单薄的风衣来他家里采访。

那天，赵晓勇从背包里拿出笔和本子，一边问一边记录着，问得很详细，笔也一直没停。面对眼前的这位年轻人，贾玉宏并没有将采访一事放在心上。采访结束后，赵晓勇还拍了几张他和足球棋的照片。

这是贾玉宏第一次面对面接受报纸媒体采访，也没当回事。几日后，厂里一位领导告诉他："贾玉宏，你上报纸了，而且还是省级大报《新华日报》。"

消息来得很突然，贾玉宏没想到那位小伙子的采访是真的。他立刻找来报纸，果然，报纸上醒目的位置刊登了自己的照片，旁边还介绍了足球棋的内容。

兴奋之余，他有点飘飘然了，竟然责怪起赵晓勇记者：采访时，也没说一定会登报，而且报纸已经刊出了，也没接到他的信息和说明。此时，贾玉宏头脑有些"发热"，立刻打电话给赵晓勇，问为什么不提前告知登报一事。他的确是糊涂了，被好事冲昏了头脑，还没有出名呢，就开始耍起了"大牌"。

赵晓勇连忙解释，因为《新华日报》是江苏省省级媒体，肩负着整个江苏省重要时事新闻的报道任务，全省各地每天发过去的报道很多，很难确定哪一个会被刊登。采访之初没有说一定会登报，就是因为没有绝对把握会审核通过。

赵晓勇很谦虚，对登报后没有第一时间通知他，一再表示歉意。他说："这个稿件能通过报社领导审核并刊发，说明你的发明是有意义和价值的！"同时，赵晓勇还表示已经给他留了几份报纸，以供留存和宣传用。

经此一事，贾玉宏和赵晓勇成了无话不谈的好朋友。那时的手机还没有拍照功能，贾玉宏也没有相机。为了满足《足球棋入门》的编写需要，赵晓勇利用工作以外的时间，带着自己的相机，到各处拍摄书中插图，都是义务帮忙。

赵晓勇经常给贾玉宏帮忙，还不时地对足球棋推广做跟踪报道，尽可能发稿到报社。有时还将稿子发到网络新闻平台，竭尽全力帮助宣传。

赵晓勇是个有心人，十几年来，他采访贾玉宏十余次，义务帮助他解决了许多难题，用实际行动支持贾玉宏推广足球棋。

2012 年 12 月，赵晓勇跟随国务院新闻办组织的中国青年记者代表团，赴俄罗斯进行“零距离”交流。他特意带了 20 副足球棋，作为特别礼物赠送给俄罗斯朋友，受到了俄罗斯朋友的欢迎。后来他在自己的著作《这群人，这些事，这座城》的序言中重点介绍了足球棋在俄罗斯的一段小“插曲”：“得到好评，俄罗斯的朋友赞叹，泰州人聪明！”

作为省委机关报《新华日报》派驻泰州的记者，赵晓勇没有一点架子，平凡朴实，工作认真，谦虚严谨，不说空话，对承诺的事说到做到。

四、泰州知名记者江建华、钱新明

2002 年元月 2 日，泰州电视台《新闻夜班车》栏目播出贾玉宏发明足球棋的新闻，在泰州当地引起了轰动。从那一刻起，《泰州日报》和《泰州晚报》开始对贾玉宏发明的足球棋做持续跟踪报道。

时至今日，《泰州日报》和《泰州晚报》在不同时期，采访过贾玉宏的记者有十几人。贾玉宏印象深刻的记者有钱新明、江建华、黄薇微、顾俊、李益君、高峰、骆忠明、刘峰、马娟等。他们都为足球棋推广助力，其中江建华和钱新明两位记者在与贾玉宏的交往中和他建立了深厚友谊，成为他非常要好的朋友。这两位记者不仅长期关注报道足球棋发展，还经常在足球棋推广中提供一些实际的帮助。

刚认识贾玉宏的那段时间，江建华和钱新明同在泰州日报社工作，是好朋友，他们经常联手采访贾玉宏。一位负责图解“大片”，一位负责文字“大稿”，合作默契。联手推出了多篇图文并茂的贾玉宏发明和推广足球棋的新闻报道，为普及推广足球棋做出了很大的贡献。

说到江建华记者，贾玉宏最早认识他是在2002年，那时刚刚接触，贾玉宏和他并不熟。江建华是江西人，大学毕业后分配到泰州日报社工作。他的摄影技术很牛，一直被报社委以重任，常跟随各级领导走访，负责拍摄任务。

江建华又是一位铁杆足球迷，他不仅喜欢看球、评球，还喜欢到球场上踢足球。他和自己的一些好伙伴，经常会利用工作之外的时间到足球场踢球，相当痴迷。

身处泰州，听说有人发明了在棋盘上也可以踢足球的新棋种，好奇心驱使他一定要探个究竟。

他主动联系上贾玉宏后，两人一见如故，很是投缘。可能是出于礼貌的原因，江建华一直称呼贾玉宏为贾大哥，而贾玉宏则亲昵地称呼他建华。

江建华除了亲自采访贾玉宏外，还帮他介绍其他记者来跟踪采访，加大足球棋的宣传力度。除此之外，他还经常参加贾玉宏推广足球棋的各种活动，帮助他拍摄活动现场照片。那时，江建华的摄影技艺已经达到了相当高的水平，经常会看到他背一个大大的相机包，几个不同规格的镜头放在里面，而用来拍摄的相机则冒出长长的镜头挂在胸前。每一次活动现场都能看到他的身影，他为贾玉宏的足球棋拍摄下许多珍贵的历史照片，至今都保留在贾玉宏的电脑资料库中，成为一份永存的记忆。

2006年初，得知贾玉宏要去北京发展的消息，江建华向他介绍了北京媒体《京华时报》的一位编辑，这位编辑是江建华的同学，他们关系很好。江建华希望足球棋在北京的宣传推广能得到这位同学的帮助。

贾玉宏到达北京后，带着江建华的书信，拜访了京华时报社的这位编辑——骆永红。对方热情接待了他，也表现出对足球棋的兴趣。

和江建华交往，有说不尽的故事。后来因工作调动，江建华到南通日报社工作，并举家迁到南通生活，他同样身背相机，拍摄时事新闻。这时他的采访风格略有改变，尤其是对社会上的丑陋现象加以深挖和报道。也同样得到了上级领导的赏识，常作为随行记者陪领导走访。

微信和自媒体时代来临后，他参与更多的是他钟爱的足球项目采访，他背着大大的相机包，各种镜头罗列其中。他就像球员一样奔跑在球场上，拍下了一幅幅动感十足的“足球大片”。

江建华就是这样的人，对待朋友，真诚相处，不玩虚的。即使到了南通，也没有忘记泰州这边的老朋友和足球棋，他经常与贾玉宏通电话，探讨足球棋推广策略。为了帮助贾玉宏的足球棋走出去，2017 年，江建华在南通联系了一所小学，邀请贾玉宏去讲棋。同时，他还邀约了南通市多家媒体同行参与采访报道。这期间，他全程陪同，热情接待，极尽地主之谊。

讲到江建华，还有一位记者不得不说，那就是钱新明。这位钱大记者在泰州日报社和泰州晚报社，乃至整个泰州的媒体界都算得上响当当的人物。他才气过人，不仅文字功底深厚，在琴棋书画方面也样样精通。除此之外，他还尤为喜爱戏曲演唱。

在他所有的爱好里，最让他引以为豪的是他的画作。他的“童年游戏画”得到了业内人士和大众的一致好评。这样一位全能型记者，在足球棋上市初始，在江建华的引荐下和贾玉宏相识并成为好朋友。

钱新明第一次采访贾玉宏，还是在 2004 年 1 月 18 日足球棋上市的新闻发布会上。那次参会的记者比较多，电视台、广播电台、《新华日报》《泰州晚报》《泰州日报》，以及省内其他新闻媒体的记者会聚泰州书城，共同采访报道贾玉宏发明的足球棋。钱新明坐在其中，专注地听着贾玉宏的介绍，一直用笔在本子上记录着。发布会后经江建华引见，他们才算认识了。

钱新明洞察力极强，通过发布会，他对足球棋有了初步的了解和认识。通过了解这项新棋种的诞生过程，他对足球棋背后的故事萌发了浓厚兴趣，于是他约了时间和江建华一起对贾玉宏进行专访。

专访贾玉宏，他们两人各有分工，江建华负责拍摄照片，钱新明负责文稿采写。于是就有了那篇特稿——《中锋、前锋盘上布阵，体能对抗变成智慧较量，青年工人贾玉宏演绎——纸上“踢”足球》。这篇特稿发表在当年（2004年）的《泰州日报》星期六专版上。加上江建华拍摄的图片，可谓是图文并茂，冲击力极强，引起了轰动。这篇稿子可以说全面详尽地讲述了贾玉宏从灵感、创意、构思到试验足球棋的过程。后来这篇特稿也成了省内外记者采访报道贾玉宏和足球棋的参考资料。

随后的几年中，钱新明又相继写了多篇关于足球棋开展和推广的稿件，均受到读者关注。

除了自己采访外，钱新明还介绍其他媒体记者采访贾玉宏，经常帮助贾玉宏策划推广方案，并介绍了多位培训机构的能人给他提供帮助，协助他推广。贾玉宏推广足球棋能够持续走到今天，钱新明记者功不可没。

五、泰州经济广播电台主持人金秋

在电视和互联网还没有完全普及的时期，广播电台是比较火的一个媒体。那时人们收听广播节目成为习惯，也是因为广播收听比较方便。小巧的收音机，可随身携带，走到哪听到哪。那时收听广播就如同现在用手机一样方便，因此广播电台发展迅速，随着时代发展和科技进步，广播电台也在悄然变化着。为了迎合听众需求，直播类节目应时而生并占据了主要位置。

泰州也有几个频率电台，其中泰州人民广播电台、经济广播电台收听率较高。在2004年足球棋面市后，泰州市多家电台对贾玉宏发明足球棋进行了采访报道。其中经济广播电台的节目内容比较适合大众口味，电台从民众需求的角度办节目。主持人多为年轻的帅哥美女，他们在电台直播中幽默调侃，无拘无束，畅所欲言，吸引了众多粉丝。

贾玉宏也喜欢听广播，只要有时间就会收听。在家里时，他会打开大的收音机。出门在外，也会随身携带一个小号的。泰州经济广播电台的节目是他最常收听的，对于主持人的阵容他也很熟悉，只是没有见过面。

在当时，泰州经济广播电台最火的主持人当属文军、吴丽丽、金秋、大钊、海燕、欣然等。他们各具特色的声音，与丰富多彩的内容融为一体，听得多了，贾玉宏也忍不住要对他们的节目品评一番了。

2003年那段时间，为了适应市场和吸引听众，泰州经济广播电台决定举办节目创意大赛。这样的机会，贾玉宏自然不会放过，他根据自己对节目的设想和构思，起草了一篇《节目创意方案》送到电台。

当时泰州经济广播电台第一位接待他的是创意大赛负责人季德生。在交谈中得知他曾在辽宁鞍山工作了几年，和贾玉宏这位辽宁人很是谈得来。在互换名片时，贾玉宏才知道他是经济广播电台的台长。季德生台长听他介绍完足球棋，便叫来主持人大钊负责接待他。

大钊给贾玉宏的初始印象是太年轻了，就像是刚刚从学校毕业的高中生。而在他的节目中，他的播报给人的感觉却是老练成熟的。

大钊很是热情，也很认真地看了贾玉宏草拟的节目创意，觉得不错，有新意。两人探讨了许多关于节目创意与听众心理融合的构思，谈得很投缘。

谈到足球棋，大钊表现出极大的热情，并向贾玉宏推荐了经济广播电台热门栏目《体坛急先锋》的主持人金秋。

说到主持人金秋，贾玉宏察觉到大钊对他很是崇拜，话里话外都是赞扬的言辞。他介绍说，金秋很有智慧和才气，让他帮忙出出主意，看看在推广上有什么好点子。

对于主持人金秋，贾玉宏多次收听过他的节目，那时他主持的《体坛急先锋》栏目挺火的。因为年龄和阅历，再加上那带有磁性的声音和标准的普通话，金秋算得上是经济广播电台的“大哥级”人物。

通过大钊的引荐，贾玉宏和金秋见了面。本来他来经济广播电台是参加创意大赛的，认识金秋后，他们成了足球棋推广的合作伙伴，真是意外的收获！从此也拉开了他与经济广播电台的“蜜月之旅”。

贾玉宏和金秋、大钊成了好朋友，他们帮助贾玉宏策划推广足球棋。金秋的体育专栏节目中也经常出现贾玉宏和足球棋的新闻。金秋还邀请他走进直播间畅谈足球棋，和听众连线交流。

那时经济广播电台在季德生台长的领导下，节目丰富多样，紧跟时代潮流。他们不仅在直播间主持播报节目，还策划了走进社区活动，以此让主持人和听众拉近距离，吸引越来越多的听众关注和收听经济广播电台的节目。他们在活动现场也会常常提及泰州人发明的足球棋，贾玉宏的足球棋也间接地受益很大。

经济广播电台也常参与协办一些大型活动，只要有金秋在场，他都会邀请贾玉宏到场观看。贾玉宏印象最深的一次活动，是泰州市多家媒体和市政府联手主办的一次大型活动，当时经济广播电台也是协办单位之一。那次是为梅兰芳诞生 110 周年举办纪念活动，地点就设在梅兰芳大剧院。活动期间有一台大型文艺晚会，而请来的主持人是那个时期最火的中央电视台体育频道解说员韩乔生老师。

韩乔生老师在中央电视台解说过多种体育项目直播节目，其中足球项目相对较多，因此他对足球运动有着更深的理解。他的主持风格与众不同，在解说各项体育比赛时语速很快，也常常因为语速过快，在激情解说之中出现口误、说错话，但这并没有影响解说效果，反而使观众更喜欢他。

金秋得知韩乔生来泰州主持晚会，第一时间通知了贾玉宏，并给他办了一个参会证件。他也就成了经济广播电台的一名临时成员，跟在金秋后面，忙前跑后。果然，机会来了，在晚会前的彩排结束后，贾玉宏零距离和韩乔生进行了有关足球的交流。他有备而来，将准备好的足球棋棋具赠送给韩乔生，而这样的场景都被金秋的摄像机记录下来，才有了那张难得的合影照片。

韩乔生性格豪爽，没有架子，当他看到新发明的足球棋后，也是眼前一亮。尽管在主持晚会后有些疲惫，但他还是在后台再次约见了贾玉宏，详细了解了足球棋的内容，临了还特意取出一张纸和贾玉宏互留了电话，并表示如果有什么需要帮助的，可以联系他。几个月后的大年初一，凌晨时分贾玉宏还收到了韩乔生发来的拜年短信，让他开心不已。韩乔生作为中央电视台著名主持人，每天都很忙碌，贾玉宏给他打过几次电话，交流足球棋普及推广策略，他都一一作答，从不回避。

贾玉宏和韩乔生还有一些交流，后面再讲述。

这次能够“混”在经济广播电台中参加这样的大型活动，可以看到无论是金秋，还是季德生台长及经济广播电台的其他职员，他们都在足球棋推广初期给予贾玉宏最大的支持和帮助。

说到“金秋”这个名字，这是他做主持工作时的艺名，他的原名叫付宏。

随着时间的推移和社会的发展变化，广播电台渐渐被更多新媒体替代，人们的信息交流也随着科技发展进步，出现了相对更为宽广的平台。收听广播的人也越来越少，有些广播电台渐渐退出了历史舞台。

几年后，付宏也向单位递交了辞呈，“下海”开办了一家美大集成灶泰州经营部，而且一直开办至今。

“下海”经商后，付宏和贾玉宏一直保持着联系，他仍然关注着足球棋的发展，并介绍其他的培训机构负责人和贾玉宏认识，还提供教室给他使用等，尽力给予帮助。在职做主持人期间，因为付宏主持的是体育节目，认识许多本地体育界的人物。泰州市足球协会时任秘书长姚家眠就是他引荐给贾玉宏的，足球棋项目因此才有机会被列入足球协会之中，后来又以足球协会为主管单位成立了“泰州市足球峰棋基地”。

从2004年首届足球棋比赛开始到2014年1月30日智慧足球棋俱乐部批准成立的这段时间，贾玉宏在泰州所有的足球棋比赛都是以足球协会的名义主办的。姚家眠在足球棋推广中给予全力支持，从不谈回报，为足球棋普及推广做出了贡献。关于贾玉宏和姚家眠的故事，在本书后面章节中还有叙述。

再说付宏，他在2008年国庆节假日里，还以公司的名义出资赞助了一次足球棋比赛。那次比赛就是在美大集成灶泰州经营部门前进行的。比赛非常精彩激烈，新颖独特，付宏的公司通过赞助比赛也获得了极高的美誉度。

贾玉宏和付宏之间的故事很长，一时言之不尽，还是在后面章节中再说吧。

六、《汤泓访谈》和《面对面》的专访

自从泰州日报社钱新明记者连续发表了两篇贾玉宏发明和推广足球棋的报道，引起了社会各界的反响和关注后，陆续有媒体联系贾玉宏。泰州人民广播电台品牌栏目《汤泓访谈》主持人汤泓在钱新明记者的引荐下联系上贾玉宏，发出做一期贾玉宏和足球棋的访谈邀请。贾玉宏自然是愿意的，立刻答应下来。

《汤泓访谈》是泰州人民广播电台的核心强档栏目，收听率很高。一期节目长达将近一个小时，访谈内容以社会时事热点为主，受邀的多是社会名家或时下热点人物，并以直播的方式播出。来这样的栏目接受访谈并直播，贾玉宏自然有些紧张。不过，汤泓是一名经验丰富的主持人，为了保证直播中不出差错，提前一天约贾玉宏进行访谈内容对接。

第二天，节目直播后引起了不小的反响。大家通过这期访谈，了解到足球棋的更多内容，为足球棋之后的普及推广打下了良好的基础。

《汤泓访谈》语：

这会儿我突然想起鲁迅先生的一句话："世上本来没有路，走的人多了，也便成了路"。我真的是非常希望贾玉宏的足球棋能够被越来越多的人认识并喜爱，贾玉宏能够和他们一起走出一条路来。因为作为一项新生事物的开创者，他的艰难可想而知，所以我为贾玉宏的未来祈祷。

除了电台的专题节目外，电视采访相对多一些。前面讲过的《新闻夜班车》栏目在各个时期持续关注报道足球棋。其他电视台的栏目也在不同时期对贾玉宏进行了专访并播出。泰州电视台《直播生活》栏目组的主持人小柏就在其特色栏目《凤城茶馆》中以"棋疯子老贾"为题制作了一期节目，用诙谐幽默的泰州话讲述了贾玉宏和足球棋的故事。

泰州电视台有一档名牌栏目《面对面》，也对贾玉宏进行了一个多小时的访谈。节目中贾玉宏详尽地介绍了足球棋从创意到设计，再到上市后在推广过程中所遇到的困难等。节目剪辑后播出，长达20分钟，而且在泰州电视台多次重播。《面对面》栏目还在片尾留下了一段精彩的总结语：

我们泰州是一个崇尚棋文化的城市，大家知道泰州古代有棋圣黄龙士，当代有象棋特级大师徐天红，我想出现发明足球棋的贾玉宏也不奇怪。虽然贾玉宏一路走来艰辛坎坷，但是很多人都伸出了援助之手。我想在不远的将来，小小的足球棋也会成为我们城市文化的一个亮点。

时至今日，贾玉宏已经记不清到底接受过多少次采访了，大多是新闻采访类节目，都没有收取任何费用，尽可能给予关注报道，使更多人了解到足球棋这项新发明，促进了足球棋的推广和普及，吸引了更多爱好者参与进来。因此，足球棋能一路走下来，并做到今天这样的成绩，和众多新闻媒体的支持是分不开的。

贾玉宏对此心怀感激。

七、记者专访，贾玉宏哭了

2014年暑假过后，《泰州晚报》记者李益君来采访贾玉宏。这时足球棋面市已经十年了，足球棋的推广正由低谷进入上升阶段。这个暑假，他的培训班人气上升，达到了面市以来最好的境况。人气足了，收入也就多了，但这时他的内心却是脆弱的。面对记者采访，不堪回首的往事一幕幕浮现在眼前，忽然之间他抑制不住内心的酸楚，眼泪倾泻而出，难以止住。记者李益君有备而来，一条条“犀利”的问题，直达他的内心世界，勾起了他的回忆。

贾玉宏从最初创意开始到完成整个足球棋的设计，虽然也经历了漫长的过程，但并没有负担。那时只是利用工作外的时间自娱自乐，纯属于自然设计成型。有工作，有工资，过着衣食无忧的生活。自从2003年下岗后，他就步入了自食其力的新生活。那时儿子贾奇峰还小，家庭方方面面都需要开支，加上足球棋推广刚刚起步，几乎是无钱可进，除了基本下岗工资外，其他方面收入均为零。不仅如此，足球棋推广过程中各方面需要投入，所以动用了原有的积蓄。只有支出，没有收入，这是非常残酷的现实，他的心理压力与日俱增。

孩子成长、家庭生活开支、推广足球棋等都需要费用。尽管他也开办了足球棋培训班，但那时的学费很低，为了让更多的学生参与学棋，有的学生是不收学费的，他们只要购买一套棋具就可以来学。即使到了节假日连续开班上课，那时每位学员的学费也只有50~80元，还送棋具，一个暑假下来毛收入仅过千元，似乎就觉得很不错了。表面上看培训班人气很足，可实际在收益方面是亏空的。

在这样的情况下，他只能压缩生活开支，减少亲戚朋友之间的交往和互动，也就冷淡了亲人。尽管新闻媒体持续做新闻报道，表面上的光鲜也不足以掩盖他的家庭所面临的窘境。说之不尽的烦恼和艰辛聚满了他的脑海，难以释怀。现在足球棋普及推广已走过了最为艰难的时期，呈上升之势，但是留在心里的酸楚，是他不愿触及的。

李益君记者的这次采访，就是想挖掘足球棋普及过程中最深层的信息内容。也许这是之前许多记者没有触碰到的“底线”。假如之前有记者问及这一类问题，他是不会说的，他不希望人们看到后增加对他的不理解，因为他需要有足够的勇气和信心支撑自己走下去。

足球棋的春天来了，但说无妨了。

第三章

全面撒网，寻找合作伙伴

一、列出企业名录，选择合作伙伴

两项专利接连获得国家知识产权局审批通过，贾玉宏有了更大的目标，那就是普及推广足球棋。普及推广和研究设计是完全不同的两个层面。首先，研究设计方面资金投入并不大，尤其是棋类项目，材料问题比较容易解决，也可以手工完成制作，关键是需要时间和脑力的投入。而推广足球棋就完全不同了，涉及的人员、物力、财力等自然少不了。贾玉宏是做销售工作的，他深知这一点，于是他想到了找企业合作，共同投资开发推广。可就像在茫茫大海捞针一般，该找谁呢？他便到各大商场、书店等地找寻信息，希望从众多商品中找到合适的企业进行洽谈。果然，有许多厂家的产品因制作精美，显示出企业的实力，吸引了他。

当然，他知道商谈合作不能一厢情愿，你中意对方，而对方出于各种原因不一定“钟情”于你。为了确保成功，他将收集到的自认为有关联且有实力的企业罗列到一个表中。他还到书店查找商家名录、电话大黄页、信息博览等方面书籍，从中搜寻可商谈的企业。这样就有许多企业进入了他的视线，他逐一考虑，筛选出觉得可行的企业。

在这份名录中的企业，涉及多个领域。其中有房地产开发商、文体用品厂、电信运营商、酒类生产企业、电器生产单位等。

二、喜欢酒文化，首选啤酒厂

自从参加工作后，贾玉宏喜欢上了喝酒，尤其在销售工作中，喝酒的机会更多。每次喝酒后，他都会感到身心轻松，灵感泉涌。在足球棋研究设计和试验过程中，他没少喝酒，从中获得不少灵感。

因为经常喝酒，他对酒文化也就情有独钟。不仅喜欢喝酒也喜欢研究酒，他喝酒从不单一地只喝一种酒，而是喜欢尝试不同厂家生产的酒。因此，他对酒类生产企业也就更关注一些，尤其是那些注重企业文化、有创新意识的企业。

2003 年，当时市面上有一款啤酒，产于安徽省某市。这款啤酒从包装到广告宣传，再到酒质、口感等都给贾玉宏留下了深刻印象，他常买来饮用。经过一段时间的观察，他感觉到对方比较注重企业文化，便动了心，决定找这家企业谈谈合作。

可能在许多人的眼里，怎么想都不会将酒和棋结合在一起。贾玉宏则不然，他对酒有较深的感情。在设计足球棋的过程中，借酒发挥，创意多多，大有李白酒后写诗一般的神奇效果。因此他觉得品酒下棋，更有“味道”！

说做就做，他在详细了解到这家啤酒厂的信息后，先通过电话接洽联系。对方负责人李总听了贾玉宏的介绍，似有所动，但却含糊其词。在贾玉宏的一再游说之下对方动了心，表示电话里说不清，希望通过书信介绍一下，将棋的内容和合作意向书寄一份给他看看。

贾玉宏毫不含糊，立刻起草，经过反复推敲和斟酌，洋洋洒洒地写了好几页纸的合作意向书，连同棋的介绍等资料一并寄出。等了十多天，一直没有回音。他再次打电话给李总，对方表示信收到了，创意和设想都挺好的，他自己觉得可行，没意见，只是合作一事，需要通过董事会开会商定，等厂里商定后再回复。

这样的话，模棱两可，似乎还有希望，要等对方的回复，当然不能急。

这一等又是十多天，这次对方主动打来电话，直言没有通过董事会，原因是经企业慎重考虑，这样一项新的棋种，投放市场后面临的风险很大。加上投资多，他们企业还不具备这样的能力在主产品外增加另外一种产品的投入。

这样的回复，也早在贾玉宏的意料之中。这可能是企业怕担风险，怕投入的资金收不回来。

第一次洽谈，就这样失败了。在他看来，这其实很正常。合作内容要视各自所需，每个人都会有不同的思路和观点。

之后贾玉宏又找了几家啤酒企业，逐一接洽后，均以失败告终，对方都没有魄力“接单”。之所以首选啤酒企业，是因为他觉得啤酒是大众普遍喜欢的酒类，受众较广，而下棋是大众喜欢的娱乐项目，两者结合推入市场，一定会吸引人们关注和消费，应该能够达到共赢。

之前谈的都是省外的啤酒企业，也许是省外企业的产品在进入泰州市场后，更注重的是品牌效应。这的确给贾玉宏带来了误解，他简单地认为注重品牌宣传的企业一定是有实力和魄力的。而实践证明，这种想法不是绝对的，有些企业强化品牌宣传只是为了销路而已。

说到啤酒企业，江苏省内也有许多。其中有一家影响力很大且家喻户晓的啤酒厂。贾玉宏一直留意这家企业，没有商谈，是他一直认为与省内的企业商谈合作成功率不会高。在和几家省外啤酒企业洽谈后，他积累了一定的经验，这一回终于将目光投向了省内的这家啤酒厂。

三、与省内某啤酒厂商谈

省内的这家啤酒厂规模较大，啤酒销量可观。在当地，他们厂的啤酒市场占有率很高，企业呈现出一派繁荣的景象！每天来推销，商谈业务，甚至像贾玉宏这样来拉赞助、谈合作的人络绎不绝。

贾玉宏第一次来，也不知道该找谁商谈，干脆直接将电话打进了总经理办公室。总经理表示此刻没有时间接待他，让他到秘书室找冯秘书先谈一谈。也行。可是见到这位冯秘书后，却如同在贾玉宏头上浇了一盆冷水。这位秘书年龄不大，手里玩着东西，对他爱答不理，一脸傲气。贾玉宏温言软语，对方无动于衷，最后直接回绝，说是他们企业是不会投资这个项目的。从他的表情和语气上能感觉到，他好像正在闹情绪，也许根本就没有把足球棋放在眼里。

碰了钉子，贾玉宏并不甘心，在心里安慰自己：你又不是一把手，我凭什么听你的。悻悻地离开了这家企业。因为忙于其他事务，他一时忘了继续找总经理商谈。一晃几个月过去了，有一天他忽然想起这件事，于是再次将电话打到总经理办公室，总经理表示可以见面谈一下，并约好了面谈时间。贾玉宏按时赶到这家啤酒厂，这时总经理正在和一些人谈事，见贾玉宏来了，可能是事情没谈完，便让他再次到秘书室找陈秘书先谈一下。

上次那个冯秘书，贾玉宏记忆很深，这次不是他，有些庆幸。可是这次要见的陈秘书，也不清楚是一个什么样的人，他心里没有底。

再次来到秘书室，接待他的陈秘书挺年轻的，客气地给贾玉宏让了座，还倒了一杯茶。表示已经接到总经理的指示，知道他的来意。

出乎贾玉宏的意料，这一次和上一次是完全不同的两种境遇。双方当即进入了正题，贾玉宏先介绍了足球棋的相关内容，然后表明合作意向。

陈秘书认真听着，不时翻看着贾玉宏带来的资料。最后他表示，项目挺好的，他需要留一份资料，便于向总经理汇报，争取进行合作。一切似乎向着有利的方向发展。在面谈中，贾玉宏对眼前这位年轻的秘书颇有好感，对方谈吐有礼，儒雅谦虚。双方不仅谈了合作意向，陈秘书还谈了自己对普及推广足球棋的建议，第一次见面两人俨然成了好朋友。

这次商谈很顺利，但是结果不一定是美好的。一周后，陈秘书主动打来电话，表示合作意向没有通过，主要原因是领导们考虑棋和啤酒结合在一起进市场不太可行。他还表示，视企业发展看看今后有没有其他方面的合作意向。

合作没有谈成，在意料之中，这里面有很多因素，传统的思维观念及投资风险等是主要原因。但是陈秘书给贾玉宏留下了深刻印象，通过这次接触，两人竟成了常联系的好朋友。

这之后，在推广足球棋的初始几年里，只要有比赛活动，贾玉宏都会给陈秘书送一份冠名赞助方案，希望能在比赛方面和他们啤酒厂合作。陈秘书每次都会认真对待，尽可能地帮助申请。尽管都没有成功，但贾玉宏仍然坚持不放弃，因为这个厂有陈秘书在，他总觉得有希望。

随着社会经济的发展，各大超市在城市中遍地开花，大量的外省市啤酒涌入泰州。省内这家啤酒厂不再是一枝独秀，竞争压力越来越大，生存的空间越来越小，后来被另一家知名啤酒公司整合。

从 2003 年到 2005 年，贾玉宏频频造访这家啤酒厂，一次次努力，一次次失望，最后只好放弃和这家企业继续商谈。

四、浙江三大棋厂的产品遍布泰州市场

在走访市场的过程中，贾玉宏经常光顾的是商场和超市及小商品批发市场，在这些地方可以看到来自全国各地的小商品。泰州文峰大世界五楼是他常来的地方，这里的文体用品比较集中，还不时有新产品出现，每次来都会有新

发现。

在2003年前后的那段时日，泰州的商场和文体用品店比较多，各种棋类产品摆满货架，销量也不错。而在棋类产品中，尤以象棋为多。他发现，棋类产品大多产自浙江一带，也有上海、江苏、天津、河南等地生产的棋，但是生产企业相较浙江就少了许多。

贾玉宏多次去这些销售棋具的地方，根据市场占有率汇总了一下，列出了浙江三大棋厂，依次是温州某棋厂、丽水某棋厂、金华某棋厂。其中金华某棋厂的象棋引起他极大的兴趣。这个厂生产的棋，不仅商场和超市有，小商品批发市场也有。这家企业生产的象棋多为木质，棋子光滑圆润，包装精美大方，价格还不高，可谓是物美价廉，性价比极高。

在对棋类厂家的进一步了解中贾玉宏得知，浙江生产棋的厂家多达上千家，其中有许多厂家属于家庭作坊式企业，生产的棋具一半是机器加工，一半用手工完成。尽管如此，他们生产出来的产品还是比较精致的，得到了棋类爱好者的喜爱。

而金华某棋厂给贾玉宏的感觉就不同了，通过了解和查询，他确定这是一家正规的棋类生产企业。他们的产品不仅在泰州市场能见到，在国内许多城市都有一席之地。

另外两家棋厂，一个在温州，一个在丽水。这两家棋厂不单一生产木质象棋，他们生产的棋种类繁多，大到围棋、象棋，小到儿童游戏棋类。而棋的材料除了木质外，更多的是塑料材质，企业实力很强大。后来，贾玉宏在不同时期走访了这三家具有代表性的棋类生产企业。

了解到众多信息后，贾玉宏动心了，萌生了找这几家企业商谈合作的想法。但他还是有些担心，浙江人一向精明，生意经很强，自己的棋要是进入这样的企业，会不会脱离自己的掌控？转念又想，放不开，总不能让自己精心设计的棋就烂在手里。思来想去，还是决定接洽这几家企业。

于是他开始着手行动，先是电话联系，再通过书信写明合作意向，得到了积极回应。

其中金华某棋厂的蒋总经理颇感兴趣。在几次电话和书信交流后，对方表达了见面谈一谈的愿望。

有了去浙江金华某棋厂拜访蒋总的想法后，他开始查阅浙江的交通图，计划出行路线。做好出行前所有准备，在合适的时间，他出发了。

五、出行浙江，首站杭城

这是贾玉宏第一次到浙江，心里没底，在出发前做足了功课，通过查询浙江地图规划了出行路线，计划第一站先到杭州走访一下市场，然后沿路到金华某棋厂拜访蒋总。如果在金华某棋厂商谈不成功，他决定再一路前往丽水和温州的另外两个厂家商谈。因此，此次出行时间紧，任务重。

从泰州到杭州，铁路交通不方便，需要从南京绕行。坐汽车可以直达，但这一坐就是八个小时，整个白天全用在了路上。

到了杭州，人生地不熟，找个合适的住处都费事。最后，好不容易才在火车站附近找到一家招待所，而此时天色已晚。吃晚饭，喜欢喝点白酒的贾玉宏又犯了难，杭州街边的小店内多是有色酒类，大多是黄酒、五加皮酒等，想找大众一些的白酒却很少，不得已只好买了一瓶二锅头解解馋。

第二天早上，早饭是在一个小吃摊上吃的馄饨和油条。他发现老板娘在碗中放足了味精，也没有放酱油，为数不多的馄饨飘在碗中，真正的清汤寡水。油条也很瘦小，只好多点了两份。杭州给他的第一印象不太好，和想象中的差距有点大。

前往市场走访，先到一家大型的文体批发市场看了看，想从中了解和发现当地是否有合适的生产企业，以便就近联系合作。所到的这家市场规模确实很大，楼上楼下好几层，文体用品摆满了各个门店的货架。在这里，贾玉宏更加关注的是棋类产品。

可是走了几家店铺后，却发现棋类产品在这个市场中并不多见，不像泰州那样，各种各样的棋都有，这里仅有围棋、象棋、五子棋、军棋几种。除此之外，让他惊喜的是在为数不多的棋种中又见到了金华那家棋厂的象棋，熟悉的包装，让他更增加了此行金华的信心。

看到了金华那家棋厂的棋具，也见到了丽水那家棋厂的棋具，而其他事先了解到的棋并没有发现。贾玉宏在和商场老板娘交谈中得知金华这家棋厂的象棋卖得最好。老板娘快言快语，告诉他赶紧去厂家联系，因为到了八月，许多经销店都要大量进货，那时面临开学，学校需要的棋多，正是棋类生产和销售旺季，厂家在生产上要忙碌一些。

离开文体用品市场，在市场保安的指引下，他来到了位于市中心的杭州百货大楼。进去后找了好一通，终于见到了棋类柜台，在这里没有发现熟悉的品牌棋，而浙江慈溪和河南洛阳等地的棋占据主导，棋的种类也不多。走访了这两家规模较大的文体经销店后，没有发现什么“新大陆”，贾玉宏有些失望。可能是潜意识中觉得到了浙江的省城，一定会看到各式各样的新棋种，能给自己带来灵感和创意。可是往往期望越高，失望也就越大。

后来，贾玉宏在多次走访浙江后才了解到，浙江生产的棋大多流向了外省市场，而本地棋类市场也被外省生产的棋给“侵占”了，这是市场流通的自然规律。

六、拜访蒋总

从杭州到金华，路程并不远，只是那时候的火车速度不快，短短的路程，也用了几个小时。贾玉宏到了金华，已是晚上了，找了一家招待所，美美地睡了一夜。第二天早上，金华那家棋厂的蒋总接到贾玉宏的电话，得知他已经到达金华，当即赶到市区来接。一见面，贾玉宏愣住了，他以为金华这家棋厂的产品遍布全国各地，企业规模一定很大，老总一定是开着豪车，气派十足的大老板。可眼前的这位老总和想象中完全不同，这就是一位普普通通的人，从衣着到面相，非常朴实，不做作，而且还是开着摩托车来的。

初次见面，贾玉宏感觉到蒋总和自己的年龄相近，但是他创造出了畅销全国的品牌象棋，不仅占据了国内许多城市的市场，而且还远销国外，这说明他的能力很强。

两人虽然是第一次见面，却像老朋友一样，有说不完的话。这都是之前两人经过书信、电话交流所建立起来的信赖和友情。在得知贾玉宏还没吃早饭时，蒋总带他到一家快餐店吃了面条，然后坐上他的摩托车前往厂里。这一切都出乎贾玉宏的意料。

摩托车飞驰在一级公路上，大约走了七八公里的路程，来到了一处占地很大的厂区前。在进门处两边是刚建的围墙，还没有装门，厂内紧靠进门处有一排多层楼房，可以看出应该刚建成不久。再往里是几排简易的砖瓦房，应该是生产车间。贾玉宏判断，简易房应该是蒋总创业之初的老厂。随着企业发展，围绕着老厂扩建了新的厂区楼房。可以想象他创业之初的艰苦和不易，也是从无到有一步步做大做强的。

跟随蒋总走进厂里，首先来到楼上，果然是新建的楼房，房内还没有装修，却堆满了各种货物。蒋总的办公室就在里面的一间屋，感觉到这是集厂房和办公为一体的大楼。

蒋总带着贾玉宏参观了生产车间，车间里一排排机器在运转中，工人们正在忙碌着。这是贾玉宏第一次看到木质象棋生产过程，从木料的初加工到切割，再到为棋子刻字，以及打磨滚漆等需要经过多道工序。最后再给棋子字面上色，这是制作棋子的最后一道工序，是纯手工描字，要一个个往字的上面注入颜料。

蒋总详细做了介绍，展示了企业生产实力，贾玉宏很是佩服他的智慧和创业能力。

回到楼上，蒋总还介绍了新大楼的用处。原来企业已经准备上新的项目，也就是说要上象棋以外的新产品，生产车间就在楼上。

随后贾玉宏介绍了足球棋方面的内容，谈了合作意向。蒋总表现出浓厚的兴趣，表示很愿意合作生产。他觉得如果定下来生产，就要果断迅速，要在别的企业还没反应过来时，快速投放市场，先将钱赚回来，然后再逐步推广。他这样的想法，其实就是想借用足球运动这样的背景吸引爱好者购棋，达到快速抢占市场的目的。

他的话很有道理，但却让贾玉宏的心凉了半截。本来计划推广足球棋，就是希望自己精心发明设计的棋能够真正融入市场中，让更多的爱好者体验到它带来的乐趣，现在却变成了单纯的谋利。况且一旦大批量生产，数量怎样控制、利益怎样分等，这都成了他顾虑的事情。从这方面想，这样的合作不利于自己对足球棋专利的掌控。但是从商家经销和利益上看，这应该是最好的方案。

这是当年足球棋还没有进入市场，没有得到市场验证的情况下贾玉宏的想法。那时，双方的出发点不一样，各自的思路和想象都很美好。时至今日，在足球棋推广十几年后，再去回想那段商谈内容，可以全盘否定。幸好当时没有达成合作，没有大批量生产，否则真的会成为滞销品，这是现实。

对于蒋总的提议，贾玉宏没有立刻下结论，表示可以考虑一下。至于更多的合作细节，双方都没提及，因为这只是初次见面，作为双方互相了解和商讨开展方案的一次会面，要真正达成合作，还需要进一步明确合作细节等。

参观考察了金华的这家棋厂，也互相交流了制作、推广、销售方案，双方均表现出了强烈的合作愿望，一上午的时间很快就过去了。到了午饭时间，蒋总就在办公室内摆上餐桌，陪同的还有蒋总的父亲。午饭没有特殊安排，实实在在的简餐。蒋总的父亲拿出了两种酒，一种是五加皮有色酒，这是浙江当地酒，还有一种是五粮液白酒。

贾玉宏虽然是好酒之人，但在这种情况下，还是婉言谢绝了饮酒，而是随意和蒋总一起吃了便餐。

这是贾玉宏第一次到浙江，遇到这样的招待，虽然觉得正常，但是心里还是感觉到怪怪的。心想，这要是在江苏，请客人吃饭不会是这样简单的。后来，贾玉宏成了浙江的常客，所遇到的招待方式大同小异。

这次会面总体还是融洽的，双方交流了足球棋的推广方案和策略，虽然没有达成共识，但是对彼此的了解更进了一步，也都取得了信任。若说再进一步，那就是一锤定音了。

临走时，蒋总选了几副有特色的象棋棋具送给他。他也打消了去丽水和温州的想法，决定回泰州思量一下具体的合作意向和细节。

七、泰州某局有意合作

在贾玉宏列出的合作单位名录中，有商场、超市、生产企业，还有电信运营商等，涉及各行各业。这些单位，他逐一进行了接洽商谈，有时还“临时起意”和名单以外的单位接洽，可以说是竭尽所能，费尽心思。在接洽商谈中，各种人的心态和嘴脸尽显眼前。比如贾玉宏去泰州某知名企业商谈，对方没有直接回绝，而是互相“踢球”，害得他东奔西跑，几个不同地点的部门走下来却一无所获，花费了许多时间。不过后来想想，也能理解。那个时期，这家企业已经开始走下坡路了，单位业绩不好，员工工资和福利得不到保障，出现扯皮、不作为、互相“踢球”的行为，也纯属正常了。

在泰州，和贾玉宏有过接触的某局也动了合作的念头。那段时日，泰州的新闻媒体铺天盖地报道足球棋，也引起了某局相关领导的注意，他们主动联系贾玉宏。在和贾玉宏商谈的过程中，表现出浓厚的兴趣，想合作开发推广足球棋，他们的想法是由他们来找一家企业投资，然后和专利产权人贾玉宏及投资方三方联手推广。这个想法挺好的，但是在经过一段时间后，自然放弃了。因为不可行，主要问题和难点还是在投资方上，没有人投资，一切都是空谈。

八、拜访天津棋协王立立秘书长

2003 年 4 月 6 日，贾玉宏突然接到厂领导的指令，出差天津。这让他怎么都想不到，企业改制在即，还有机会出差。他心里有了到天津拜访棋界老朋友的想法，顺便到体育部门接洽攻关，为以后找机会到天津发展做好铺垫。

在天津，他快速办理完业务之后，首先拜访了天津棋类运动协会时任秘书长王立立。王立立热情接见了他。

和王立立认识还要追溯到 2002 年底的一次出差。那次来天津时间比较长，他不仅去了市政府，还辗转去了天津市体育局。在体育局，经人介绍，他先后认识了时任体育产业部主任张万立和时任棋类运动协会秘书长王立立，通过接触和交谈，这两位天津体育界的人士均对贾玉宏发明的足球棋产生了浓厚的兴趣。张万立主任还向他介绍了天津体育事业的发展和走向，并为足球棋推广出谋划策，贾玉宏受益不小。

在拜访王立立时，贾玉宏有了更大的收获。虽然这是他们第一次见面，但并没有陌生感。王立立听了贾玉宏对足球棋的介绍后，产生了兴趣，认为足球棋是一项有特点的棋，而且背景是世界上热门的体育项目——足球运动。从足球方面来看，市场前景应该广阔。不过，她对推广难度做了详细分析。她是天津棋类运动协会的秘书长，从事棋类工作数十年，在棋类发展方面有足够的经验。她认为推广新棋种难度很大，时间漫长，涉及推广的方式和方法，精力和时间以及财力支撑等。她还列举了一些曾经找过她的其他棋种发明人，从他们推广初期的热情到渐渐淡出，以及时间上的考验都可以证明这一点。

最后，她还谈了关于国内足球棋方面的信息。据她了解，在国内先后有多人发明和设计了不同的足球棋，最后多因为棋的成熟性和市场推广方式等原因而失败。她还拿出一副新棋，说是前两日有人来她这里推介，准备在天津设立推广俱乐部。

看到这种新棋，贾玉宏如获至宝，真是意外的收获。在申请国家专利时，他从专利信息资料中就已经知道有人发明了这样一种棋。对照之下，虽然同为新发明的棋，但对方的棋和自己设计的足球棋截然不同，无论是样式还是规则都有很大的差别。后来他还多次到互联网上搜索，查看这种棋的信息。这次看到实样，自然是欣喜不已。

虽然是初次见面，王立立还是与贾玉宏进行了长谈。可能是从谈话中看出贾玉宏是个执着认真的有心人，王立立表示，这副棋是对方送给她的，还没有开封，如果有兴趣，可以先给贾玉宏拿回去看看，看好了再还给她。

贾玉宏实在是没想到，王立立对初次谋面他有这般的信任。从这之后，贾玉宏和王立立及张万立一直保持着电话联系，时常谈及足球棋推广方面的事，他们也极尽所能，给予指点和帮助。

这次，贾玉宏再次来到天津市棋类运动协会，拜会了王立立秘书长，介绍了即将生产的足球棋棋具创意和构思，就是将中国象棋棋具融入其中，棋盘和棋子为正反两面，做成二合一棋具。这样，足球棋棋具可以一棋两用，买中国象棋的爱好者可以兼学足球棋，买足球棋的也可以随时下中国象棋。使用时，只要将棋盘、棋子翻转，就可以选择不同棋种娱乐了。一棋两用，不仅会促进足球棋的销售，也解决了足球棋或将成为滞销产品的后顾之忧。

王立立认为这种创意很好，可以吸引许多中国象棋的爱好者关注和体验足球棋，这样对足球棋的推广有积极的促进作用。同时她也提醒贾玉宏，开发市场不是一朝一夕的事，要逐步了解市场，适应市场，最后才能融入市场。她还表示，天津是个大市场，也是复杂多变的市场，在没有基础的情况下，最好先不要进入。先打好基础，根基扎实后，再到各大城市发展，也就水到渠成了。

九、“一见钟情”

贾玉宏跑了许多地方，拉赞助，谈合作，都没有成功。有的是直接回绝，有的模棱两可，还有的让等待答复。总之没有一家敲定，贾玉宏很是无奈。从专利通过至今，棋具生产还没有着落。他接触各界，极力商谈合作，可谓费尽心思，晚上想，白天拼，最终一无所获。

贾玉宏偏不信这个邪，他觉得还是自己没找对路子。这时他突然想起自己列举的名单中还有健身器材厂没有联系。想到这，他再次兴奋起来，燃起了新的希望。

之前一直没有接洽健身器材厂，是因为他认为健身器材企业和棋类产品不搭边，没有结合点。况且他们多为家庭式工厂，不太可能来投资这项还没有市场的新棋种，他们需要的是成熟的热销产品。

到了这一步，贾玉宏觉得既然已被列入计划中，不论是否成功，不妨前去一试。

他首先想到了某体育用品公司。从企业名称和生产的主要产品类型上看，这算是和棋贴近的单位。来到这家公司门外，他顿感失望。从外部看，这就是一家家庭式企业，他没了兴致。既来之，则安之，他觉得还是先进去看一看。来到院子里，见一个人正蹲在地上做着事情，贾玉宏说明来意，对方没有回应，现场有点尴尬。贾玉宏心想：既然这样，那你先忙着，我参观一下再说。遇到这样的主人，他放开了，从外到里，独自看了一遍，终于理解对方为什么这样“低调”了。生意好，可以高调；生意不好，那就只能低调了。

他无心再谈，准备离去。这时，对方站起来，主动提出能不能留一份资料给他看看，了解一下合作方案。贾玉宏也没了兴致，留下了一张名片，表示如果有开发新产品的意愿，可以商谈。

从这家企业出来，一路到附近的几家健身器材厂了解探访。这一回他吸取经验，不再谈及合作一事，先是逐家走访，了解企业实力。一路走下来非常失落，都不具备合作条件，那就不谈了。

思来想去还是心有不甘，难道健身器材厂的计划就这样泡汤了？看见人力三轮车停在路边，贾玉宏便上前搭话，询问当地健身器材厂的情况。

三轮车主闲来无事，见贾玉宏和气可近，便向他透露这附近有一家上规模的健身器材厂，名气很大，实力也最强。

听到这个信息，贾玉宏陡然间来了精神，毫不犹豫，搭上三轮车立刻前往。三轮车主也是没想到，只是随口一说，生意就来了。

路程不远，三轮车也就走了 15 分钟。此刻这家健身器材厂里，一片繁忙的景象。老总也在其中忙碌，要不是别人指点，贾玉宏还真没看出眼前这位瘦小的男子就是该企业的老总。

得知这位来访者发明了足球棋，老总顿时眼前一亮，忙不迭地把贾玉宏让进办公室，让人倒茶。这待遇和之前走访的厂家完全不同，简直是天壤之别。听清了贾玉宏的来意，看过资料，当即拍板，这事情定下了，我们来合作。

就这么痛快，贾玉宏都没有心理准备，这算得上是“一见钟情”了。

十、拉锯战

为了打动贾玉宏，让他信服企业的实力，企业老总拿出了许多荣誉证书，大多是展现企业成绩的。

能和这家企业合作，贾玉宏觉得是天大的好事。接下来就涉及合作方案和资金投入等现实问题了。

贾玉宏与对方频繁接洽沟通，可是商谈并不顺利。三个月后，终于达成共识，由贾玉宏起草了合作协议，经双方签字盖章，并到泰州市公证处进行了公证。

至此，终于完成了这至关重要的第一步。

来之不易啊！

十一、合作协议签订难，执行更难

按照双方达成的协议，这家企业在投资生产棋具的同时，要先付一部分专利许可费。尽管协议是在市公证处公证下签订的，又有新闻媒体采访见证，而在实际合作中，对方却没有按章执行，令贾玉宏很是被动。为了不影响大局，他没有计较此事。

为了尽快实施推广计划，贾玉宏不得已，只能拿出自己的积蓄，用于前期投入，花费了不少资金。

在持续两个月的催促下，那位老总终于决定开始投资生产。

和这家企业签订合作协议后不久，贾玉宏就已经开始了棋具生产的各项准备工作，说明书的编写就用了两个多月。那时，贾玉宏还没有电脑，也不会用，打字和制作图片都需要印刷厂设计人员帮助完成。从他家到印刷厂有十余公里的路程，他每次都是骑着摩托车往返。他将工作人员打好的稿件带回家用笔修改，第二天再到印刷厂用电脑进行改正。如此反复修改，一本 50 多页的《足球棋入门》就这样设计完成了。

由于在编写时参照了象棋、围棋等传统棋书的写法，过于追求内容的深度，结果这本入门教材写复杂了。贾玉宏那时的想法是，只有写出棋的深度，才能体现足球棋的价值。可后来的推广实践验证了这种想法是错误的。恰恰相反，一种新的事物要想快速推广成功，一定要适应市场。说明书更要做到简明扼要，通俗易懂。尤其是棋类项目，在人们完全不懂、不会的情况下，怎样用最简练的文字讲清楚下法，才是最重要的。

这本书附带在棋具中，推出后，受到爱好者的关注。其中有许多亮点，比如开篇的配图，全部是由新华日报社记者赵晓勇帮助拍摄的。而其中的两篇序文也是由赵晓勇和电视台记者刘锋撰写的。

在印刷厂协助电脑工作人员修改文稿时，贾玉宏受到了启发。体验到了现代科技的强大，迫切希望自己也能拥有一台电脑，这样日后编写和修改材料时就可以在家中独自完成了。这个愿望一产生，很快就在妻子的支持下如愿以偿。

十二、自制棋盘

看似简单的棋具，生产过程还挺复杂的，分了多道工序，每一道工序都是独立生产完成。最初生产第一代足球棋棋具时，贾玉宏防范意识很强，他没有将整套棋具放在一家企业生产，而是选择了多家企业分开生产，然后自己组装。这样做，主要是怕被厂家不限量生产，难以控制。其实多此一举了，那时他自认为棋具一面市，就会热销，就会有人仿制。经过多年的推广后他才知道，那是不可能的。一项全新的产品，尤其是棋类项目，在还没有市场和强力宣传的情况下，是不会形成抢购热潮的。

棋具生产最难解决的就是棋盘了，为此贾玉宏下了一番功夫，收集了十多种棋盘参考借鉴，发现用得最多的还是纸质和塑料材质棋盘。他思量了一下，纸质的成本最低，但不上档次，且容易损坏；而塑料的优点很多，可反复折叠，可大可小，是最合适的。经过到厂家咨询了解后，塑料棋盘的成本比较高，在制版上一次性投入很大，需要足够的数量，成本才能降下来。在反复权衡后，他还是放弃了。

在这种两难的情况下，贾玉宏只能选择性价比较高的制作方式了。为此他煞费苦心，经过摸索和试验，最终确定用布料制作棋盘。

用布料制作棋盘的成本也不低，主要的优点是一次性投资有限，可根据实际数量生产。不过就是制作上比较复杂，首先要购进布料，再进行机器剪裁、印刷等多道工序。为此，他专程前往杭州的一家专业棋盘印刷厂，了解布料印刷过程。回到家后，他又到各大商场购买了多种布料，进行手工印刷试验。确定可行后，再到高港找到一家专门制作丝网印的厂家了解印制方法。一切安排妥当后，他乘上了前往江南的汽车，到常州市轻纺批发市场购买布料。

足球运动场地是绿色的草皮，为了使足球棋更加贴近足球运动，贾玉宏在经过无数次的试验后，最终选择了绿色作为棋盘底色，而在众多样品中，确定了制作台球桌的布料——台球绿。这次出行采购，就是冲着这种布料去批发的。

也许是常州轻纺市场的布料还不够全，贾玉宏走了两个较大的市场都没有找到合适的。在一些商铺了解后得知，浙江绍兴柯桥有全国最大的轻纺市场，里面汇集了全国各地生产的布料。

听到这个信息，他兴奋不已。虽然没有去过绍兴，更不知道柯桥的地理位置，但他觉得刻不容缓，说去就去，当即乘车前往。因为路线不熟，他直接来到了绍兴城区。这时天色已晚，他在市中心找了一家宾馆住下，一天的长途奔波，有些疲劳。

他买了一份绍兴地图，查找第二天前往轻纺城的路线，才发现柯桥轻纺城离绍兴城区还挺远的。而柯桥这个地方，正是昨天从常州过来时途经的地界。

由于不熟，当时就没有想到就近下车，他心里懊悔不已，因为多花了费用和时间。既然来到了绍兴城，那一定得走一走了。晚间他喝了半斤当地的特产——绍兴黄酒，趁着酒兴夜游了绍兴城区，算是不虚此行。

第二天他早早起了床，赶早班公交车来到柯桥。走进轻纺城，让他惊叹不已，这个市场太大了，一排排的店铺整齐排列，覆盖了整个柯桥中心地带。贾玉宏徜徉其中，尽可能按照轻纺用品分类找寻所需布料。功夫不负有心人，经过一番找寻后，他终于在一个特定位置找到了所需要的布料，而且还不止一家有。牌子和质量也不一样，有的好，有的差。其中有一家店经营的正是他在泰州做试验所购买的同一厂家的布料。这让他欣喜不已，没想到，还真的被找到了！经过对照其他厂家的同类型产品，他似乎更倾向于这一家的布料，因为布料的染色、质地和柔软度都相对好一些。

为了节省时间，他无心继续游逛，经过讨价还价购买了多卷布匹，总共花了 4000 多元，比泰州的零售价格便宜了近一半。

批量购进了布料，剪裁又成了问题，于是他找到了服装厂和毛绒玩具厂。经过多方联系，最后终于将一匹匹的成卷布料裁剪成了棋盘大小的尺寸，并开始着手印制。印刷工序挺麻烦，是纯手工丝网印。模具是由高港区专业制作丝网印模具的李明制作的，而油墨是到扬州购买的。

第一次印刷，贾玉宏不熟悉操作方法，他将李明请到家里来，示范操作，先印制一些，然后和妻子一起自行印刷。第一代足球棋的棋盘就这样诞生了。

为了制作棋盘，寻找合适的布料，他曾走街串巷，进商场到布店，买来不同质地的面料做试验，花费了许多时间和精力。

合作方没有按协议全额拨款，而是断断续续，如同挤牙膏一般给付一些。为了赶制棋具，贾玉宏不得不投入自己的资金，比如在棋盘制作上，就完全是自己投的钱，这些他也没有和对方计较。

十三、棋子和棋盒

制作棋盘真是费尽心思，通过反复试验后终于定型印制了。接下来棋盒、棋子的制作，更是曲折多变。

贾玉宏确定了棋盒尺寸后，由合作方老总牵头，专程开车前往无锡去设计和制作棋盒。

设计棋盒，贾玉宏必须亲自到场，因为只有他知道设计创意和构思。他们到了一家看上去实力很强的印刷厂，这里可能和合作方健身器材厂老总有过合作，因此他们比较熟悉。在一切手续办理好之后，厂家专门指派了一名年轻的设计师来设计棋盒版面，贾玉宏坐在旁边协助。这一坐就是一整天，在电脑PS设计方面，贾玉宏一窍不通，而棋盒版面内容，则由贾玉宏出具并现场指点完成。

经过一天的设计和反复修改，终于出稿了，但是没有最终定稿，因为贾玉宏想先带回家再审校一下，看看有没有什么需要调整和修改的地方。拿到了小样，当天晚上他便回到了泰州。

在小样上反复推敲和手工修改后，贾玉宏觉得成型了，于是在两日后再次来到无锡这家印刷厂。设计师通过他的指点对棋盒版面做了进一步修改和完善，确认没问题了，贾玉宏郑重地在小样上签上了自己的名字。江南人工作效率很高，在贾玉宏签上自己名字的那一刻，足球棋包装盒即投入到生产之中。

此外，在全套棋具的配件中，最重要的当属棋子了。棋子的定制工作开展得比较早。对于浙江棋类生产企业，贾玉宏已经非常熟悉了。之前也做了详细了解，还到某知名棋厂考察过，因此对生产流程很熟悉。这次去浙江联系生产单位，贾玉宏准备了一套计划，列举了三四家棋具厂。而其中他最想合作的当然是曾经考察过的金华某知名棋厂。从实力上看，这一家企业是最打动他的。

到了浙江，想找一家生产企业并不是难事，只要通过电话联系，对方立刻就会接去商谈。某棋牌厂也是这样，当电话接通后，对方很快就来接了。其实，在联系这家棋牌厂之前，贾玉宏就已经在市场上看到过该厂的棋具产品，可以肯定的是，质量没问题。见了面只谈了半个小时，就谈成了合作。浙江人做生意是比较务实的，他不看你是谁，也不论你是新客户还是老客户，只要他们能做的，有利润的，都会接单，且价格合理，不会欺诈。

生产合同签订好了，贾玉宏松了一口气，终于完成了最为重要的一项投资，这也意味着足球棋即将正式上市。

十四、有名无实，合作终止

合作单位不履约，合作有名无实。即使这样，棋盒定制、棋子生产、说明书印刷及棋盘制作等仍然在紧锣密鼓地进行着。说是和他们合作生产，对方承担投资义务，可实际却成了贾玉宏一个人的事务。从棋具的构思设计到组合成成品，都由他一个人来完成。

四个多月的交往后，贾玉宏不得已，只能与这家企业终止了合作。虽然和这位老总在合作上磕磕绊绊，难以协调，但在频繁的交往中还是建立了友情。尽管终止了合作，之后两人仍然保持着联系。贾玉宏还经常到厂里和老总聊业务，还算融洽，共同语言比较多。老总对推广经营方面有一定的经验，每一次见面都能说上一大堆开展的方案和策略。不能融洽合作，贾玉宏感觉到这主要是因为两人的工作目标和方向不同。这家企业的老总一心扑在各类健身器材的开发和生产上，而贾玉宏则是一心一意地把心思用在足球棋的生产和推广上，因此联手开展难以进行。

于是在2004年1月15日终止合作协议，16日到健身器材厂取回棋子。这前后的时间里，贾玉宏一直没有停止组装棋具和准备推广的前期工作。就在两日后，即2004年1月18日，时任泰州市体育局群体处处长徐春和贾玉宏一起在泰州书城召开了新闻发布会，足球棋正式推向市场。

第四章

普及推广，足球棋艰难起步

一、电视台工作人员买走了第一套棋具

2004年1月18日，贾玉宏发明的足球棋在泰州书城隆重上市。当天上午在书城的会议室召开了新闻发布会，时任泰州市体育局群体处处长徐春主持了会议，发布会请来了泰州及省内的十余家新闻媒体参会采访报道，自此正式拉开了足球棋推广的序幕。

发布会后的1月22日是春节。贾玉宏选择在这个时间将足球棋推向市场，就是想借春节假期期间人员走动频繁的时机一炮打响，他的棋具经销点也特意选在了人流量较大的泰州书城和新华书店。

当时的新华书店坐落在泰州城区繁华地带坡子街中心。那时这条街还没有改造，两边店铺林立，每逢节假日，这条街上从南到北人头攒动。贾玉宏也正是基于这里的繁华才选择了新华书店作为主经销点。为了吸引更多的人购买，贾玉宏和陈锦全一起放弃了春节休息，大年初一就来到新华书店给前来书店的人们介绍足球棋，并当场对局示范，吸引了大家驻足观看。贾玉宏以为这样做，一定会形成热销，可现实却狠狠地给了他一记“老拳”。逛书店的人除了对足球棋好奇之外，竟然无人购买。这让他很是失落，不过他并没有失去信

心，这只是第一天宣传，推广之路才刚刚开始。万事开头难，他坚信后面一定会好起来。

虽然在心里给自己鼓劲加油，但接下来的日子他还是体会到了一项新棋种起步时的艰难。因为从1月18日足球棋摆上书店柜台开始到1月23日大年初一的六天时间里，一副都没有卖出去。这实在是有悖常理，无法理解。

1月24日，也就是大年初二，陈锦全因有事没有来，贾玉宏独自一人先去泰山公园观察了一番。他想，每逢节假日这里的人气很足，不妨到这个地方做推广。可能因为是大年初二，人们还在走访拜年，公园内除了少数晨练的人之外，并没有游客进出。看来要在这里现场推广，需要人流量大起来才行，这几日还是踏踏实实待在书店里做推广工作，观察人们对足球棋的反应和态度，积累经验，思谋良策。

想到这，他松了一口气，来到坡子街上的新华书店。由于春节期间许多店家都是上班晚，下班早，时过九点半书店才开门。书店杨经理也按时来上班，她和贾玉宏聊了近段时间的销售情况，一再鼓劲，万事开头难，以后会好起来的。

上午，街上过往的行人并不多，来店里看书和购书的人更是少之又少。就是在这样人流稀少的情况下，临近中午时分，一位文质彬彬的帅小伙儿走进书店直接来到足球棋销售柜前，贾玉宏连忙拿出一副棋具做介绍。小伙子听完介绍，二话没说当即就买下了。这让贾玉宏颇感意外，一时间感觉幸福来得太突然了！显然，这位小伙子是特意来书店买棋的。

互换了名片，贾玉宏惊奇地发现，这位小伙子竟然是电视台工作人员，难怪这么有眼光。这可是棋具上市一周以来，卖出的第一套，意义非凡，总算是开市了。之后又陆续来了几个人，也对足球棋产生了兴趣，但是都没有买。那时一套棋具零售价是32元，可能大家会觉得有点贵，当然不买棋的原因是多方面的。

经过多日的推介、交流和体验，贾玉宏感觉到在书店里销售棋具是不可能成量的，盈利也就无从谈起；即使每日都有棋售出，也不会有多少收入。不过，在书店里推介棋具有其他的收获，那就是体验市场，了解市场，通过观察猜测人们内心的所思所想，从而调整推广普及策略。因此，他决定等春节假期过后到学校和户外去推广，主动出击，实地应战。

二、电视台报道后，足球棋热了

足球棋面市正值春节期间，新闻媒体都很忙，由于版面有限，先期采访的时事新闻都不能及时播出，泰州电视台《新闻夜班车》栏目关于足球棋面市的新闻发布会报道也被推迟了。一周后，也就是 1 月 25 日正月初三的晚上，《新闻夜班车》终于播出了足球棋面市的新闻。这则新闻仍然是刘锋采访编辑的，他对足球棋面市的经历和发布会现场做了详尽报道，节目中还采访了时任泰州市体育局群体处处长徐春和贾玉宏的助手陈锦全。

徐处长代表市体育局表示将全力支持贾玉宏推广足球棋，帮助联系各大高校来开展推广活动。这一重要表态为足球棋今后的推广指明了方向。

节目播出后的第二天，贾玉宏忽然接到新华书店杨经理打来的电话，说一上午时间，连续有三人来书店购买了足球棋。这个消息让他兴奋不已，连日来的困惑顿时全消了。

此时贾玉宏正在邮政书店商谈合作，顺利达成了合作意向。由于坡子街面临改造，新华书店也即将拆迁，而临近的邮政书店位置也不错。为了保住中心地带的主战场，贾玉宏提前与邮政书店进行了多次接洽，今天终于达成合作意向，由邮政书店作为足球棋市中心经销点。他们还提供了书店门外上方的一个空位置来布放足球棋大型广告牌。后来这个位置的足球棋广告，一直保留了三年。而这个广告位正对着泰州核心商场中百一店。

谈好了合作，贾玉宏立刻来到新华书店。这时又有人来买棋，他们显然并非是临时起意，而是特意来书店买棋的。同时，泰州书城也传来消息，那里也卖出了面市以来的第一套棋具。

下午，贾玉宏和陈锦全一直待在新华书店，全力向来往的人们推介足球棋。到了正月初三，街上的行人多了起来，坡子街上人流如潮。下午时间，达到了高点，街道两边的商场生意火爆，而新华书店的人气相对少了许多，进店看书和买书的人不多，这和其他商场的热闹场景形成了鲜明对比。尽管这样，咨询足球棋的人也比前几日多了不少。

到了下班时间，这一天新华书店共卖出了六副足球棋，而泰州书城也售出两副。毋庸置疑，这应该归功于泰州电视台《新闻夜班车》栏目的报道。由此可见，电视宣传是有实效的。

三、邮政书店里的一个小举动，结识了真朋友

《新闻夜班车》栏目播出足球棋面市的新闻后，足球棋似乎立刻就热了，这时贾玉宏想到了做广告。

广告平台有很多，其中最有效的当属电视台、报纸、广播电台了，但是这些平台广告费用很高，时效性和依赖性较强。持续滚动播出，会有效果，而一旦停播，就会被人们忘记。

对于足球棋这项刚刚面市的新事物，在没有得到大众认可的情况下，显然不适合在这些平台打广告。在和邮政书店的经理探讨做广告的事时，对方提议印一些广告单，然后分发到市区内各个报刊亭，按照数量付钱，由他们放到当天出售的《扬子晚报》《泰州晚报》等报纸中。这个主意不错！因为那时候人们都习惯于看报纸，报纸销量很大，尤其是《扬子晚报》。

说做就做，印宣传单费用并不高，可操作性强。他当即编写了一张简单明了的足球棋销售广告。经人介绍找到了一家印刷店，当晚印制，第二天就开始实施宣传。首次印刷了3000张宣传单，分别送到市区内多家报刊亭。

宣传单通过报纸夹带，这也是打了一个借用媒体宣传的擦边球。这边发宣传单，邮政书店那边同时制作了大幅喷绘广告，市内某广告公司也以最快的速度将广告牌安装到位，棋具也正式落户邮政书店。

进行了各种行之有效的宣传后，确实有了实效。在之后的几天里，新华书店又卖出了多副棋具。而邮政书店在棋具刚刚摆上柜台的时候，就成交了一套。

值得一提的是，第一个在邮政书店购棋的人是金国梁，他是邮政书店的广告制作人。那时除了制作喷绘广告外，一般情况下，海报、通知等即时宣传内容大多是用毛笔在红纸上写成的，根据需要还可以用多变的美术字书写。金国梁毛笔字写得很好，又有广告设计技能，他利用业余时间帮一些店家写广告，获得一些额外收入。

那天，金国梁带着孩子在邮政书店写广告，小孩看到足球棋很是喜欢，想买，金国梁没有拒绝。贾玉宏得知他是店里聘请的广告制作人，又有店长在场，没有按原价卖，而是打了一个大大的折扣，原价32元的棋具只收了20元。正因为这个小小的举动，金国梁和贾玉宏成了好朋友。后来金国梁开办了专业广告公司，有了自己的店面，贾玉宏的许多广告都是他帮忙设计和制作的。金国梁将贾玉宏当成了好哥们，许多设计都没有收费，他还免费帮助贾玉宏书写广告，只要有需要，从不拒绝。除此之外，金国梁还有一项技能，那就是摄影，他有自己的摄影器材，贾玉宏这边的一些活动现场，总会见到他的身影，他用相机为贾玉宏记录下许多足球棋的历史瞬间。

2006年，在足球棋即将“登陆”北京时，金国梁起早贪黑，帮助贾玉宏设计完成了第二代足球棋棋具封面……

四、《泰州日报》特稿拉开推广大幕

2004 年 1 月 18 日，足球棋正式上市，此时正逢春节假期，足球棋摆上了书店柜台。贾玉宏特意选了这个时间，想趁假期一炮而红，但现实给了他重重一击。前六天一无所获，直到第七天才艰难卖出了第一副棋具。尽管从第八天后借助《新闻夜班车》的新闻报道，连续卖出了多副，可现实和想象之间的差距实在太大了，这样下去，怎么能完成推广普及大计呢！

尽管棋具销售远远没有达到预期，可说是天差地远，但贾玉宏并没有气馁，他的收获还是挺大的。通过这十多天身处第一线的体验，他悟到了推广的路数和法门，在和顾客交流中他感觉到，一项全新的棋种，绝对不能静静地放在店里卖，而是要走出去。这个“走出去”，就是要到社区、学校、公园等人流密集的场所，面对面推介和销售。同时要开办培训班，培训一批学生，作为示范教学和试验。还要适时组织学员进行比赛。通过这样一系列的方式方法，让更多人接触和喜欢上这项棋类运动。

想到这，他豁然开朗，一扫之前的阴霾，决定立即开始实施计划。恰恰就在这时，1 月 31 日星期六，《泰州日报》星期六专版刊登了由钱新明记者采写的一篇新闻特稿——《中锋、前锋盘上布阵，体能对抗变成智慧较量，青年工人贾玉宏演绎—— 纸上“踢”足球》，详尽报道了贾玉宏发明足球棋的故事。

报纸一刊发，便在读者中引起了轰动。那时喜欢看报纸的人比较多，尤其像《泰州日报》这样的市委机关报，政府各部门、企事业单位及各院校等都会订阅。因此这篇报道瞬间流向了全泰州市的各个部门和单位。毋庸置疑，是这一篇报道让贾玉宏一下成了泰州新闻人物。

泰州的电视台、报纸、广播电台在春节期间的轮番报道，让人们知道了发明足球棋的贾玉宏。但是在人们欣赏佩服他的同时，棋具并没有形成热销。对此，贾玉宏觉得，看到报道的多为成年人，他们对这样的新生事物不一定感兴趣，并不会去买来研究娱乐。对于棋类项目，他们接触更多的还是象棋和围棋等传统棋种，这也是时代影响的结果。

想到这些，贾玉宏才真正觉察到足球棋的推广普及应该从娃娃抓起，他们才是足球棋推广普及的对象，才是足球棋起步和发展的初期定位。

持续的新闻报道，感染了许多人，也引起了市体育局的重视。时任泰州市体育局群体处处长徐春首先帮他联系了泰州市技师学院，作为开展推广的第一所院校。时任泰州市足球协会秘书长姚家眠和教练徐英也表示将在今后的推广中给予更多支持和帮助。

为此，贾玉宏走访了市区各大院校和社区、公园等，筹划推广实施方案。最终制定完成了一个推广普及计划，推广大幕正式拉开。

五、技师学院：第一个吃“螃蟹”的人

为了让足球棋进入大中专院校，贾玉宏提前走访了市区内的几所学校，了解各所学校的情况。在和时任泰州市体育局群体处处长徐春商量后，决定先到泰州技师学院（以下简称技师学院）开讲座。徐春和技师学院取得联系，并写了一封信交给贾玉宏。这封信是写给时任泰州市技师学院体育部主任王健的，这次讲座的协调和组织等事宜都将由这位王主任负责。为了开好这次讲座，吹响足球棋进入大中专院校的“号角”，贾玉宏带着徐春的介绍信提前一天来到技师学院和王健主任对接讲座事宜。王主任热情接待了他，详细介绍了此次讲座学校的准备情况，并带他到开展讲座的阶梯教室熟悉场地。

这是贾玉宏有生以来第一次开讲座。看到能容纳 300 多人的阶梯教室，他感到既紧张又兴奋。

王健还和贾玉宏探讨了开讲座的内容，给出了一些好的建议和方法。为此，贾玉宏在家里足足用了两个多小时写讲稿，并结合了王健的建议进行修改。

此次讲座意义重大，泰州电视台《新闻夜班车》栏目的刘锋得知这一消息，决定前来采访报道。而《新华日报》的赵晓勇和《泰州日报》《泰州晚报》的记者也表示会关注报道。讲座时间定在2月11日，也就是第二天下午。

第二天下午，贾玉宏和陈锦全提前来到开展讲座的阶梯教室做准备工作。到了三点半，学生们排队入场，整个阶梯教室坐得满满当当，刘锋等媒体记者也相继赶到。

这次讲座是市体育局徐春处长牵头联系，学院体育部王健主任负责组织协调，电视台、报纸、广播电台等媒体共同参与的一次活动。这样的活动得到了校方的重视和积极配合，活动进行前后，学院副院长和团委书记均在现场“督战”。

贾玉宏第一次开讲座，就受到了多方关注。看着座无虚席的教室，他心里有些紧张。弓上弦，刀出鞘，只能硬着头皮上了。

下午四点，讲座正式开始，贾玉宏手拿话筒，站在棋盘一边，陈锦全站在另一边。校团委书记亲自主持，她介绍了贾玉宏发明足球棋的一些故事，引来全场热烈的掌声。

在掌声中，贾玉宏开始了推广征程中的第一讲。在数百双眼睛的注视下，他说：“足球棋历经七年设计完成，今年初刚刚面市，第一所推广学校就选在了我们技师学院，在座的同学，你们可都是第一个吃螃蟹的人啊！”。

话音一落，学生们立时笑了起来，并鼓起掌来。

在学生们的掌声中，贾玉宏轻松了一些。他首先从规则讲起，同时拿着棋子在挂盘上演示，陈锦全在一边配合。

尽管他事先写了全部的讲稿，可在实际讲座中并没有完全按稿照搬。而是将讲座内容与现场气氛相结合，即兴发挥，频频和学生们互动，引起学生们的共鸣。

讲座用了一个半小时，从规则到实战对局，讲得很透彻。老师和学生们听得都很认真，有的学生还带着纸和笔一边听一边做记录。刘锋也一直没闲着，他扛着摄像机捕捉现场画面。

讲座结束后，学生们报以热烈的掌声。在随后退场时，坐在边排的几位女同学却来到台上，她们递过来纸和笔想要签名。

这让贾玉宏大感意外，课前怎么都没想到，一点心理准备都没有，顿时手足无措。稍许停顿，他还是接过对方的本子，认认真真、规规矩矩地写上了自己的名字。

这算是贾玉宏首秀签名，不过他感觉到几位女同学对他的签名似乎有点失望。他意识到自己的签名太“老实了”，应该也像明星一样，大笔一挥，一两秒完成。可是自己没练过那样的签名。

这是个小插曲，从这次之后，他下了功夫，“苦练”签名，就是那种一两秒完成的签名。不过他的名字怎么练都不能一两秒写成，最快也得四五秒。

讲座结束后，刘锋分别采访了技师学院副院长、团委书记及个别学生。几位听了讲座的校领导对这次足球棋讲座给予了较高评价，并表示将在校内组织后续学习班，同时在各班内开展普及活动，待时机成熟后，再举行班级对抗赛。

讲座后的第二天，即 2 月 12 日，泰州电视台《新闻夜班车》及时播出了这次讲座的新闻采访。同时其他报纸媒体和广播电台也相继参与报道，引发热议。而《新华日报》刊发的赵晓勇记者采编的《下岗工发明足球棋的故事》也引起了一位徐州人的兴趣，他连续打来电话，咨询合作事宜。因为足球棋上市不久，各方面还不够成熟，贾玉宏对外界某些方面的合作并没有积极的态度，加上推广普及刚刚开始，事务很多，也无暇顾及这样或那样的合作。

六、第一批学生

开设培训班，先培训出第一批学生，这个想法着实让他兴奋了好一阵子，可实施起来还真是不容易。首先要招生，组成班级，才能授课讲棋。对于这样一个全新的棋种，大家都不熟悉，先不谈收费，即便是免费，也不会有几个人来。贾玉宏深知这一点，那该怎么办？他绞尽脑汁，忽然灵机一动，想到周围邻居和亲戚朋友家都有孩子，何不将他们召集到一起开个班，在讲课的过程中再逐步扩大范围。

说做就做。他第一个想到的是助手陈锦全的儿子陈飞，然后就是好朋友陈强的儿子陈景智，这两个孩子的年龄在 10 岁上下，而且都很聪明。他们的爸爸和贾玉宏关系很好，把他们两人拉进来学棋，自然不在话下。

果然，一说就通，两人都毫不犹豫地答应了，立刻参与进来学棋。刚刚开始，贾玉宏并没有急着召集更多熟悉的孩子来学棋。他是想先通过这两个孩子的试学情况看看效果，先教会他们，再逐步发展更多的学生。一试就发现，仅用了两节课，这两个小家伙儿就入了门，还像模像样地对战起来。尽管走棋磕磕绊绊，失误频频，但兴趣盎然。

陈飞这边比较占优势，因为他的爸爸陈锦全是贾玉宏的陪练，时常会在晚上陪儿子下几盘棋，加上他的年龄比陈景智大一些，又有爸爸“暗中”指点，相比陈景智进步要快一些。

对此，陈景智的爸爸陈强看在眼里，很不服气，于是暗下决心，也来学足球棋，以便陪儿子练棋，同学同提升。陈强是做会计工作的，理解能力和接受能力都很强，经过几次练习，也轻松学会了。不仅他学会了，就连他的妻子，陈景智的妈妈也看着看着就会了。一家三口常常在晚饭后摆上棋盘，轮番对弈，当然还是陈景智赢棋最多。

自此，陈强一家都迷上了足球棋。不仅利用空余时间到贾玉宏家里学，也常常将贾玉宏约到他们家里教棋，贾玉宏也乐得上门授课和辅导。

随后，贾玉宏又发动亲戚和朋友家的孩子来学棋，先后召集了军军、凡凡、壮壮等一些孩子，可结果并不令人满意。他们一开始还很好奇，想来探秘，可学着学着就放弃了。对于这样一项必须动脑筋才能玩的棋类游戏，他们不感兴趣，也就三天打鱼，两天晒网。贾玉宏也不强求，这几个孩子的家长本来就没有将学足球棋的事放在心上。

贾玉宏一边悉心教陈飞和陈强一家人下棋，另一边则继续在泰州市技师学院开班授课。大孩子毕竟理解能力和接受能力更强，很快都进入“角色”之中，他们不仅自己学，还能够去转教其他学生参与学棋。在技师学院上课，由于媒体的参与报道和学校的重视与宣传，短时间内就形成了热度。学生们学棋的同时，有几位体育老师也参与进来，跟着学足球棋。不过他们没有学生们的那种耐心，很快就放弃了。在技师学院的足球棋学习班里，有些学生学习一段时间后会因这样或那样的原因退出，这时也会有新同学进入，退出和进入形成一个自然更新，也促进了更多学生来参与学习。

在棋具销售方面，那段时间除了技师学院的学生自愿购棋外，新华书店和邮政书店的棋具销售情况并不好，有时隔几天才能卖出一两副棋具。贾玉宏很是无奈，这时恰逢坡子街上的新华书店拆迁，足球棋只好退出了这家老字号书店。在与书店结账时，当初谈的店面费是 500 元，而书店杨经理根据实际情况只是象征性地收了 200 元。这件事让他很感动，杨经理理解贾玉宏创业之初的艰难，尽量给他减免了店面费用。

坡子街上的新华书店因拆迁关了门，泰州城区只剩下一家大型书店泰州书城，而这里的棋具更是卖不动。

这时，邮政书店却传来好消息，他们店里的足球棋持续有人买了。而且一个叫韩进的人连续多次去买棋。这个信息一下子刺激了他，能够连续多次去买足球棋的人一定是个很特别的人，于是贾玉宏按照对方留下的信息，拨通了韩进的电话。韩进很惊讶，没想到自己只是因为喜欢而多买了几套棋具送人，却引起了发明人的注意。在电话里，贾玉宏邀约他到教学点来学棋。韩进很是高兴，这正是他求之不得的好事，当即就答应了。

韩进很快来到教学点和贾玉宏见了面。贾玉宏看到眼前这位小伙子 20 多岁，长得精神帅气。进一步了解到，他刚刚从部队退伍回来，还没有正式工作。他喜欢足球运动，看到足球棋后，毫不犹豫地买了一套。通过自学他大概了解了足球棋的基本对局方法，觉得很有趣，于是他又连续两次到邮政书店买了棋，转送给其他朋友。这一举动引起了店员注意，并留下了他的联系方式。

贾玉宏碰到了一位如此热爱足球棋的人，自然不愿放弃，便邀请他来免费学棋。这完全出乎韩进的意料，买棋的时候，怎么都想不到还能直接跟发明人学棋。

自此，韩进成了贾玉宏教学点的常客，只要有空闲，就会过来学棋。他不仅来学棋，还经常参与贾玉宏开展的户外宣传活动，在现场帮忙做一些事情。直到数月后，韩进的工作稳定了，没有了空闲时间，才渐渐淡出。但仍然和贾玉宏保持着联系。再后来，足球棋比赛需要赞助费，贾玉宏还到韩进所在的单位拉赞助，韩进也从中给予了帮助。

韩进是个极其聪明的人，那段时日，他的足球棋棋艺虽然不能和陈锦全相比，但是在陈锦全之后却是无人能敌了。对此，贾玉宏印象深刻，一直难忘。

七、与社区接洽，一路“绿灯”

足球棋面市后，除了技师学院的学生外，先期的一批棋手韩进、陈景智、陈飞、陈强夫妻、李群等十余人先后学会了足球棋。他们年龄不等，有小学生，也有成年人；学足球棋的原因也是各不相同，尽管时间都不长，但在短时间内都已经进入了“角色”。

在这一批棋手中，陈景智是最早参与学棋的。他的兴趣最浓，每天在家里都会下上几盘。不仅他学会了，他的父母也跟着学会了。这一家人天天晚上沉浸在足球棋世界里，贾玉宏也常应约上门义务辅导。

收获了第一批棋手，人数虽然不多，但贾玉宏很满足。从他们学棋后反馈的信息中，贾玉宏更坚定了信心，下定了将足球棋推广下去的决心。

这时，他觉得不能只在家里及周围的小圈子里开展活动，而应该走出去，到人员集中的居民区去推广。在贾玉宏的想象中，只要他带着足球棋走进社区，一定会引起轰动，形成热销。

他首先来到城西某小区。社区负责人很客气，在了解到贾玉宏的情况后，表示支持，并建议他到物业联系一下，因为小区内宣传活动等事务需要物业批示。物业离居委会不远，他立刻前往，没想到，物业管理处章经理在了解到贾玉宏的申请需求后，当即就答应了：“这是好事，一定支持！”

在谈及管理费时，章经理爽快地说：“不用，不用，你发明和推广足球棋不容易，还没有收益，管理费就不用了！”

城西某小区就这样谈妥了。贾玉宏和章经理约定本周六就来宣传，而地点就选在了小区内广场上。

为了连续宣传，贾玉宏又去了城南某小区。这一去，还真找对了。

这次他直接来到了小区物业管理处，负责人王经理接待了他。这是两人第一次见面，彼此都不熟悉。贾玉宏说明来意后，王经理爽快地答应了。

顺利谈好了两个小区，接下来就要落实推广方案。为了达到宣传效果，让小区的居民都知道这样一次宣传活动，贾玉宏特意写了十余张大字广告，然后分别张贴在城南某小区和城西某小区各个出口处，足足用了一个下午时间。贴完后，在城西某小区还出现了不和谐的一幕，刚刚张贴在东门外的一张海报，就被人扯掉了，这让他很生气。

做好了走进小区前的各项准备，一切就绪。

八、最佳“助手”

按计划，星期六在城西某小区宣传。为了营造气氛，贾玉宏提前制作了写真广告宣传牌，其背板是用废旧三合板裁制的，这样可以降低成本。同时他又约了已有的几位“学生”——陈强一家人、韩进等到现场助阵。

来到城西某小区，已是上午九点。韩进帮助卸车摆广告，放桌子。他在贾玉宏做每一件事前，都能立刻反应出下一步该做什么，看得出他很用心，喜欢动脑筋，而且动作麻利。

整整一天，韩进一直陪在现场帮助宣传并演示对局，吸引了许多人关注。贾玉宏看在眼里，爱在心上，真的很想将他拉入自己的队伍中，长期协助自己开展推广普及。可是又一想，觉得不现实，推广才刚刚开始，没有经济回报，不能耽误他的前途。再说了，从近期的推广效果来看，足球棋推广普及任重道远，未来无法预测。

三月初的日子，天气还有些冷，韩进衣着单薄，贾玉宏怕他着凉，将自己的棉衣给他穿上。

陈强一家人也给贾玉宏留下了深刻印象，他们全天陪在现场，帮助宣传。午间又诚请大家到住在附近的丈人家吃午饭，贾玉宏很是感激，但婉言谢绝了。午间他的妈妈从临近的单位下班后来到现场帮助照看摊位，然后他带大家一起到小区外的饭店吃了饭。

午后继续，这一整天的时间，尽管足球棋吸引了许多人围观，也有小区内的孩子跟着学习试玩，可是并没有人买棋，他感到有些失落。

星期日转战城南某小区，出发前贾玉宏接到泰州经济广播电台主持人金秋的电话，他简单了解了一下关于城西某小区的宣传情况，并希望在城南某小区宣传后，给他提供两日来在小区内宣传的成果介绍，他准备在节目中报道一下。贾玉宏很是感动，一口答应下来。

城南某小区的宣传活动从上午八点半一直持续到下午四点半。人很多，各年龄段的人都有，他们很好奇，许多人听了介绍后，给出了较高的评价。

午后，韩进和他的朋友来了，并对弈起来。他们下棋很投入，对围观者吸引力很大，从一点半一直下到四点半，没有停歇。

陈强父子在家吃过午饭来的，他和儿子立刻投入到演示和宣传中。住在这个小区的陈斌是贾玉宏的老朋友，作为“东道主”，他午间在家中做了一桌菜招待贾玉宏等人。贾玉宏也借机送了一套棋具给他的孩子，陈斌很开心，并请贾玉宏签上自己的名字，说要收藏起来。

小区居民踊跃参与，想报名参加学棋的也有，只是随意性较大，不能确定。也有其他小区的人路过，驻足体验并对足球棋产生了兴趣。

其中有一位叫钱亚亮的青年男子路过现场时停留了一个多小时，也借机学会了。他认真和痴迷的样子，给贾玉宏留下了深刻印象，可是最终没有买棋，贾玉宏有些意外。

又是一整天的宣传，他很疲惫，尽管还是没有人买棋，他已不像昨天那样失落，逐渐适应了。可是让他怎么都想不通的是，他们围观参与学棋时那么着迷，怎么会不买棋呢?

回到家中，他悄悄地将车子从前门趟进院子里，然后将带出去的棋具卸下来放进屋中。

九、人民公园

在城南某小区宣传，尽管也没有人买棋，但是围观和试学的人还是挺多的。人气挺旺，可棋具零销售，这明显不合理。到底是什么原因，难道是棋具价格定高了吗？那时的棋具是足球棋和中国象棋二合一两用的，是足球棋上市后的第一代棋具，当时放在书店里的售价是32元，而现场促销价是29元。这样设定，本以为会形成热销，可结果却遭遇了尴尬。

看到城南这个小区的一些孩子感兴趣，他决定在这里试开一个免费学棋班。于是，再次来到物业找王经理面谈。自从认识了贾玉宏之后，王经理佩服他的执着，表示只要有需要，欢迎随时来小区宣传。对于此次贾玉宏想在小区开免费培训班一事，他当即就答应了，而且提供会议室作为上课的教室，不收取任何费用。上课时间就定在了每周日下午一点之后，因为这个时间小区物业的会议室基本不用，可以给他使用。

所有的商谈都出乎他的意料。与王经理素不相识，却得到了他的大力相助，贾玉宏被感动了。王经理还提议，附近的人民公园在节假日里人气很足，可以利用这周的周六日到现场宣传一番，正好借机招收学员来小区上课。

王经理当即联系了园方，落实了宣传场地，场地安排在公园入口旁边。公园门前是个小广场，每到节假日，这里的人气很足，休闲游玩的人络绎不绝。

果然，周六和周日连续两天，贾玉宏的宣传摊位前聚集了不少游客和周边各小区的孩子。他们对新颖的足球棋很是好奇，都想对在棋盘上如何踢球一探究竟。

贾玉宏的助手陈锦全协助开展活动，而陈强父子和韩进等也抽空来练棋捧场，现场人气挺足。围观的人多，报名的也不少，只是大家并不急着买棋。

星期六整整一天时间，直到最后快收摊时，奇迹终于出现了，接连有三个小学生来买棋，他们是周边小区的，这给了贾玉宏莫大的惊喜和信心。三人买了棋并说明第二天再来现场学习。

星期天上午，其中一个小男孩先来了，他的悟性很高，只用了一上午的时间，就能在棋盘上和陈锦全对起棋来。待下午另外两个学生来时，他还得意地当起了老师，在讲解盘前眉飞色舞地为他们讲棋。还别说，虽然他只是上午学练了半天，这一刻却讲得头头是道。尽管有许多内容还不熟悉，但他的接受能力和表达能力足以证明他的思维能力是很强的。

另外两个小学生学得也很快，都给贾玉宏留下了深刻印象。他们懂礼貌，学习认真，善于思考，还有一股不服输的劲儿，这一点在成人中是不多见的。

几个小朋友学棋的热情，再次激起了贾玉宏对推广前景的信心。这一天，韩进和他的朋友及陈强一家人、陈锦全父子等都没有缺席，在现场帮助宣传。

这两天天气晴好，日光充足，甚至有点热，贾玉宏被晒得不轻，但是他并没有躲避到阴凉处。尽管两日来买棋的并不多，但是来试学和报名的还真不少，约有十几人，其中有一个叫栾绯绯的小学生特别聪明，脑子极为灵活，口齿伶俐，令人印象深刻。

两天的宣传，买棋的不多，可收获不小，为下周日在城南某小区开设免费教学班打下了基础。

十、第二次讲座很失败

贾玉宏在泰州技师学院的讲座收获了众多爱好者，也在学校开设了兴趣班，他每周按时间前往学校讲棋，同时各新闻媒体跟进报道，可说是一炮打响，风光尽收。显而易见，首战是成功的。

紧接着，贾玉宏又到泰州另一所学院开讲座。可能是这所学院的教学和管理模式不同，组织起来有些难，这一点和泰州技师学院完全不同。不管怎样，一段时间后这次讲座总算是安排好了。

通过几次来摸底，贾玉宏有一种预感，这次讲座效果不会太好。这从院方的宣传方式上就能发现，学院是通过张贴海报的形式做宣传的。对于足球棋这样还鲜为人知的新棋种，能有多少人会主动来听课?

果然，讲座开始前，能容纳100多人的小型阶梯教室只来了30多人，这让院方多少有些尴尬！贾玉宏想不通，偌大的学院，有数千学生，怎么只有这30多人来听讲座？是宣传不到位、组织不力，还是足球棋本身就没有吸引力，学生们不感兴趣？在来的学生中又出现了一个奇特现象：女生比男生多，男生寥寥无几。

面对这样的窘境，贾玉宏讲棋没了动力，也没有了在泰州技师学院讲座中的那种激情，甚至有些发挥失常。讲座中，女生似乎兴趣更浓一些，她们很认真地听了半个多小时的讲解，积极参与互动。

由于是自发来听讲座，学生们自由一些。在讲座结束后，便三三两两地走了，最后仅剩下八九名女同学留在现场，她们挺感兴趣，希望能继续学一下。于是贾玉宏当即摆上棋具辅导她们试着对局，她们很快就入了门。

通过了解，她们都是医学系的。为了让她们有棋可练，贾玉宏大方地送了两套棋具给她们，希望她们学有所成。

这次讲座很失败，深深刺痛了他，让他清醒了许多，还得靠自己去努力开展活动，省下多个环节。直接面对学生宣传推广，争取更多的人来学棋，才能增加成功的砝码，或许这才是一条实实在在的推广之路。

这次讲座之后，贾玉宏又先后在泰州电大和江苏畜牧兽医职业技术学院（以下简称江苏牧院）开了课。在这两所院校内的推广活动是直接以上课的方式开展的，没有惊动校领导，是学生会直接组织学生听课，都是20多人的规模。

在泰州电大的社团办公室里开课时，来的清一色是男生，他们学起来挺快的。由于是学生会组织的“杂牌军”，而且学生大多为社团里的骨干，这样授课的效果也就大打折扣了。因为并非是面向各班级招收的真正对足球棋感兴趣的学员，而且这些学生在社团有职务，他们也不会安心学习和提高，学着学着就散掉了。

江苏牧院的授课情况有所不同。虽然也是学生会临时组成的听课团，但学生会主席孙长征组织能力很强，他召集来的学生各个都很出色，尽管也只有不到 20 人，却男女各半，大家学习劲头十足。男生中的顾海峰和郑晓东尤为出众，成为领军人物，而薛峰等几名女学生也毫不逊色！通过几次教学和训练之后，他们都表现出了对足球棋的热爱和痴迷。

在后来的持续推广中，顾海峰和郑晓东这两位学生还成了贾玉宏的助手。他们时常参与贾玉宏组织的各类活动和比赛，帮助管理小学员，义务协助宣传，直到他们大学毕业离开泰州走到各自的工作岗位上。

郑晓东大学刚毕业时并没有离开泰州，而是临时参加了一个工作，在工作之余义务协助贾玉宏开展足球棋推广事业。后来，顾海峰和郑晓东先后到其他省市工作和生活，有了固定工作，但和贾玉宏仍然保持着联系，这正是当年那段时日建立起来的师生情谊。

贾玉宏很是感谢他们，不会忘记他们对足球棋的付出。关于顾海峰、郑晓东和足球棋的故事，后面还会讲述。

十一、免费兴趣班，雨天开课

提前两周就策划好的免费兴趣班终于到了开课时间，没想到天公不作美，从前一天开始就一直下着雨，开班当天也没停，而且下得还挺大。因为下雨，一些事先计划好的为营造现场氛围的广告宣传牌等物品无法携带，只能随身带上一些棋具和讲课用的必需品。

下午一点半上课，贾玉宏提前半个多小时就到了。让他没有想到的是，有一位叫吴自华的小学生也早早来了，他住在附近的小区，等在物业公司的楼下，他在上周六、日人民公园宣传现场报的名。

随后物业公司的王经理也到了。他打开会议室的门，还给贾玉宏泡上一杯茶，极尽地主之谊。王经理放弃了周日休息时间，来协助开班，令贾玉宏感动。这是一次免费试行班，又下着雨，估计来的人不会多。

果然，下午开课后，只来了十多个人，这和上周报名的人数相差不少。有好几个上周在公园学棋悟性很高的学生也没有来，这让他有些失望。不过，让贾玉宏怎么都想不到的是泰州职业技术学院有两位医学系的女同学竟然冒雨赶来了，他很是感动。

虽然来的人不多，但是这帮小孩子聚在一起也着实够他受的。贾玉宏第一次以这样的方式开班，面对年龄不等、学习快慢不一的学员，由于经验不足，他一时无法自如掌控，只能统一讲棋，逐个辅导，直到五点才结束。一众小孩陆续走了，只有泰州职业技术学院的两名女同学还意犹未尽，接着对局，用心学习和体验，贾玉宏也乐得陪同指导。

雨一直没停，离开物业的会议室后，贾玉宏主动叫了一辆出租车送两位女同学回学校。这两位大学生是值得尊重的，贾玉宏真心希望她们能够坚持学好足球棋，并能传播下去。在泰州职业技术学院的讲座很失败，但却收获了两位优秀学员，贾玉宏的心里也坦然了。

十二、走进小学课堂，试验课一炮打响

没有人介绍，贾玉宏来到一所小学，直接找到校长说明来意，并介绍了自己发明的足球棋和进校园推广计划。校长在详细了解后答应了，表示可以先选一个班试讲一下，看学生们是否感兴趣，并询问贾玉宏想在哪个年级上试验课。贾玉宏觉得选在二年级最为合适，因为这个年级的学生正处在对新生事物充满好奇心的年龄段。

校长同意了，决定在二年级 10 班开展实验课。上课时间安排在每周星期二和星期四下午的活动课上。一周上两次，先上两周看看效果。

星期二下午两节课后，在校长的陪同下，贾玉宏来到了二年级的教学楼。这是足球棋上市后他走进的第一所小学，心里不免有些激动。当他跟着校长走进二年级10班的一刹那，班上立刻爆发出一阵热烈的掌声和欢呼声，这种热烈的气氛，着实吓了他一大跳，也让校长意外。

原来，在贾玉宏来之前，班主任老师已经做了简短说明。这样一来，同学们热情高涨，如同期盼大明星一般，就等着这一刻的到来。

二年级10班的班主任是一位年轻的女老师。她再次和自己的学生们言明了纪律，希望大家认真学习。

上课了，学生们立刻安静下来。大家坐在位置上，睁大眼睛看着眼前这位陌生的老师和讲解盘。在大家的注视下，贾玉宏开始了小学校园的第一讲。

看到同学们的神情就像上语文、数学课那样专注认真，贾玉宏刻意放松，不时旁征博引，幽默调侃，引得孩子们发出一阵阵笑声。课堂气氛一下子活跃起来。

这节课，主要讲的是布阵、走棋路线、踢球、跑位等规则。为了让学生们学以致用，贾玉宏不时和他们互动，取得了明显效果。学生们兴趣很浓，频频举手回答着每一个问题。

一节课讲完后，学生们不约而同地报以热烈的掌声，贾玉宏也松了一口气。看到学生们对足球棋的兴趣很浓，感受到他们对足球棋的异常喜爱和痴迷，贾玉宏内心产生了一种成功的喜悦，这更加坚定了他将足球棋推广下去的信心。

第一节课讲完后，他预报了下一节课的内容——足球棋的核心规则以及传接配合和对局方法，这是学生们最为期待的内容。

下课了，学生们拿出早已准备好的纸和笔将贾玉宏围了起来，要他签名。这一回他有备而来，快速地为学生们签上了自己的名字。

第二节课讲到了传接配合和对局方法，学生们表现出更浓的兴趣，上完了这节课后，就意味着他们可以下足球棋了。那时足球棋刚面市不久，对于教学讲棋，贾玉宏经验并不多。在归纳整理后，他发现需要两节课的时间才能讲完全部内容。后来积累了多年的经验，他将两节课的内容压缩在一节课中讲完，重点让学员们先学会对局，然后在对局中补充讲解其他的辅助内容，逐步提高。这其实就是后来他在实践中常常运用的速成教学，效果更好。

在二年级 10 班试验开展教学，两节课的时间让学生们体验到了足球棋的乐趣，学生们一有空闲，就会摆上棋盘下两盘，这种热度也引起了其他班级学生的注意。

贾玉宏在二年级 10 班上完第三节课后，就被邻班学生团团围住“讨要说法”，大家异口同声问：“为什么只给 10 班上，不给我们上？”这一幕刚好被班主任老师看到了，她主动和校长说明了情况。

本来贾玉宏和校长说好了，先选一个班上课试一试效果。但看到学生们这么喜欢足球棋，其他班级的学生和班主任老师也表现出兴趣，校长在和贾玉宏协商后，决定在二年级所有的班都开课，还是利用活动课时间，每个班上两节课。

一时间，足球棋在整个二年级火了，也快速传播到三年级及以上班级的学生中。市中心书店内的足球棋棋具销售热了，不仅二年级的学生去买，其他年级的学生也跟着购买。为了让购买棋具的学生们都能玩起来，贾玉宏通过书店向购棋的家长承诺，买了棋的学生可以到足球棋培训部免费学习，次数不限，学会为止。

这样一来，问题就暴露出来了，有多数家长买棋只是满足孩子的好奇心，并没有重视这项棋类运动，因此也没有多少人会将孩子送到培训部专门学习。棋具内有入门书籍，多数孩子只能看看书，凭着感觉玩玩而已。二年级的学生班上有课，家长们也就不过问了。

这都是其次，真正的问题是到了暑假，贾玉宏为了开设暑假班在招生时遇到了麻烦。一位四年级学生的家长给孩子报名时，拒绝交费，理由是他买了棋具，应该享受免费学习。这是贾玉宏在足球棋面市后开设的第一个有偿培训班，一个暑假的费用只有 80 元钱，另外还送一套棋具，折算下来，去掉棋具 32 元，学费还不到 50 元。而培训班设在某小区，教室是临时租借幼儿园的，费用 600 元。这样算下来，一个暑假的收入，所剩无几，但为了足球棋事业，贾玉宏相信这样做也是值得的。既然有家长提出这样的异议，他也没有过多解释，便答应了家长的要求，决定暑假给他们免费。

那一期暑假班，招了不到 20 人，分成了两个班。贾玉宏并没有因为那个学生没交钱就冷落他，而是一视同仁，悉心教导。这个孩子也很争气，学得认真，进步最快。家长看在眼里，喜在心上，交往多了，对自己的计较有些不好意思了，在暑假班结束时，主动续报了秋学期的培训班，并交了费用，还买来 100 多元钱的礼物送给贾玉宏。付出得到了认可，更加坚定了他将足球棋推广成功的决心。

十三、人民公园成了户外推广的主战场

自从足球棋"落户"人民公园宣传推广后，一到节假日，贾玉宏便带着自己的"装备"来到公园向来往的人们做宣传，吸引了一批又一批感兴趣的人关注和试学。加上在部分大中院校和小学开课后，许多学生在周末假日也赶来公园学习和交流。人气渐旺，呈上升势头，这也更加引起了人们对足球棋的好奇性和探索兴趣。路过的，特意来的，围拢在宣传摊前，形成了一道亮丽的风景。那一段时间，贾玉宏的足球棋几乎成了人民公园的代名词。

在人民公园宣传期间，有一个小插曲，让贾玉宏记忆深刻。那是一个周末，两名武警战士路过公园看到了足球棋，便停下来学习。贾玉宏自然热心教导，两人很快就能对下了，当即买了一副棋具，回去后娱乐。在交流中贾玉宏

得知这两位武警是泰州武警部队的战士，一位是杨海峰，另一位是张绍佳。他们原本对足球就很感兴趣，在上学期间经常踢球。两人都不是泰州人，一位家在浙江绍兴，一位家在南京。

虽然熟悉了规则，也能对局了，但两人还是遇到了一些细节问题，在看书也没搞懂的情况下便打电话给贾玉宏。贾玉宏见他们这样痴迷和用心，自然开心，便约了时间上门教棋。因为他们所在的部队在公园附近，贾玉宏有时到公园教，有时直接到部队的宿舍里开讲，几次接触下来，贾玉宏和他们建立了良好的关系。

后来有一次，一些明星大腕到泰州体育馆演出，贾玉宏也来到现场，但没有买到票，恰遇这两位武警战士所在班组来执勤验票。寒暄一番后，杨海峰和张绍佳得知贾玉宏没有票，便掏出自己的票给了他。原来，活动方给每位执勤的战士发了座位票。无意间走了学生的“后门”，贾玉宏颇有成就感。

在人民公园宣传的过程中，贾玉宏接触到了社会各界人物，大家纷纷出谋划策，提出自己的推广妙法。他听在耳中，记在心里，回到家后将一些好点子记录到日记中，加以琢磨和运用。

除了来学棋和探讨交流的人之外，贾玉宏的宣传还吸引来了媒体记者，《泰州晚报》的记者顾俊老师就是那个阶段在现场采访他的时候认识的。

顾俊老师家住公园附近，他常常看到贾玉宏不辞辛苦地在烈日下宣传，有一次便带着摄影器材到公园进行了采访报道。那时的《泰州晚报》热度很高，许多人看到报道后赶来探秘。

宣传足球棋的声势越来越大，泰州电视台《新闻夜班车》栏目的刘锋记者也来到现场，对贾玉宏在人民公园举行的一次数十人的交流会做了精彩报道。

那个阶段，贾玉宏不分昼夜，全力宣传。天气越来越热，已进入夏日，他仍然没有退缩。

新闻媒体的宣传、知名度走高等这些并没有让他获得大的经济收益，仅凭着棋具销售所得的微利，生活上便有些捉襟见肘了。这时他想到了开设有偿培训班，吸收爱好者交费报名，以此得到收益，维持生计。

十四、环溪小学

足球棋在市区某小学一炮打响，许多孩子喜欢上了这项新棋种。不仅在开展教学的二年级火了，也吸引了其他年级学生的关注。由于推广方面的工作很多，贾玉宏在这所小学也只能给二年级所有的班上课讲棋，暂时还不能兼顾其他年级。

不过，他的目标是在市区内每一所小学都开展普及教学，希望推广范围更广一些。为此他专门“暗访”了城区的一些小学，了解开展足球棋教学的可行性。他甚至还去了郊外的多所学校，认为城乡结接的地方可能会有奇效。

了解了城区及周边一些小学的情况，正准备接洽商谈时，时任艺星学校孙校长热心推荐了一所学校，不过这所学校不在泰州城区，而是在高港区。孙校长推荐的这所学校，成了日后普及推广足球棋的重点学校，为贾玉宏在泰州开展足球棋教学指明了方向，奠定了基础。这所学校就是坐落在高港区刁铺镇的环溪小学。

时间到了五月，孙校长事先和环溪小学联系好，推介足球棋项目进校园。当时泰州各大媒体持续报道，足球棋知名度挺高的。尤其是党政机关、企事业单位、校园等办公点都能看到相关的新闻报道，因此校领导对足球棋并不陌生。

孙校长和环溪小学校长商谈后，落实了足球棋进校园方案。为了让足球棋初入校园能够立竿见影，取得开门红，贾玉宏在三、四年级每个班各选了两名以上学习成绩突出且对足球棋感兴趣的学生组成一个试验班，共接近 20 人。

首次上课，学生们早早就来到了学校，得知给他们讲课的是足球棋发明人，个个都兴奋不已。由于经过初步选拔，选出的学员各方面比较优秀，他们一点就透，第一堂课结束后就能进行简单对局了。

上课时，还有好几位没有被选中的学生也来到学校趴在窗外“偷学”。起初贾玉宏没在意，但上了三次课后，他发现“偷学”的那几个学生每次上课都来，躲在窗外听课，这对贾玉宏触动很大，于是将他们也请进了教室一起学。原本只有 10 多人的兴趣班，一下子就超过了 20 人。

在持续上了几周后，校内一些有兴趣的学生也闻声而来，申请学习足球棋。贾玉宏担心人太多了可能会影响教学效果，起初有些顾虑。但是在学员增加后，并没有出现混乱或者进度缓慢的现象，于是也就收下了这些痴迷的爱好者。自行申请加入的学员也没让他失望，学得很认真，在互相对局中，还出现了连续战胜“正规军”的现象。

这一批学员人数最多时超过了 30 人，都没有收学费，但是他们学棋认真，进步明显，这也充分证明了足球棋的魅力和价值！对于那个时期的贾玉宏来说，这是最大的收益，他已经很满足了。

自此，足球棋在环溪小学落地生根，第一批学员也成了最大受益者，他们中的多数学员参加了当年年底的首届比赛，均表现不俗，成绩突出。其中钱坤、陈帅、蒋丞等学员更是领跑在前，他们组成了强大的战队，成了后来两三年内足球棋赛场上不可逾越的“高地”。

继首届足球棋比赛钱坤夺取了足球棋历史上第一个冠军后，陈帅在后来的比赛中更是两度夺冠，这些学生的优势一直保持了三年多。

当然在三年多的时间里，不断有新学员加入，新老更替，后来居上者也是常有的。刘玉堂就是最有代表性的棋手，他经过几次比赛磨炼之后，渐渐成熟起来，在后来他升入初中前的两次比赛中蝉联冠军。

环溪小学首期免费班开课后，吸引了一批又一批爱好者来学棋，贾玉宏也将这所学校当成了足球棋高港区基地。2004 年暑假期间，他为了进一步开展推广教学，在校外临时租了房子开设了暑假班，象征性地收了费用。

第一次在高港区开办校外收费兴趣班，学员还是以环溪小学的这一批学生为主。费用并不多，只有 80 元钱，主要用于租房的费用。那时家长对足球棋没有完全认可，还是不愿意将钱用在这项棋的学习上，最终只有 10 多个学生报了名。尽管人数不多，总算还是开了班。这次报名参加的大多是在学校免费班里棋艺水平出众的学生。

那个夏天，贾玉宏顶着烈日，骑着摩托车每隔一天就前往高港区刁铺镇上课，辛苦的同时也快乐着。正是这次暑假培训班，让钱坤、陈帅、蒋丞等多位棋手的棋艺水平得以迅速提升，为他们参加当年年底的比赛打下了坚实的基础。

十五、机电高职校，足球棋来了

泰州机电高等职业技术学校（以下简称机电高职校）规模大，班级多，学科也多。贾玉宏第一次来到这所学校，首先找到团委办公室，时任校团委书记孟华锋热情接待了他。孟书记已经在电视和报纸上看到过他和足球棋的一些报道，这次贾玉宏突然来学校商谈足球棋进校园一事，他在进一步了解后当即答应下来，表示支持足球棋在校内义务开展普及教学。孟书记随即给贾玉宏引荐了负责团委相关事务的宋胄主任，由宋胄主任负责成立足球棋社团并组织开展足球棋活动。

经过 10 多天的宣传，在孟书记和宋主任的亲自筹划和主持下，本着根据兴趣自愿报名参加的原则，在校内成功招足了第一个班，报名人数共计超过了 100 人。这个人数，贾玉宏还是挺满足的。万事开头难，首期班也不能奢望过高，待开展起来后，一定会更好一些。

首次教学班，学校确定的活动时间是在星期五下午两节课后。因为人数较多，课堂安排在能容纳数百人的阶梯教室。足球棋进入这样一个重要的学校开课，新闻媒体自然不会缺席，校方和贾玉宏都邀约了熟悉的媒体记者前来采访助阵。泰州当地的各家新闻媒体几乎都有记者来采访，这给了贾玉宏动力，让他信心大增。

活动首日，教室布置一新，主席台前花团锦簇，背景上方还为首次开班制作了横幅。

贾玉宏也花心思做足了讲课前的各项准备工作。考虑到阶梯教室面积大、学员多，仅靠课堂上用的小号讲解盘是不够的。为此，他特意设计制作了一个超大的组合讲解盘，费了一番功夫。因为这个讲解盘的框架是用货架角铁分段连接的，可以拆卸，携带方便。讲课盘由广告公司喷绘而成，为了能够吸住棋子，贾玉宏还在棋盘上的每个棋位后面加装了铁片，而每个棋子的背面也加装了磁铁。

快开课时，学生们陆续走进教室，除了先期报名的学生外，当天新增加的学员也有不少，整个阶梯教室尽管没有坐满，却也占了小半个会场。

首次进入机电高职校讲棋，面对新的环境、新的学员，贾玉宏很是兴奋。因为是首次课，学校负责相关工作的各级领导也到场助阵，分管校长、团委孟书记、足球棋社团负责人宋胄主任及足球棋协会会长等和贾玉宏落座主席台。开始讲课前，校领导分别做了简短发言，均表示将支持足球棋在机电高职校开展下去，贾玉宏也对足球棋做了简单的介绍。

随后正式开始讲课，面对 100 多名学生，贾玉宏驾轻就熟，从规则到实战一步一步细致入微地讲解，学员们很快就学会了基本下法。他还选了代表上台当场演示对局，验证听课效果。这些学生毕竟是十五六岁的大孩子了，相较小学生而言，他们理解能力明显更强。因此，一个小时的讲解，足以让他们快速学会足球棋。

在机电高职校各级领导的支持下，首次足球棋讲座很成功，足球棋协会也借机成立了。协会由团委主管，宋肖主任负责协会管理，协会会长由校学生会会长担任。

由于孟书记和宋主任亲自参与组织管理，足球棋社团开展得红红火火，学员不断增加和更新，队伍也在不断壮大。一批又一批优秀的足球棋棋手在这里成长，他们中的一些学生还经常在泰州市中小学足球棋比赛中担任裁判，还有的学员成为贾玉宏在校外推广足球棋的得力助手。

十几年后的今天，回想起来，贾玉宏颇为感慨的是，在泰州各大中专院校推广足球棋以来，在泰州机电高职校的推广无疑是最成功的。

关于足球棋和泰州机电高职校的故事，在后面的章节中还会讲述。

十六、走进多所校园，足球棋火了

在技师学院、某小学、某学院、江苏牧院及机电高职校开展普及教学后，贾玉宏又先后走进了多所学校义务开展教学。进入这些学校，他也没有遇到困难，那时泰州新闻媒体持续对他的足球棋进行宣传报道，也成了助推器。因此当他带着自己发明的足球棋向各学校校长介绍时，校长们并不排斥，大多顺利通过，校长们均认为足球棋这项运动适合学生们课余益智娱乐，支持在校内开展普及教学。

那时因为时间关系，贾玉宏在每所学校都只是选择个别年级开展教学，并没有进入所有班级。经常选择的是二年级和三年级，这样的情况下都收到了奇效，学生们学棋热情很高。

其中有一所学校的王校长刚接触贾玉宏时，并不熟悉他的发明。在经过一段时间的了解后，才接纳足球棋进校园，而且尽全力帮助他。

贾玉宏记得很清楚，有一年暑假，在新生入学报名的那一天，贾玉宏带了十多张写真广告牌，来到校外宣传，期间有一个小细节让贾玉宏至今难忘。那天，他离开宣传现场出去办事，回来时发现十余张广告牌被风吹倒在地上。这时，王校长看到后正一张张将广告牌扶起来，还找来塑料绳固定在后面的柱子上，贾玉宏很是感动。

此后，王校长一直默默支持他开展足球棋普及推广活动。刚开始贾玉宏也想表示一下心意，送礼物或邀请吃饭，均被王校长谢绝。王校长一句发自内心的话，如暖阳一样时刻激励着贾玉宏前进，他说："推广刚刚起步，路还很长，不要有这样的想法，我钦佩你的执着，只是力所能及地支持你，希望你推广成功！"

进入各所学校义务教学，校长们大多是支持的，他们均认为足球棋是一项既能丰富学生课余文化生活，又能益智健脑的运动。校长们的支持推动了足球棋的普及推广，在每年的足球棋比赛中，都有众多学生参加，而且参赛学生遍及各所学校。

泰州市有一所规模较大的学校，班级很多，当年贾玉宏来到该校，对于能否被接纳进入校园开展普及推广，并没有把握。同样，他和这所学校的校长也从来没有见过面，双方都不熟悉。在一种平常的心态下，他向校长介绍了足球棋发明创造的过程和校园推广的意义，并商谈进校开展义务教学。校长了解了以后，答应了贾玉宏的申请。

足球棋进入这所小学后，除了一年级和六年级没有开展普及教学外，二至五年级都先后开了课，效果奇佳。在第二年的泰州市足球棋比赛中，仅这所小学就有 30 多名学生参加，大大推动了足球棋的推广和普及。

2004 年和 2005 年，贾玉宏在泰州城区多所小学及高港环溪小学开展足球棋普及教学，短短的两年时间，足球棋在泰州火了，新闻媒体持续跟踪报道。在这样的背景下，贾玉宏在泰州当地成功举办了两次规模较大的比赛，参与的学员很多。比赛还吸引了当地世纪联华超市和中国联通泰州分公司（以下简称联通公司）冠名赞助。

足球棋火遍校园，贾玉宏还应邀作为嘉宾参加了由本市学校承办的全国少先队大队部活动，面向来自全国各地的大队委老师讲述自己发明和推广足球棋的故事。

足球棋从 2004 年 1 月 18 日面市到 2006 年 4 月，两年多时间里，贾玉宏轮流前往泰州城区内的多所小学义务上课，在有的学校还连续多次开展普及教学。

为了让更多的学生提高足球棋棋艺，走进足球棋世界，体会到棋盘上踢足球的乐趣，贾玉宏还经常在城区内人员流动密集地方摆摊设点“招兵买马”，吸引了许多学生报名参加兴趣班。那段时间，学员逐渐增多，都是靠他这样不畏艰辛，硬拼出来的。

在校内上课，得到学生们的追捧和崇拜，在外摆摊自然也有失体面，形象受损。可是贾玉宏已经无法顾及这些了，为了让校内外宣传推广有机结合，他彻底放下架子，从不回避，更不找人替代，因为他知道，要找人来做就得增加费用，费用加到学生家长身上对于初期推广不利。自己做，节省下来的经费，可以让利给家长，这样就能吸引更多的孩子参与进来。现实确实如此，那时能有那么多学生参加，除了足球棋本身的趣味性和吸引力之外，还有一个重要的原因就是学费很低。家长们觉得孩子喜欢，费用又不高，也就顺其自然地参与进来。

摆摊设点宣传效果挺好的，弥补了课堂上的不足，这样可以和家长们交流沟通，争取学员。每一次做室外宣传时，“摊位”前都会有家长和学生聚集，贾玉宏会不厌其烦地给他们讲棋，陪他们练棋。有时遇到“顽皮”的学生，还会和他开玩笑：“贾老师，又出来练摊啦！”

一项事业的成功，除了项目本身的价值外，还有就是开展的策略和方式方法。另外，不能回避的一点是要放下架子，勇敢地走到大众面前，零距离沟通推介，积累经验。而恰恰就是这一点，许多人难以做到，不少有价值的项目往往会因此中途夭折。贾玉宏能够一路走下来，靠的就是大家的支持和帮助以及他的这份执着和耐心。他绝不躲避，一直冲在最前面。

第五章

北京追梦，梦想与现实的差距

一、足球棋火了，某市老板慕名而来

2004—2005 年，足球棋在泰州逐渐火了起来。在多所学校的普及推广，让学生们体验到了在棋盘上踢足球的乐趣，也提升了家长们对足球棋的认知度。加上新闻媒体的助力宣传，足球棋不仅在泰州当地获得较高的名气，就连省外一些新闻媒体也转发了新闻，扩大了宣传，引起了人们的关注。

2005 年春季，省内某市有一家做产品销售的老板看到新闻后动了心。因为他酷爱下棋，对棋有一种特殊的感情，看到足球棋后有了投资开发的念头。

这位做产品销售的老板姓江，他经营某产品比较早，属于先期吃“螃蟹”的人。那时，他所经营的产品还没有被大众接受，他就是靠敏锐的市场洞察力，率先做起了这种产品的销售，经过多年打拼，积累了一定的财富。

到了 2005 年，他经营的产品市场成熟了，同行竞争也日益激烈。这时，发现了足球棋这样的项目，他又动起了脑筋。他尝到了抢先做“特殊产品”的甜头，这一次他又有意来抢先开发足球棋市场。

2005 年 5 月的劳动节假日期间，“中国联通杯”足球棋对抗赛在泰州城区滨河绿地广场举行。那次参加比赛的人数接近 100 人，比赛进行了两天，第一天是预赛，第二天是决赛。江老板得知消息后，来到现场观摩比赛。那时两人还不认识，贾玉宏在赛场上忙碌，也没有留意到有人来密访。直到有一日，忽然接到江老板的电话，才知道有人已经“暗恋”上足球棋了。得知对方的想法后，贾玉宏感觉到幸福来得太突然了！

有人主动要投资开发足球棋市场，犹如雪中送炭！当年贾玉宏表面风光，实际缺少的就是经费。尽管一年多来，普及推广足球棋收获奇效，可收益仍然不多，大多时候花着自己的积蓄在苦苦前行着，时刻希望能有人投资合作，共同开发。他不仅思考着如何找合适的投资方，也尝试着去一些名气大的单位洽谈攻关，都没有如愿。这一次突然有人主动表示愿意商谈合作，他很意外。

很快，两人见面了，江老板专程来到泰州贾玉宏工作室面谈。

这位江老板能说会道，很是健谈。在和贾玉宏的首次面谈中，更是滔滔不绝，大侃棋类推广策略，条条细节都想得细致入微。贾玉宏被他说动了心，觉得眼前这个人很值得信赖。他对棋类市场开发和推广足球棋等有独到见解，有许多想法还和贾玉宏不谋而合，引发共鸣。

虽然这是双方第一次商谈合作，但并不显陌生，如同老朋友一样，有说不尽的话，似乎都遇到了知音。通过这次交流，双方对合作开发足球棋市场的前景都充满了信心，决定思考合作意向和制定合作方案。在这方面，贾玉宏早有准备，自从推广开始后，他就一直寻找合作单位，酝酿着共同推广开发市场的方案，这时有现成的东西，稍加变化，即成为现在的合作方案。

此次商谈之后，贾玉宏抱着最大的幻想携合作意向书与这位江老板又谈了多次，地点多是在贾玉宏的工作室。有时贾玉宏还专程前往江老板的产品经销店与之商谈，均无实质性进展。

江老板热情不减，攻略多多，但是在合作经费投资上有些犹豫。他想做，却担心风险，又不愿直言，如此贾玉宏和他谈了若干次，历时数个月也没有付诸实践。也许是他心有余而力不足，还有可能有外部的干扰和压力，使得他不敢放手一搏。这一出“戏”似乎又重新上演，曾经与某器材厂老总合作的场景再次出现在眼前，当初见面时的热情渐渐烟消雾散了。

二、再探浙江路，初会古厂长

和江老板商谈合作，来来往往，持续十个月之久，已经记不清次数了。

从江老板对足球棋的迷恋程度上看，足球棋的市场价值和前景对商家还是具有一定吸引力的，这时贾玉宏想的是不能总停留在和江老板的商谈上，可以寻求其他单位合作。和江老板谈了这么久，他也总结到了一套行之有效的合作开发及推广方案。于是他决定重走浙江路，再探各大棋厂，寻找新的出路。

在列好此行路线及计划后，说走就走。他首先选择从上海转车，顺便到上海一家棋类销售公司走访，探寻一番。这家公司的产品是他在市场上看到的，从包装和质量上看，感觉是一家颇具实力的公司。

可是，在上海南京路上找到这家公司后，他很是失望。原来，这家公司的产品大多是浙江一带生产的。他们在上海成立公司，定制后贴上自己的牌子而已，说是自己生产的，其实就是购进贴牌。

贾玉宏无心在上海逗留，赶晚班车奔赴此行的第二站——浙江义乌。休息一个晚上后，第二天来到义乌小商品城了解棋类生产厂家。

义乌小商品城是国内最大的小商品批发市场，在国际上也有着很高的知名度。市场内各种商品一应俱全，且各类商品分布在各自的区域内，这更方便客户前往购物。

贾玉宏一路找到了文体用品市场，这里汇聚了众多棋类厂家的产品。他逐一走访了解，在众多产品中，看到温州有一家棋牌公司生产的棋具种类多，规格全，且厂家联系方式和地址有明确标注。他产生了好感，决定去看看。由于这家企业地点在温州，需要乘火车前往，从义乌过去路程并不远，火车几个小时就可以到达。对比权衡之后，贾玉宏当机立断，立即购票前往。

为了确保此行顺利，他先通过电话和厂家取得联系。公司营销部经理了解了贾玉宏来访目的后，对足球棋表现出了兴趣，决定接待他，并表示安排车子接他来厂。

到达温州已经是晚上了，他在车站附近找了一家招待所先住了下来，然后通过地图了解当地的企业和城区概况，这是他每到达一个地方都要进行的一项攻略。晚饭后，他再次联系了这家企业经理，对方约好第二天早上，厂里派车来接。由此可见，这家企业还是比较热情的。

其实，对于这家企业的名号，贾玉宏仰慕已久。这家企业是专业生产棋牌类产品的，企业规模很大，品种齐全。在足球棋上市前，他就已经在泰州和国内一些城市见到和了解过该企业的棋类产品。

来到厂里，他目睹了厂家的生产实力，着实眼前一亮，很是兴奋。心想如果和这家企业合作，那一定会有助于足球棋的发展。

可是想象和现实往往背道而驰。营销部经理在了解了足球棋这项新产品后，的确表现出了兴趣，有意合作开发，但前提是他们不会投资生产。也就是说他们可以负责设计和生产，以及部分销售，投资还是要贾玉宏来投，生产出来成品后，他们可以提供销售渠道，推向全国各地。作为他们棋牌生产厂来说，在没有建立起市场的情况下投资生产一项新棋种，风险较大；他们企业之前也曾与别人合作过，但都以失败告终。尽管足球棋有较强吸引力，但是以企业的经验来讲，从生产制作到投放市场销售，无法回避的现实就是投资风险。他们企业不愿意承担这样的风险，但他们的经销商遍布全国各地，可以通过合作借助他们各地的经销商来实现销售。

营销部经理是这样说的，企业的总经理也是同样的想法。如果合作，只能贾玉宏投资，他们生产，然后共同推广销售。至于让他们出资开发，他们一口回绝了。

午间，营销部经理请贾玉宏顺便在厂里吃工作餐，他和企业总经理一起作陪，饭菜是在员工餐的基础上专门加一道其他的菜。贾玉宏感觉到怪怪的，但不便拒绝。

其实这样的接待，贾玉宏不是第一次遇到。早在两年前首次到浙江另外一家棋厂谈合作时，就已经体验到了。多年来，接触的浙江人多了，他才从中了解到了浙江人的经商之道。人们都知道浙江人会做生意，会赚钱，其实他们很珍惜赚来的每一分钱，不铺张，不浪费，不炫耀，在投资上将钱用在刀刃上。午饭后，营销部经理和企业总经理一起陪同他参观了棋类展厅，向他介绍了各种棋牌的生产和销售情况。

感觉得到，营销部经理和企业总经理对足球棋的前景也是极有兴趣的，对于他们企业而言，只要避开投资风险，创造利益，没有什么不能合作的。其实，贾玉宏也是这样的心理。

各怀心思，无法达成共识，只能作罢。贾玉宏和对方探讨了普及推广方案和可行性，也算是不虚此行了。

贾玉宏从温州回到义乌，已经是晚上了，他当即电话联系了此次计划前往的另一家棋厂。这家棋厂的负责人是古厂长，他们厂走过了最艰难的时期，目前呈上升阶段。他们厂生产的象棋在国内市场占有率非常高，部分产品还出口到国外。

第二天上午，古厂长早早来了。贾玉宏和他第一次见面，感觉到他性格内向，不善言谈。古厂长陪同贾玉宏先乘坐公交车，在城区绕了几个弯，来到他停放汽车的地方，坐上他的客货两用车，走上了山间路，七拐八绕地来到一处山顶，这就是他的生产厂了。

贾玉宏已经不觉得奇怪了，因为两年前在浙江生产第一批棋具的厂家，同样是在山里偏僻地带。

这家棋厂坐落在山顶，除正常居住和办公的平房外，生产车间的厂房就相对简单多了，多数是圆木支撑，杂物围挡而成，显得异常简陋。就是这样的生产环境，生产出了热销全国的品牌棋具。

古厂长陪着贾玉宏参观了生产车间，还介绍了他们厂生产棋具的过程。贾玉宏感触颇深，也增长了见识。

了解了这家棋厂的生产状况后，贾玉宏也着重介绍了足球棋的规则和玩法。古厂长可能不擅长下棋，他特意找助手来试听。这位助手比较灵巧，一学就会，在短时间内就掌握了足球棋的基本玩法。

通过交流，彼此对对方的实力都不怀疑了。尽管都没有谈及实际问题，但是彼此之间产生了好感。

午饭时间到了，古厂长很是客气，请贾玉宏到外面饭店去吃饭，被贾玉宏婉言谢绝，表示在厂里吃工作餐就可以了。古厂长拗不过，便安排家人特意做了几道菜，并拿出浙江特产酒，在办公室内招待贾玉宏。

下午，古厂长开车将贾玉宏送回市区。回到市区，贾玉宏并没有急着返回泰州，而是在义乌多待了一天，了解其他棋类生产厂家，以寻找商谈合作的机会。他还再次联系了棋具上市前最早去过的金华那家棋厂。厂老总此时正出差在外，是在杭州机场接的电话，听说贾玉宏到了义乌，很是热情，表示可以到厂里走走，他联系厂里人接待一下。

故地重游，再到金华的那家棋厂，这里已经有了很大变化，厂里上了新项目。那幢新建的楼房全部用于新产品生产，而象棋生产仍然在老的厂房里。企业规模扩大了，新产品市场需求量大，主要走出口，供应国外市场。这也给了贾玉宏一些触动——企业要生存，不能死守一个项目。

三、北漂序曲

由于和江老板在投资上无法达成共识，贾玉宏心血来潮，想到南京或北京发展一年，于是他专程到南京考察市场。来到南京后，他首先在市区学校一带走访，了解学生们课外文化生活方面的信息，顺便考察在南京开展足球棋普及推广的可行性。一圈转下来，觉得有难度。在市中心一带，居民多居住在高楼，孩子们放学后深居简出。不像泰州，平房或多层楼房居多，节假日和课外时间可以接触到孩子，直接宣传较为容易。要找像泰州那样宽松一点的推广环境，那就只有到南京郊区了。

想到这，他又将目光投到了南京江宁区。这里离市区有一定的距离，了解到许多大学校园就在江宁区内，贾玉宏感觉在这里发展一定会大有前途。

对江宁区的考察用时一天，晚上就住在了区中心繁华地带。由于江宁区是南京准备开发的地带，许多设施和环境等面貌都不太好，因此这里给他的第一印象并不好。走访区内小学、初中、大学等校区及住宅区，都没能提起他的兴致，感觉到来这里发展实在是不太可行。

在南京走访考察，历时两天，期间还特意去了奥体中心。在没有比赛的日子里，奥体中心冷冷清清，看不到热闹场景，各门店有些萧条，无人进出。之前想着如果来南京发展，这里会成为宣传和推广足球棋的重点场所，可在考察后觉得根本不可行。

南京不成，剩下一条路就是北京了。有意去北京发展，贾玉宏便想到北京的一个朋友。他当即打电话联系这个朋友李经理，结果一说就通了，对方对足球棋这项新棋种很感兴趣，表示愿意支持他来北京开展普及推广，双方可以交流商谈一下。

这位李经理做事爽气，在得知贾玉宏的想法后，当即决定到泰州来了解一下足球棋，并表示近期将会到苏南出差，届时顺路到泰州来谈谈。

好事降临了，李经理经济实力很强，在北京经商起家，打拼多年，积累了一定的财富。到北京发展，如果能得到他的相助，那一定会如鱼得水。果然，一周后李经理一行四人从苏南开车来到泰州拜会贾玉宏，了解和商谈足球棋到北京普及推广一事。

初到泰州，在找贾玉宏工作室的路上，李经理的车子在行驶中出现一点小差错，被交警拦下了。本以为要被罚款，李经理便如实讲来泰州是找贾玉宏谈合作推广足球棋的事，由于路不熟才出错了。没想到，这位交警听到足球棋，当即将驾驶证还给了他，说足球棋他在电视上看到过，泰州人发明的，并客气地为他们指点了路线。

事后李经理说起这件事，还觉得不可思议，足球棋在泰州竟然这么有名。和李经理能够快速达成合作协议，这个小插曲无疑也是有力的助攻。

一切似乎很顺利，当天双方在会谈中即达成初步共识，决定合作共同推广，利益共享。在北京，李经理可以提供住处、资金等方面的支持。

尽管初步商定合作方案，但是没有落实成文。再者说到北京发展，贾玉宏尚没有最终确定下来，还不能太乐观。加之浙江生产厂还没有确定，这个合作事项还得容后再定。他当即表示近期到北京考察后再确定，李经理赞同。

对于合作推广，贾玉宏还是比较谨慎的，他决定前往北京实地考察一番。尽管此前无数次到北京出差，但那时并不是为了推广棋类项目。北京是否适合足球棋推广，李经理是否适合合作，还是到北京了解后再决定。

事不宜迟，第二周的星期一，贾玉宏即踏上了前往北京考察的路。来到北京，尽管他对这里的街头巷尾很熟悉，但是这一次有所不同，他要对北京市场是否适合足球棋推广做一次更加深入的调研。

李经理热情接待了他，然后开车带他到周边走访了一圈，最终他还是动了心，有意来北京发展。

接着他又单独走访了各临近的几个社区，了解开展足球棋推广活动的可行性。还跨区域去了崇文区（现属东城区）少年宫，了解开班情况。

有了李经理的支持，到北京发展就有了底气。为了能尽早到北京发展，贾玉宏决定和前不久在浙江义乌考察的那家棋厂的古厂长商谈。古厂长自从上次在厂里和贾玉宏聊过以后，对足球棋也早就动了心，一直没有表明。这次忽然接到贾玉宏的电话，谈及生产合作一事，他欣然接受，这是双方都没有预料到的事，可以说是一拍即合。

为了配合北京开展推广活动，要尽快生产出适合普及推广的第二代棋具。几日后，古厂长来到泰州面谈，这次两个人围绕着投入成本和利益进行实质性商谈，很快就达成了初步意向。

有了浙江生产和北京推广的初步合作意向，贾玉宏开始着手准备第二代棋具的全面设计工作，包括棋盘、棋子、棋盒、说明书等。

这些设计均由贾玉宏草拟，由好友金国梁用电脑设计完成。这个过程挺复杂的，方方面面都要想得细致入微。

到金国梁广告店做设计，考虑到对方白天工作忙、事情多，设计多数是在晚上和早晨进行的。贾玉宏将草拟的稿件带到金国梁的家里，每次修改设计样本后，他都要带回家再推敲改进，然后再到金国梁那里做修改。如此反复多次，终于在临去北京前设计完成。

自从上次古厂长来泰州商谈后，时隔一周他再次过来，这次是来签订生产合作协议的。

再次见面，双方没有过多寒暄，而是直接进入主题，并很快达成协议。之前和江老板“马拉松”式的商谈持续了将近一年的时间无果，而现在和古厂长仅商谈一个多月就“闪电式”地牵手合作了。

合作生产协议终于签订完成，贾玉宏长出了一口气，心里一下子轻松了许多。但是接下来还有个重大考验，那就是生产合作的实施以及北京推广合作协议的签订。对于这一点，他心里还真没有底，相较生产许可合作，推广合作的变数就大得多了。投资多少，利益多少，最后能否成功，都是未知数。看上去一切似乎都很美好，但现实到底会如何实在不好说。

不管怎么说，生产许可协议签下来了，那就赶快实施吧。贾玉宏加班加点在金国梁的帮助下将新棋具包装盒和说明书设计完成后，立刻动身前往浙江棋厂交付使用。足球棋面市两年来，在普及推广上尽管取得了不错的成绩，但收益是有限的。找到合作方就是希望在保证自己生存的情况下，继续前行，共同将足球棋推广成功。

这边刚签完生产合作协议，泰州又有了好消息。在泰州师范高等专科学校（现泰州学院，以下简称泰州师专）就读的大学生郁静给他引荐了泰州当地一家校外培训机构的校长，对方有意在他去北京发展后，接手泰州的足球棋培训。这确实是一个十足的好消息！对于贾玉宏来说，在自己去北京发展之后，能有人主动接过泰州继续开展足球棋推广的“接力棒”，无疑是天大的好事情。

泰州的这位校长姓戴，他开设的培训机构，除了为中小学生做各项文化课辅导之外，还有艺术类项目的培训，他想引进足球棋，就是看到了它的价值和前景。当得知贾玉宏去北京发展，泰州出现足球棋培训空缺后，当即通过郁静与贾玉宏取得联系，商谈许可成为泰州足球棋总代理。

商谈很顺利，因为在这个时刻双方都需要对方的介入与合作，弥补各自的空缺。仅两个星期左右，贾玉宏就与这位戴校长达成泰州总代理许可协议。协议是由双方共同起草的，本着互惠互利的原则制定条款。对此，贾玉宏也做出了一些让步，只是希望对方能够开展成功并持续做下去。

在代理许可费上，贾玉宏定的价格并不高，首付一部分，余款分期补交。另外还有一些利益分成，只是附加的条款而已，可有可无。成功了，盈利了都好说；不成功，一切都是空谈。因此，双方都没有将这个条款放在心上。

代理许可的首付款一定得付，这笔钱也是贾玉宏到北京发展初期的经费，毕竟他也不宽裕，两年来推广足球棋花掉了不少积蓄。经过几次协商，协议很快就签订了。于是，他加班加点为戴校长指派的几位老师传授足球棋教学方法，戴校长也亲自参加学习。

北京方面，贾玉宏通过电话与李经理联系。谈及合作推广协议签订一事，李经理心里也没有底，表示协议先不忙着签，只要私下里先草拟一个合作框架就行了，试开展一段时间后再探讨合作方式和细节。这一点也得到了贾玉宏的认同。

通过协商，双方对初步的推广运作方案基本达成一致，于是贾玉宏开始准备在北京推广足球棋的教学用具等物品。为了节省开支，所有的用具全部都是他手工制作的。讲解盘、磁吸式棋子是用KT板写真喷绘制成的，做了好几套。还有箱式讲课盘也是他自己设计，用不锈钢管焊制而成的。一切就绪，准备起航，贾玉宏将踏上新的征程。

四、初到京城

2006年5月26日，贾玉宏携带自制的教具，告别家人，乘火车前往北京，将加入“北漂一族”的大军之中。

北京李经理的办公地点和住所在四环丰台一带，这里离市中心并不远。

投奔李经理，暂时还没有住处，只好先临时在他家里待了大半天，谈谈推广方面的一些事，晚上李经理临时将他安排在附近一个亲戚厂里的宿舍住下。

初到北京的第一周，贾玉宏除了和李经理对接推广方案及申请成立公司等一系列事情外，还要找住处。为此，他利用空闲时间到附近寻找房源，连续多日一直没有合适的。

在北京申请成立公司挺方便的，短短几天时间，以贾玉宏名字命名的体育文化发展有限公司就批复下来了。这样，贾玉宏在北京就算是开始起步运作了。

起步点是由李经理事先安排的，他的两位熟人分别在两所小学教学，想由他们牵头进入学校，通过合作的方式来开展足球棋推广活动。这两位老师在初步了解足球棋后，急切想签订合作协议，但却被贾玉宏叫停了。他建议先试开展一段时间，再签订可行条款，他的想法也得到了对方赞同。

初到北京恰遇端午节，这一天也是贾玉宏的生日。他没有惊动李经理，想起居住在北京的小学同学曲长辉，想约来一起吃晚饭，聊聊天，叙叙旧，庆祝一下。电话联系后，曲长辉正在厂里加班。曲长辉是贾玉宏的辽宁老乡，从小一起上学，是非常要好的朋友，中学毕业后来北京工作，而后定居在北京。贾玉宏在厂里工作期间，常来北京出差，经常和他聚会。

曲长辉不能来，贾玉宏只好一个人来到一家东北饭店，选了一张临街靠窗的餐桌坐下来，点了两道家乡菜，倒了一杯酒自饮起来。他看着窗外车水马龙的街道，心里更加想念远在泰州的父母、妻子和儿子。虽然出来时间不长，但是这种思念借着酒劲，显得愈发强烈，于是他立刻拿起电话分别给父母和妻子打了电话。就在这时，一个电话打了进来，是泰州的刘荣霞经理。这出乎他的意料。

刘荣霞是泰州世纪联华超市市场部的经理。2004 年泰州市首届足球棋比赛，贾玉宏就是通过和她联系接洽，最终促成冠名赞助的。她今天主动打来电话，一定有事。

果然，刘荣霞经理表示，“世界杯”足球赛就要到了，想请他回泰州举办一次足球棋比赛，冠名单位是易初莲花超市。原来，她已从世纪联华超市转到易初莲花超市工作，仍然负责市场部的工作。这次正值“世界杯”足球赛即将开战，市区内各大商场超市纷纷打出足球牌，借机宣传和促销。于是她想到了和她有过合作的足球棋发明人贾玉宏，便向领导推荐邀请贾玉宏回泰州举办比赛。

之前的比赛，都是贾玉宏主动寻找赞助单位，商谈赞助事宜，被拒绝的多，能成功谈成赞助是很不容易的。这次有商家主动发出邀请，自然是大好事，不能错过。

在电话里初步了解了易初莲花超市的比赛设想后，贾玉宏立刻就答应下来，表示最近就赶回泰州准备比赛事宜。因为组织比赛涉及一些细节和比赛经费，贾玉宏便打电话给泰州的足球棋总代理戴校长，请他到易初莲花超市去商谈。这是一次大力宣传的机会，戴校长表示全力配合。

足球棋上市推广两年多以来，这一段日子，好事连连。在生日的当天，收到这样的邀请，贾玉宏觉得这是他收到的最有价值的一份生日礼物。

五、备战暑假班

泰州“易初莲花杯”足球棋比赛结束后，贾玉宏回到了北京。这时已经是6月14日了，初到北京的第一个暑假，能否开班成功就显得尤为重要。距离学生放假只有半个月时间，在短时间内怎样招生，是摆在他面前最大的难题。

李经理有自己的工作，他对普及推广路数并不熟悉。所有的策划和实施都落在了贾玉宏一个人身上。而李经理联系的两位学校老师，迟迟未能按贾玉宏的要求给予帮助，本来大家一起口头约定合作试推广的。

这两位老师都在小学教学，他们私下里开了一家校外补习班。李经理正是因为有这样的熟人，才有信心和贾玉宏合作共同推广。

根据两年来推广足球棋的经验，贾玉宏希望能够通过这两位老师进入学校开展推广教学，这样招生就会顺利一些，能够保证暑假顺利开班。可是这两位老师积极性都不高，也不知道是他们在学校没有能力促成，还是没有签协议的原因。他们和贾玉宏见过几次面，总是一拖再拖，没有积极配合。

初来乍到，仅靠校外宣传单吸引学生，肯定是难以成行的。见合作方没有什么积极行动，他只能先寻求自己的力量了。这时，他首先想到的是其他校外培训机构。要提高足球棋的地位，他觉得与各区级少年宫合作，一定会增加成功率。因为少年宫是寒暑假学生们的聚集地，与之合作，会吸引到更多学生报名学棋。

于是，他分别走访了中国青少年儿童活动中心和各市区级青少年活动中心、少年宫，以及巨人学校、假日学校等十几家校外培训机构，考察后寻求合作。

可是，想象和现实之间有极大差距，每家培训机构都和他进行了商谈，也愿意将足球棋纳入培训项目中。可是对于招生这个环节，其中多数培训机构表示只能贾玉宏自己组织人员宣传招生，培训机构可以租借教室给他使用。这样的合作方式，无疑就是租房给你，盈利也好，亏本也好，一个人担着，风险自负。如果学员少，可能连租房的费用都收不回来。

这样的合作方式不可取，贾玉宏所认为的合作，一定要共赢才行。好在有几家比较有诚意，其中某区青少年活动管理中心是最为坦率和直接的，表示可以联合试招生。

这家青少年活动管理中心负责各类培训项目招生的主任姓陈，贾玉宏通过电话和她联系，并约好来中心面谈。陈主任年轻漂亮，性格爽直。她在了解到足球棋的相关信息后，表现出了兴趣。先是让贾玉宏当场演示了足球棋下法，了解到足球棋的趣味性，当即达成合作方案。计划暑假班开设 20 课时，收取学费 320 元钱。招生由管理中心提供场地和咨询台，利用周六日和其他项目集中在一起共同宣传招生。

320 元钱，在那时，贾玉宏认为价位非常高了。也许对于围棋和象棋来说不算高，但对于足球棋这个还鲜为人知的新棋种，就显得有点高了，他一直顾虑这会不会成为招生障碍。也可能北京经济条件好，消费高，或许不会成为一个门槛，但主要还是要看人们的观念，能否接受这样的新生事物。

足球是世界第一大体育运动，全世界的球迷数不胜数，“足球”这两个字包含的价值是很大的。它的话题很多，人们喜爱踢球、看球和评球，不仅是因为球场上精彩激烈的搏杀场面，更多的是因为它的文化内涵。

贾玉宏选择这个时期到北京发展，正是看中了四年一届的“世界杯”足球赛在这个时间开战。“世界杯”的举办会带动人们对足球的热情，再加上北京本身就是足球运动非常火热的一个城市，这对推广足球棋而言是极为有利的。

的确，这一段时间贾玉宏去商谈合作，所到之处大家都对足球棋充满了好奇感。

和陈主任达成了合作方案，接下来就是实施了。陈主任是个非常认真的人，她在这一周的周末就组织了一场暑假班招生咨询会，电话邀约贾玉宏到场宣传招生。她作为管理中心培训招生事务负责人也参与其中，协助宣传招生。

可是在那天的宣传现场，来的家长并不多，且其中多数是冲着文化课咨询报名的，贾玉宏这边显得有些冷清。有些孩子随家长路过足球棋宣传台前，的确被吸引住了，在试学后要求家长报名，却被家长以各种各样的借口拒绝了。理由无非是时间上的冲突，课程排不过来。还有的家长模棱两可，说是回去考虑一下，下周来报。

一天宣传下来，挺累的，贾玉宏连午饭都忘记吃了，可最后只有三人留了名字和电话，而且都没有交费。根据他的经验，报名没有交费，这种成功的可能性不大，往往会在开班前改变主意去学其他项目。对于这三名学员，他并没有放在心上，这毕竟是第一次来到这里，大家都不熟悉，这次宣传算是投石问路了。后来，第二次咨询报名会的效果也不明显，更没有出现那种想象中的热度，这一次仅有一人交了费报名。这个现实让他很是尴尬和失落。

六、暑假就要到了，寻求合作并不顺利

贾玉宏来某区青少年活动中心已经有多次了。和中心棋校韩校长相识，感觉到他很热心，没有架子，交谈起来很投缘。尽管韩校长从事的是围棋教学，但他并没有表现出高高在上，小看足球棋的意思。他了解了足球棋的行棋规则后，和贾玉宏谈起棋类理论方面的内容，有时一谈就是一个多小时，双方都将

对方当成了朋友。这次贾玉宏来找他，就是商谈是否能在他们青少年活动中心开暑假班。

其实，从丰台区住处到某区青少年活动中心距离还是挺远的，乘公交车需要一个小时的时间。这一点贾玉宏很清楚，但是也没有办法，之前接连碰壁，暑假又已经临近，只能试试看了。

韩校长很是热情，在一番叙旧之后，贾玉宏说明来意。韩校长表示现在招生报名有点晚了，在北京许多学生该报的科目差不多都已经选报了，这个时候即使有报的，也不会多，零零散散的。他建议初来北京还是顺其自然一些，借暑假时间多接触一些培训机构，了解在北京开班的方式方法，做好铺垫，为秋学期开学打好基础。况且，要在他们活动中心开设培训班，得进行申请并得到中心领导层批示。申请批示在短时间内很难成行，如果想合作开班，那只有秋学期了。

的确，刚到北京不久，人生地不熟的，离暑假又没有几天了，什么事情都集中到了一起，开暑期班不是想象中那么容易的。申请、签订合作协议等都需要时间。对此，贾玉宏非常理解。

贾玉宏又来到某区少年宫，会见他的是主抓管理教学和招生事务的唐主任。唐主任也是热心人，很健谈，对于合作开设足球棋暑假班一事不持乐观态度。他表示，上课教室没问题，可以和其他棋类项目错开时间共用，他可以协调解决。但生源是最大的问题，招生有难度。这个时间段招生实在是太晚了，而且也没处宣传，对于这样一项新棋种，家长不可能一见就接受，需要一个过程。即使秋学期在学生中开始宣传，也需要经历时间的考验，才有可能被学生接受。有学生和家长接受了，通过他们的宣传，足球棋推广才会逐步扩展开来。

唐主任说的这一番话，贾玉宏体会颇深，他在泰州推广足球棋的两年时间里已经深有体会。本来，他来北京发展是想着借“世界杯”的热度来个开门红，可是初到北京，在方方面面还没有到位的情况下，接连碰壁，让他有所醒悟：这里是北京不是泰州，即使在泰州也是经过了一段漫长的煎熬，才渐渐有了起色的。另一个不同是，在泰州可以少收费或者不收费来增长人气，可是在北京就不可以这样了。不收费或少收费，教室从哪儿来？与别人合作，收益是第一位的，这是很现实的问题。

经过与几家少年宫的交流和商谈，大家对足球棋都给予了肯定，但同时均对当年暑期开设足球棋班一事表示不乐观。

七、暑假招生失败，策划棋具销售

连续走访校外培训机构商谈合作，均没能成功。随着学校期末考试结束，暑期开班的希望更加渺茫了。面对这样一个陌生的培训市场，短时间内贾玉宏深感无从下手。

而此时，浙江生产的棋具姗姗来迟。看着简易的包装和棋盘棋子，和想象中差距很大。厂家可能过于计较成本了，整套棋具除了棋子质量保持了标准象棋棋子的材质外，说明书和棋盘的印制，明显粗糙。仔细看过棋盘后他才发现，其实就是在绿色塑料膜上印上白色线条和棋位，貌似丝网印制，可又不标准，有的棋位都错位了，印上去的颜料还容易被刮掉。

尽管没达到理想的标准，但“生米煮成了熟饭”，也只能接受了。在这个档口，暑假开班计划泡汤了，接下来只有在棋具销售上下功夫了。“世界杯”激战正酣，每天关于足球的话题都很多，这个时候推出足球棋棋具，相信一定会有收效。但是销售棋具，仅靠将棋具摆在店里，等人来看到再购买是不可行的，得有介绍足球棋内容的宣传资料，通过发放资料吸引人们了解和熟悉足球棋，这样也会对今后开班有帮助。当然了，在推广中，走到大众中去推销棋具或者招生还是必需的。

在和李经理协商后，李经理也赞同这个想法。设计宣传单这事自然又落在了贾玉宏身上，只有他熟悉相关内容和资料，于是他用 A4 的草稿纸打上底稿，为显现档次，决定做一份 A3 对折版的彩色说明介绍，以此来介绍足球棋内容。为此，他花了不少时间。他不会用电脑设计，只能用草稿纸打底稿，成型后，李经理夫人帮忙联系了一家印刷厂，由印刷单位来帮助设计。初稿设计完成后，他将打印稿带回住处琢磨，用笔在打印稿上修改，如此反复修改了五六次，一周后终于定稿了。花费了许多精力，可以说是很不容易了。

定稿后，印刷就快多了。为了节省经费，第一次就印了两万份。这也表明了他的决心，准备在京城大干一场。

八、暑期夏令营，北京第一讲

暑假到了，丰台区某校外培训机构组织一批学生开展了一期夏令营活动。这些学生多来自丰台某小学。足球棋也被列入其中作为活动内容之一，这成为贾玉宏来北京后的第一个教学班，第一批学生。

这一期的夏令营，学生不算多，只有 16 人，活动地点在海淀区某处。学生们吃住在这里，为期一周。足球棋上课时间是每天上午 10 点至 11 点。

第一天开营，贾玉宏带上教学用具和学生们一起出发了。从丰台到海淀区某处，开车需要近一个小时。这些学生大多是第一次离开父母独自生活，开始还挺兴奋，到了晚上，一个个哭得稀里哗啦。到了第二天，他们逐渐适应了这种生活，特别是足球棋的开讲，给他们带来了快乐，让他们忘记了想家。

足球棋课每天一个小时的时间，贾玉宏用 20 多分钟讲棋，剩余的时间组队练棋，同时对学生们进行指导，有时还进行车轮战式辅导。下车轮战时，贾玉宏故意露出破绽，让他们尝试射门。这样在循序渐进中逐渐增加射门难度，孩子们一下子就迷上了足球棋。每次他来上课，学生们都会兴奋地缠住他问这问那，很是亲昵！

第一次来海淀区某处，是随队一起来的。后来每一次都是乘公交车，换乘两到三趟车才能到达，往往要用一个半小时。在那个夏天，他顶着烈日，每天往返于海淀某处和丰台居住地之间，辛苦并快乐着。

一般情况下，为防止堵车迟到，他从丰台住处都要提前两个小时出发，讲完课后，顺便在食堂和学生们一起吃个午饭，然后赶回丰台继续做其他工作。尽管有些鞍马劳顿，但是他体验到了和泰州不同的教学感受。

那年的暑假，这个班成了贾玉宏唯一的一个班，印象深刻，至今难忘。

学生们都很聪明，学习认真，进步很快，和贾玉宏每日相聚，结下了很深的师生情。当活动进入尾声时，毕营的那一刻都有些恋恋不舍，孩子们将贾玉宏围住，希望以后再给他们讲棋。

贾玉宏也舍不得他们，这可是他来北京的第一批学生，他很想继续为他们讲棋。可随后在与丰台这家培训学校的李校长沟通上第二期课的想法时，李校长没有正面答复，原因可能是这些学生是他们学校的固定生源，有他们自己的利益，不便继续开足球棋课。当学生们完成夏令营解散后，贾玉宏真的很后悔，上课时只顾着讲棋，也没想到让学生们留联系方式，现在名单和家长电话都在李校长手里，也就无法联系了。

后来贾玉宏跟李校长要学生们的联系方式，说明自己和家长沟通组班，李校长不便回绝，一拖再拖，直至当年的秋季班快结束时，才将学员的联系方式给了他。这时距离夏令营结束已经 5 个月了，估计学生们早就将足球棋淡忘了。

在拿到名单和联系方式后，贾玉宏想到的是寒假就要到了，如果在寒假里将这批学员组成一个提高班，是一件很不错的事。16 名学生，哪怕能召集到一半人，就算成功了。

于是他逐一打电话给这些学生家长，说明开设足球棋提高班一事。大多家长都很热情，说是孩子们上次学过后，确实很感兴趣，嚷嚷着要继续学习，可是因为报了许多补习班，时间上错不开，以后时间方便了再继续学习。也有的家长表示，放寒假要回老家过年，不在北京。

是的，其实在北京上学的学生，有许多是外来务工子女。据他了解，这批学生中就有好几位是来自其他省市的。

十几个电话打完，虽然都联系上了，可是多数家长找出了各种理由，婉言回绝。每一种理由，贾玉宏都觉得合情合理。事后想来，理由是成立的，但是不可回避的一个现实，就是家长们对足球棋没有认可，在他们眼里，足球棋就是娱乐游戏棋，不能与围棋和象棋相提并论。花上几百元钱去学足球棋，还不如选择文化课或其他有名气的项目。

多数人是这么想的，但是其中有一位家长不这么认为，她接到电话后很开心，表示愿意继续学习。她说暑假夏令营结束后，孩子想继续学习提高，但没有看到继续开班的宣传，还以为贾玉宏不在北京了。

这个学生名字叫崔子垚，老家在黑龙江。他跟随家长来北京生活，居住在丰台区。

最终只有这么一位学生联系成功，贾玉宏想放弃，但在和家长交流中，感觉到对方强烈的愿望后，决定收下这位学生，就来个一对一教学。因为这个决定，这位学生成了他在北京开展推广教学期间最得意的弟子，并结下了美好的师生缘分。

九、得意弟子

时至今日，贾玉宏都记得很清楚，那是 2007 年 2 月 1 日星期四，这一天寒假班正式开始了。

这个寒假班开始前，贾玉宏和多家培训机构达成了合作开班事宜。这些培训机构都进行了足球棋招生宣传，最后只有 3 个地方的培训点能够顺利开班，而其他培训点的招生均以失败告终。这 3 处能开成班的：第一个是在丽泽桥开的一对一班（只有崔子垚一名学生）；第二个是丰台区东铁匠营教学点，这个班在学校教务处的努力下，招到了 11 个孩子；第三个班是西城区[①]教学点，这里还算不错，在负责人漆校长的全力宣传下，最终落实了 14 名学生。

事后了解到，在北京开设寒假班不是一件容易的事。因为春节临近，外地在京居住生活或务工的人们带孩子回老家过年的居多。本地的孩子，即使报寒假班，大多选择文化课方面的班，且不在意费用高低。那年的寒假班离春节也只有一个多星期时间。据了解，每家培训机构生源都不理想。短暂的时间内，家长们基本都放弃了参加寒假班的念头。别说是足球棋了，就是文化课补习或者传统的琴棋书画类项目，也受到了冷遇，许多培训机构不得不提前放假了。

贾玉宏开设的这 3 个班，是在逆境中成行的。虽然人数不多，但毕竟还是顺利开课了，加之时间不长，10 天的时间连续每天上课，还是可行的。

对崔子垚一对一的班是在贾玉宏住处开展的，除了花费时间外，不涉及其他的投资费用，倒也轻松。

丰台东铁匠营教学点和宣武教学点除了足球棋项目成功开班外，有的项目因为学员少，多数放弃了。因此这两家培训学校都显得有些冷清。

那一年的寒假班，贾玉宏连上 10 次课，因为东铁匠营教学点较远，要赶早过去，排在了上午上课。课后，借午间休息时间赶到西城区教学点上下午课，然后再回到住处给崔子垚上课。这样的安排恰到好处，不绕弯，一路下来回到住处。如此连续 10 天，每天的时间都被安排满了，很是辛苦。

寒假第一课，贾玉宏先后上完了东铁匠营和西城区两个教学点的课回到住处，崔子垚早早就来了，他的妈妈送他过来的。好几个月没见面了，小家伙看到贾玉宏兴奋不已。贾玉宏就在住处的茶桌上摆上了棋盘，面对面讲棋，他的

① 此处原属于宣武区，现已并入西城区，为了方便读者理解，统一用西城区。下同。

妈妈陪同他一起听课。崔子垚很是认真，也非常聪明。虽然离上次夏令营已过去了 5 个多月，但他并没有忘记那段时日所讲的足球棋内容。

他的妈妈特别有心，还带了笔记本，一边听一边做着记录，将一些重要的提示和讲解记录下来，回到家和儿子对练体会。从那以后，贾玉宏经常会在课后接到他妈妈打来的电话，咨询一些关于足球棋技战术方面的内容，很是用心，这是贾玉宏开展足球棋推广教学以来不多见的。

面对这样有心的家长和孩子，贾玉宏觉得收获很大，他倾囊相授，除了在住处上课外，还常常带着崔子垚“赶场”到西城区教学点去交流练习。小家伙很是认真，不管到哪下棋，他都会保持一个好的态度，虚心学习，努力求进。

这段师生缘一直持续到 2007 年 6 月贾玉宏回泰州。

时隔 8 年后的一个除夕晚上，贾玉宏突然接到一个来自黑龙江的拜年电话，开始他怎么都想不起是谁。对方一口一个贾老师，当说出名字的时候，他愣住了，原来这是分别多年的北京崔子垚！记忆深刻，此时崔子垚已经回到黑龙江上了大学。很突然，也很高兴，这是他这一年春节收到的最暖心的拜年电话。

自从贾玉宏离开北京回到泰州后，换了两次电话号码，有些朋友和学生因此也失去了联系。崔子垚想到了求助互联网，这个春节前，他试探着打开电脑用百度搜索贾玉宏足球棋，电脑屏幕上一下子显示出许多有关于贾玉宏足球棋的信息，其中有一个链接是贾玉宏足球棋的博客，在博客中找到了贾玉宏的新联系方式，这让他欣喜不已，阔别多年的老师，终于可以通电话了。于是在那一年的春节除夕夜，他给了老师一个大大的惊喜。

十、想走捷径，联系教育主管部门

初到北京，遇到第一个暑假，本以为可以借“世界杯”的影响，利用学生假期一炮打响，取得开门红，可事实就是这么残酷，在这样一个国际大都市，开展一个全新的项目，不能预知的困难时时都会出现。

想象是美好的，而现实是残酷的。尽管自己很努力，每天奔波于大街小巷，苦苦寻找突破口，但现实犹如一记闷棍，击醒了贾玉宏。来也匆匆，去也匆匆的暑假就这样过去了，除了一期夏令营班外，其他一无所获，简直是失落至极。

来北京之前，在泰州是不可能出现这种情况的。也许是想得过于简单了，对北京市场的难度预知不足。十多年后，贾玉宏觉得，那个暑假有点操之过急了。以为来北京是乘势出击，可以来个开门红，却忽略了最重要的一个现实——这里是北京，不是泰州，这里的人对足球棋知之甚少。即便是泰州的火热局面，也是两年的打拼得到的。当初在泰州起步时也是极不易的。

现在想来，那个暑假与其乱跑一气，浪费时间，倒不如与大的培训机构合作，借用他们的教室开设免费班，助力他们其他项目的招生。自己赚人气，对方赚钱，可达到双赢，这样的合作方式才是初期开展推广的良策。可惜时光不可能重来，贾玉宏只能重新开始了。

暑假班的运作失败，贾玉宏当时将其归结为直接走市场的一种必然。在足球棋尚未得到市场认可的情况下，贸然出击，谁能“一见钟情”！失败自然在情理之中了，不能抱怨。

总结下来，那时贾玉宏认为直接在校外开展推广是错误的，应该效仿泰州的方法，进入学校义务开展普及教学，让孩子们先熟悉足球棋的玩法，让他们体验到乐趣，提升兴趣后自然会有学生参与进来。可是进校园实在太难了，这里不同于泰州，一个一个学校商谈，人际关系不熟，需要费许多周折，还不如到教育主管部门“攻关”，通过他们进入学校岂不是省了许多事。

想到就做。他通过 114 查询到了北京市的一些区级教育主管部门的电话，然后逐一电话联系，说明想法，希望能得到面谈的机会。可是联系了多家教育主管部门后，对方多是直接回绝。这样一来就难了，不约见也就无法进入教育主管部门了。

想从地方区级教育主管部门入手，本以为会容易一些，没想到对方很不近人情。贾玉宏碰了钉子，有些失落，但并没有灰心，他觉得东方不亮西方亮。就在这时，他忽然接到丰台某校校长的电话，告知他从第二天开始，连续三天的上午到某小学义务上足球棋普及推广课。

从泰州来到北京之后，他时刻都在想着能走进校园开展推广教学，那样的话会有更多的孩子了解和熟悉足球棋。接到这个通知，他一下子就精神了，立时将刚刚发生的不愉快抛到了九霄云外。是不是转机来了？到学校里面上普及课，他已经想了几个月了，终于成行。

其实，接洽教育主管部门，也就是想通过一个捷径进入学校，这扇门关闭了，直通学校的大门打开了。这个喜讯，让他开心不已。

十一、来北京后，足球棋首次走进小学课堂

2006 年 9 月 6 日，对贾玉宏来说是个极其特殊的日子。他来到京城，已有 3 个多月了，这是他首次进入学校开展推广教学。

上课时间安排在上午，贾玉宏提着特制的箱式折叠教学棋盘前往学校。这个教学棋盘箱是专门为北京推广教学设计的，很特别。箱子内放的都是教学用具，挺重的。

校长因为其他事情来晚了，第二节课没有上成，只能接着上第三节和第四节课了。到班上上课，贾玉宏驾轻就熟。有了泰州的经验，他很快进入状态。第一个班，效果并不好。这个班纪律比较差，尽管面对的是陌生的老师，孩子们也不怵，七嘴八舌地抢话，打乱了他的思路。第四节课，因为上午少上了一个班的课，这样为了完成上午的计划，只好将三年级的一个班和五年级的一个

班合并在一起上，本以为这样会很乱，但是一节课上下来，效果竟然非常好。学生热情很高，在贾玉宏的幽默讲解中，孩子们笑成了一片，显现出浓浓的兴趣。

课后，一些学生将贾玉宏围了起来，问这问那的；还有的拿出纸和笔索要签名。这节课结束，正是学生放学时间，老师要组织排队，分两队，一队在学校吃饭，一队到校外由家长接回家吃饭。这个时间，很是紧张，老师看到这个场景，也是无计可施了。当然，贾玉宏只能和学生们握握手，打个招呼，表示还有机会见面的，签字就免了。

出现这样的场面，贾玉宏并不意外，因为孩子们的内心世界是相通的。不论是在泰州，还是在北京，孩子们对于新生事物的好奇心都是很强的。在泰州贾玉宏已经经历过无数次这样的场面了。

在丰台这所小学义务开展足球棋普及教学，实现了贾玉宏来北京后走进小学课堂的教学梦想。这次课后，他信心十足，希望能进入更多学校开展普及教学。为此，他一直在努力争取。

就在贾玉宏四处联系，接洽学校时，他忽然接到了来自海淀区一家培训学校的通知。表示他们学校设在北京大学附近的分部的足球棋班将于下周六开课，每周上一次课。这个消息实在太突然了，他怎么都想不到，暑假期间与海淀区这所培训学校商谈的合作开班就这样突然成了，这实在是天大的惊喜。

十二、培训学校的足球棋班开课了

这家培训学校是由教育部批准办学的正规民办教育培训机构，他们的主要经营地在海淀区。

贾玉宏是暑假期间来这所学校联系合作开班的，商谈后对方很感兴趣。当时因为暑期各项培训班已经开课，无法进行足球棋招生，于是对方留下了他的联系方式，说是争取秋学期开班。

暑假期间，贾玉宏走访了许多校外培训机构，商谈合作开班事宜。大多培训机构没有回绝他，都觉得足球棋的背景是足球运动，对学生们是有吸引力的。这样一项新棋种加入培训项目中，不是坏事，肯定会有积极的一面。但是贾玉宏很清楚，这项新棋不同于围棋、象棋等传统棋种，大家耳熟能详，在不了解足球棋的情况下，孩子们报名学习的可能性极小。所以对所谈的培训机构能否开成班也就没放在心上，一切只能顺其自然。

这时，突然接到上课通知，他简直不敢相信。在电话里了解到，此次海淀区这家培训学校分部报名足球棋的有 16 人，费用是 450 元。这个价位，他是不敢想象的。对于足球棋而言，这个价位在当年那个时段，可算是最高的了。

后来在上课的过程中他才了解到，北京完全不同于泰州，这里收入高，消费也高。尤其像海淀区中关村一带，大部分家庭比较富裕，家长们往往根据孩子们的兴趣选报科目，对于资金投入倒不会太介意。尽管如此，但足球棋在众多项目中是唯一的新项目，大家都不熟悉。初次开班，能报上来这么多，堪称奇迹。

2006 年 9 月 16 日星期六，贾玉宏带着自己发明的足球棋走进了海淀区某培训学校设在临近北京大学的教学部，这也是他到北京几个月以来真正意义上的开班。

这天的午饭后，他带上特制的教学棋盘箱早早动身了，箱体内放了 20 副棋具，这是给学生们预备的。这样的教学棋盘箱，装上棋具等物品，很重。从丰台住处到海淀区北京大学附近坐公交车就得一个小时，而两头到站台之间都要走上十多分钟，可想而知，很是辛苦。

海淀区某培训学校这次报名足球棋班的多是一年级和二年级的学生，年龄偏小。那段时间，贾玉宏讲起棋来还是有点吃力。由于一周只上一次课，而每次课只有一个小时，往往学生们上一周学到的内容经过一周后就淡忘了，每次形成的乐趣会因为间隔时间长而冲淡。这对低龄学生学棋不利，显得很松散。对此，贾玉宏制定了不同的教学计划，先让他们在短时间内学会走棋，不论下得好坏，先将他们的兴趣调动起来。

好在这些学生聪明伶俐，善于动脑思考，悟性高，仅一次课的时间就已经基本掌握了布阵方法和走棋规则。接下来每周的课程，贾玉宏都在课前做了细致的计划，希望学生们循序渐进，步步提高。

通过一学期的学习，学生们掌握了足球棋方面的基本知识，都能自如对局，而他体验更多的是不容易。这些孩子的家长有的是商业主管，有的是企业骨干，还有几个学生是学校教师的孩子，他们个个都生活在富裕的家庭环境里，家长宠惯溺爱，因此他们偶尔在课堂上也会流露出任性的一面。这时候，贾玉宏一般都是温言软语提醒他们遵守纪律。对于学生们犯错不能责罚和打骂这一点，在首节课前，培训学校分部负责人还专门开了一次教师会，对所有的兴趣班任课老师都做了这方面的提醒。

应该说，一学期下来，贾玉宏和这些学生建立了很深的感情，有的学生家长还特意来教室了解孩子学棋的情况，表示支持自己的孩子继续学习和提高。有一位学校老师还私下里找贾玉宏给自己的孩子上一对一辅导课。

十三、西城区某知名小学的足球棋兴趣班

在北京，贾玉宏初期租住在丰台体育中心附近的一个小区内。因此那个阶段，他大多是在那一带的小学活动。

三个月后，他在合作方李经理的推荐下，搬到了丰台区丽泽桥附近的一处平房居住。平房是李经理初来北京时购买的老旧房子，他在这里居住期间，艰苦创业，赚取了第一桶金，之后搬进了楼房，这处平房便闲置在这里。连接平房的外口靠路边，还有一个近 60 平方米的店面，是租给一些商户开店的。

丽泽桥这个位置靠近西城区。通过走访，他感觉到西城区的经济状况要优于丰台区。且学校密布，校与校之间相隔都不远。三个多月来，在丰台区没有太多收获的情况下，他有意将“战场”转至西城区。

为了方便到各小学开展宣传推广，贾玉宏特意买了一辆旧的二八型自行车。这样走街串巷就更加方便了。每次选择要去的学校，他都是先通过北京的电话号码簿查询校名、校址、联系方式。然后通过电话联系试探性推介足球棋，希望能进入学校义务上普及课。如果对方语气好，有兴趣，便约好时间前往面谈。这种投石问路的方式往往效果并不好，对方不熟悉他，对足球棋也基本没有印象，有的学校就直接回绝了。

给学校打电话预约面谈，他多数联系的是学校体育教研组。想直接联系校长，考虑到校长们的身份，在不熟悉的情况下，很难在电话里沟通，而通过学校体育教研组组长向校长介绍和申请可能会好一些。可是想象和现实出入很大，在联系了多所学校后，有些小学体育教研组组长表示可以面谈，于是他骑上自行车按约定时间前往会面。有的体育组组长素质高，会很客气地接待他，听他介绍足球棋；有的就不耐烦，架子很大，对足球棋进校园推广一事拐弯抹角地拒绝；还有本来约好面谈的，却临时改口说有事、没有时间，要求将资料放到传达室等。对此，他的心态很好，和每一所学校联系接洽都保持着一颗平常心，成就成，不成也没关系。有道是“东方不亮西方亮”，在跑了十几所学校后，只有几所学校获得了校长批准进校开展足球棋义务普及教学。

现在想来，那时有些小学的接洽人会有这样的想法：多一事不如少一事，非亲非故的，为什么要帮你。

其实，什么事都不是绝对的，贾玉宏在先后走进几所小学后，又有一所小学引起了他的注意。这所小学就是西城区某知名小学，学校坐落在胡同巷子里，有些隐蔽。这次，他没有事先电话联系，在偶然路过时抱着试一试的心态，走进传达室向保安说明来意。

保安没有回避，帮他打电话联系体育组说明情况。没想到，体育组组长张艳老师在了解情况后，特意来到传达室将他接进学校。

张老师是个热心人，在看了足球棋相关内容和普及推广资料后，表示学校里每周都设有兴趣小组，她可以和学校领导申请一下，看能否进校园开展足球棋教学。不过，此时已经临近 9 月底了，接下来的国庆假期比较长，要等到节后了。

能够说上话，面谈进校园做推广教学，就已经不容易了。连日来走过的众多学校，由于没有人引荐，遭遇了一些冷漠。这回再次有所突破，也确实是让贾玉宏开心，对于进校的时间也就不急了。果然，张老师说到做到，国庆节后，她便到校长那里申请足球棋进校园一事，很快通过了批复。

2006 年 10 月 31 日星期三，贾玉宏终于如愿走进了西城区某知名小学的课堂。张老师做事很认真，她提前将准备工作做好了，并将学生名单打印好，给了贾玉宏一份。

张老师是体育教研组组长，她主抓学校的田径项目。这批学员都是她带的田径运动员。第一次上课给贾玉宏的印象并不好，有一些好动的学生坐不住，静不下来，加上人数比较多，整个教室坐得满满的，有些乱。

在泰州开展足球棋教学，贾玉宏并不怕人多，只要上课的内容能吸引他们，往往第一次课是没问题的。可是今天有所不同，学员们统一是田径运动员，调皮好动的多一些。他们本身一时难以安静下来，特别是在人多的情况下，又是从多个班选出来参加田径训练的学生，他们集中在一起，对课堂纪律的冲击力可想而知！其中更是有几位极特别的“活跃分子”，在他们的带动下整个团体出现了乱象。在互相干扰下，他们听课不认真，很大程度上影响了贾玉宏的上课心情。

其实，张老师选这些田径队员来学足球棋有深意，她是想通过足球棋的趣味性让这些学生在“动”中也能安静下来思考问题。在上课前，张老师和贾玉宏就说明了这些学生中有几个调皮蛋，希望足球棋对他们有所改观。

一节课的时间很短，如果在安静的环境中讲课，那也够讲些东西了。要是有学生说话或者嬉闹，那这一节课的时间也就打水漂了。第一节课受到一些调皮学生的干扰，勉强上完了，但很吃力。短短40分钟，他对所有的学生基本有了一个大概了解，看得出谁认真、谁调皮。整体来讲，多数的学生表现还是不错的，认真听讲，积极发言。课后回住处的路上，他一直在想这样一个问题：面对这样的一个班，下节课该怎么上？

西城区的这所小学这次为贾玉宏安排的兴趣班是每周二下午上课，这样他要每周来学校一次给学生们上课。

到了第二周，贾玉宏调整了教学策略，他先是用5分钟时间回顾了一下规则要领，用10分钟时间讲解对局方法，然后发放棋具，让同学们在座位上开始对局，不管下得怎样，先让他们玩起来。看到可以下棋了，这些学生来了兴致，积极性很高，纷纷铺上棋盘围拢在一起对下起来。尽管错误百出，却有滋有味，乐在其中了。

还别说，调皮好动的孩子头脑灵活一些，他们有创造性，敢想敢下。实在不知道怎么走了，就按自己的规则去下，反正对方也不熟，忽悠一步是一步。听课认真的学生才不吃这一套，就会发生争执，贾玉宏就要立刻化解“矛盾”主持公道，讲明规则。

如此，在20多分钟时间内，他忙得不可开交。尽管初次下，尚不熟练，但学生们感觉到了在棋盘上踢足球的那种乐趣，一个个盯着棋盘如痴如醉，到了下课时间，也不肯罢手。看到这一幕，贾玉宏很是开心，说明他们在足球棋的对局中已经产生了兴趣。后面的课，在逐步提升后，应该要好讲一些了。

经过一段时间的学习后，这些学生中有几位学生在家长支持下还参加了当年校外寒假班的培训。可以说，在张老师的精心安排和帮助下，西城区这所小学的推广教学是非常成功的。尽管没有同时在全校所有的班级开展推广，却为在北京其他校区开展推广活动做出了一个样板，打下了基础。

正如这所学校的校长在一次教师会议上的表态，足球棋是一项技能，要抓好这个项目的开展。

十四、北京体育大学得庞老师相助

在北京期间，大学校园也成了贾玉宏普及推广足球棋的“战场”。考虑到大学生都是成年人了，他们不一定会静下心来下棋，贾玉宏想利用足球这样的背景来调动他们的兴趣，让他们接受足球棋，哪怕促进棋具销售也是不错的。

有了这样的想法和目标，贾玉宏在不同时间走访了多所大学校园，考察开展足球棋推广活动的可行性，其中就有几所王牌大学，如北京大学、清华大学、北京理工大学、北京体育大学等。

北京大学坐落在海淀区，因为来去交通便利，贾玉宏常来这里。起初他想找学校棋类社团商谈开展足球棋推广活动，在几次旁观新学期社团招生情况后，便打消了这个念头。

当时，北京大学有一个区域是给学生们做宣传活动的地方。每周一的下午，各社团都会抢占有利地点“招兵买马”。活动现场人流如潮，每个宣传位置都有人聚集，咨询选择喜爱的项目。北京大学的社团活动内容还真不少，除了传统项目琴棋书画、戏曲、舞蹈外，就连各种竞技项目也掺杂其中，五花八门，现场热闹非凡。

贾玉宏逐一观察，了解各摊位纳新的宣传方法和观者的反应。在走到棋类社团时他发现，棋类项目没有统一合作纳新，而是各自为战。比如围棋社、象棋社、五子棋社等都是各自放上一两张长桌和几把椅子，摆上几盘棋，吸引大学生们驻足咨询。贾玉宏不动声色，不咨询，也不交流，他在了解大学校园的棋类活动氛围。棋类项目是体现静的一种运动，只有会下，进入其中，才能感觉到乐趣。相较其他项目，它的趣味性不够直观，可能是因为这个原因，棋类摊位前就显得冷清多了。宣传人员左顾右盼，等着同学来咨询报名。

在纳新现场，每个项目都会印制一些 A4 纸大小的广告。贾玉宏来者不拒，一圈下来，收集了 20 余张宣传单，准备回去进行研究，洞察大学校园开展社团活动的细节和创意，以参考能否进入大学普及推广足球棋。

贾玉宏又先后走访了北京理工大学、清华大学、北京体育大学，每个学校的宣传方式也不相同。考察后，他感觉到在大学开展足球棋推广难度很大，许多大学生自身事务太多，上课以外的时间，他们有着更为直接的活动选择。对于上课学一项新棋，大多没有这样的热情。如果仅是玩一下，倒没问题，但要是让他们坐下来听课学习和研究，那是不现实的。这从围棋、象棋、五子棋等传统棋类项目的开展现状就可以体现出来。因此，他决定在大学校园主攻足球棋销售，以此扩大普及面。

清华大学去得不多，第一次去感觉校园里非常安静，没有杂乱无序的现象，学习氛围浓厚。校内在不同地点设有商店，经营文化用品和旅游商品。在观察一番后，他最终放弃了在清华大学销售棋具的设想。主要是感觉到这所学校学习氛围太好了，学生们不一定会涉猎足球棋这样的新棋种，即使有人买，也不会成量，如果一个月只卖出几副，那就失去意义了。

北京理工大学足球氛围不错，这里有一支国内知名的大学生足球队，这支队伍的教练是国内知名教练金志扬。这所学校贾玉宏来的次数比较多，主要是了解学校的校情校风，探寻推广足球棋的切入口。此外就是来到球场观看金志扬指导球队训练，体会足球与棋的不同特点，从而进一步完善足球棋的设计。

多次来北京理工大学走访和观察，他仍然不看好在这所学校推广足球棋，原因很多，实在找不出能在这所学校开展推广活动的理由。学校内的商店不少，可棋类用品却很少，多数经营的是学生必需品，比如食品和学习用品及其他的体育类用品等。对于足球棋这样的新项目，在和店家交流后，觉得放店里等人前来购买是不可行的。应该在校内先进行宣传，在大家熟悉和了解后，或许会促进销售。

在北京理工大学没有找到可行的推广路径，倒是和金志扬教练接上了头，交流了足球棋方面的内容。

对于在大学校园内的商店销售棋具，贾玉宏比较看好北京大学校园内的一家小超市。其位置在食堂附近，这里人流量很大，到超市内购物的人比较多，每到学生们空闲休息时间，这里都会人来人往。在和超市负责人面谈后，对方没有拒绝，接受了他提出的代销提议。对方也觉得无所谓，反正是代销，不需要提前付钱，卖掉再结算。因此也没费周折，很快就达成了口头代销协议，贾玉宏拿来了 20 副棋放到店里试销。

足球棋走进了北京大学！事后，贾玉宏想想都觉得有趣，足球棋是以这种方式进入北京大学的。不管销售结果怎样，这也算是足球棋的一次跨越。

北京体育大学（以下简称北体大）也在海淀区，交通便利。算起来，这所学校他来得最多，因为贾玉宏认为足球棋既是棋类运动又和足球运动有着密切的关联，而这里的学生们对体育方面的产品应该会更有感觉，所以足球棋应该更适合在这所学校推广。

初来北体大，贾玉宏在校园内足足走了一个多小时，转遍每个角落，熟悉校园环境并了解学生的爱好和生活习惯，同时对每一处商店和超市进行走访，一系列考察和摸底的主要目标是判断这所大学是否真的适合足球棋推广和销售。一路走下来，他感觉商店和超市的模式与其他大学校园大同小异，并没有引起他的兴趣，倒是一家书店吸引了他，令他长时间驻足游逛。

这家书店的位置在校园内一个不起眼的小四合院中，是北京体育大学出版社设在校内的零售点。虽然位置不在人流密集的地方，但是北体大的学生都熟知这家书店，每到放学、课间或者假日，都会有学生来淘书。书店面积有 60 多个平方米，经营的书籍大多与体育有关。除了北体大出版社自家的书籍外，也汇集了其他出版社的体育类书籍。可以说，体育方面的书籍在这里一应俱全。

贾玉宏初来这里，如鱼得水，好像发现了新大陆。他先是不动声色，作为书迷徜徉其中，找寻自己需要的书籍。一圈下来，竟然挑选出十多本，其中大多是北京体育大学出版社出版的书。

店主是一位 60 多岁的老人，看到贾玉宏捧出一摞书来结账，惊喜不已，这是难得的现象。因为大学生来购书最多也就三五本，一般就是一两本而已。看到他一选就是十几本，店主猜到他不是北体大校内的人，感觉到这个人不同寻常，因此在结账时和他聊了起来。

店主也是闲来无事，有人陪着聊天，自然愉悦，贾玉宏从书籍聊到了足球棋的发明和推广。店主听了他的介绍，很是敬佩，提出了一些自己的想法和建议，并主动要求拿一些棋具放到他的店里，他帮助推销，看看学生们的反应。这正是贾玉宏来北体大走访的一个目的，现在两人在交流中一拍即合，志趣相投，颇有缘分。

对于在北体大校园开设培训班，对方表示可以帮助协调安排教室和相关事宜。临了，两个人交换了名片，原来这位店主名叫庞文常，曾是北体大的一名老师，退休后开办了这家书店。

无意中在北体大结识了庞文常老师，并达成了合作共识，令贾玉宏兴奋不已。足球棋进入这所大学推广似乎就容易多了。

时隔两日，贾玉宏按照庞老师的要求带了 30 副足球棋送到书店。庞老师表示先放 30 副，他已经联系了几位大学生帮助推销。对于推广他很自信，觉得棋具销售应该不成问题。不过他提出，之前放的样品他送给了一位研究生，对方反馈了一条信息，说是规则说明写得过于复杂了，不易看懂。这一点正好说中当年那批足球棋的“软肋”，看来在足球棋自学说明编写上还需要做进一步的改进。

其实，足球棋规则并不难，如果编写的说明过于复杂，可能会对推广带来影响。尽管这套棋具属于第二代，相较第一代棋具，在规则的编写上已经做了改进。对方提出这个不足，说明规则编写还不到位，不能让人们一目了然，自行学会，也就不利于今后推广。这个信息反馈贾玉宏一直记在心中。后来，他又进行了数十次的精雕细琢，简化规则说明，分别推出了第三代、第四代棋具。就是规则不变，在棋具样式上做一些变化，而规则编写上的改进更加突出简单易学。

第一批 30 副棋具，庞老师毫不犹豫地先行结清了款。他表示，每一次送棋先付钱，后销售。由此可见，庞老师是个爽直的人，尽管是初次合作，他还是认定了贾玉宏这位朋友，尽力相帮相助。而每一次贾玉宏来北体大，都会得到庞老师的热情接待，一直陪同他到校食堂共进午餐，探讨足球棋推广普及策略。

庞老师听贾玉宏说有意出一本有关足球棋的正规教学书籍，为此，他特意带贾玉宏到北京体育大学出版社找他熟悉的编辑咨询相关事宜。

在北京期间和庞老师的交往，贾玉宏一直心存感激，尽管后来不得已离开北京回到泰州，他仍然没有忘记这位老朋友，一直保持着电话联系。每次到北京，无论再忙，都会抽出时间到北体大看望他。

就在十年之后的一次电话打通后，接电话的不是庞老师，可能是他的家里人，对方只是说庞老师不在，就挂掉了电话，没做任何说明。自此，贾玉宏和庞老师失去了联系。

什么情况，不得而知。

十五、常忠宪老师

说到常忠宪老师，贾玉宏看过他主讲的《国际象棋入门》教学光盘，对他仰慕已久。在来北京前，贾玉宏找到常老师的联系方式，决定到北京后去拜访他。

初到北京，正逢暑假，贾玉宏通过电话联系上常忠宪老师，说明前去拜访的意愿。常老师听了他的简单介绍后，欣然决定和他面谈，并约了一个他值班的时间会面。初次见面，在打开话匣子后，两人越谈越投机，话题都是国内外的棋事棋趣。

常老师是棋界名人，他主讲的《国际象棋入门》教学光盘，一套四碟，是由中央广播音像出版社出版的。他讲棋深入浅出，通俗易懂，教学光盘发行后，受到棋迷们的欢迎。他当时是北京市棋牌运动协会委员，多次斩获北京市国际象棋个人赛、等级赛前八名，并获得“全国优秀裁判员”称号等。相比之下，贾玉宏虽然在传统棋上没有太深的造诣，而他发明的足球棋是经过多年努力后自行研究设计出来的，他对于棋类的理论和特点都有详尽了解和研究，深知各种棋的玩法和相通之处。常老师没有相同经历，但他是国际象棋专职教练、讲师，对各种棋也都有所了解。不仅如此，他还喜欢收集各种棋，就连一些娱乐游戏棋也会研究一番。

在接触几次后，贾玉宏和常忠宪老师两人就很熟络了，成了无话不谈的好朋友，他便和常老师探讨足球棋进入宣武少年宫推广教学的可行性。常老师对贾玉宏的这种执着推广精神尤为赞赏，也对足球棋的推广前景给予肯定。不过，他觉得通过少年宫现有的资源推广不太可行。从他的工作经验来看，能够来少年宫给孩子报名学习的家长，大多是有目标的科目，临时起意转报其他项目的并不多。从这些年家长对棋类项目的选报情况来看，围棋仍然是家长首选，其次是中国象棋，就是国际象棋这样的世界通用棋在我们国家，都还没有达到围棋和中国象棋的普及程度。他建议，足球棋这样的新棋种在推广普及上还是应该直接面对大众。

和常忠宪老师谈棋说事，有说不完的话题。由此可见，常老师是个很善谈的人，尤其是遇到了贾玉宏这样长期研究棋的人，对于他来说就像是遇到了知音，每一次面对面聊棋都能聊上一两个小时。在常老师这里，贾玉宏也学到了不少东西，了解到之前所不知道的棋人棋事。

在多次接触后，常老师向贾玉宏推荐了一种像国际象棋一样在国际上流行的棋——国际跳棋。那时的贾玉宏只是一门心思想着推广足球棋，对国际跳棋并没有放在心上。

国际跳棋是一项古老的棋种，和国际象棋同样流行于世界各地。我们国内也有玩的，但是不多，没有普及。常老师除了正常教学国际象棋外，他一直致力于推广国际跳棋这个项目，在国内一直没有这样的“土壤”和环境。看到贾玉宏推广足球棋很是执着，便想着让他也来参与国际跳棋的推广工作。这毕竟是一个成熟的棋种，是世界上最流行的棋种之一。

后来，国际跳棋被列为世界智力运动会项目，在2008年北京首届世界智力运动会赛场上一展风采。那一届智力运动会规模很大，来自世界150多个国家的运动员参加了各项棋的比赛，其中，参与国际跳棋比赛的国家最多。

中国队参加国际跳棋比赛的队伍是临时组的，发起人正是常忠宪老师和他的同行们。当时是2007年，武汉常小勇教练手下的多名出色的围棋小棋手改学国际跳棋项目，仅一年的时间，就代表中国参加了比赛，并取得了不错的战绩。

2008年北京首届世界智力运动会开幕了，作为国家队教练之一的常忠宪老师还特意邀请贾玉宏作为嘉宾到赛场观摩比赛。贾玉宏通过观赛感受到了国际跳棋在国际上的影响力，也正是这样的契机，贾玉宏在2008年首届智力运动会后将这项棋带到泰州和足球棋一并推广，才使得足球棋在推广进程中更加顺利了。通过教学国际跳棋，贾玉宏对足球棋有了更深层的感悟。他参考借鉴了国际跳棋的一些优点，将其融入足球棋当中，使得足球棋规则更加简单易学了。其中的记谱方法是最为明显的改变，原先足球棋采用的是坐标式记谱法，这种记谱法不利于低龄儿童记谱和练谱。而参照国际跳棋的记谱方法后，改成数字记谱法，就简单多了，这有利于任何一位初学者自学入门。

开展足球棋推广的同时，增加国际跳棋教学课程，两者之间没有冲突，还可互补，实为锦上添花之举。这都是贾玉宏对常忠宪老师的感激之处，深埋心里，不能忘记。后来随着国内各地相继开展智力运动会，国际跳棋迅速在全国普及开来。

武汉市是较早推广国际跳棋的城市，由常小勇教练领军带队，他也是2008年世界智力运动会国际跳棋项目中国国家队教练之一。在2009年武汉承办第一届全国智力运动会期间，常忠宪老师再次邀请贾玉宏前往武汉赛场观摩比赛。

在北京期间，自从结识了常忠宪老师后，贾玉宏时常利用空闲时间到常老师所在单位找他谈棋说事，受益良多，为进一步丰富足球棋棋理提供了更多理论上的参考。

十六、足球峰棋

2006—2007年，贾玉宏在北京推广足球棋期间，在和社会各界人士交流时觉察到，“足球棋”这个名字不够大气。人们第一次听到这个名字时，似乎都会将它当成儿童玩的游戏棋，不能引起大家的重视。

其实“足球棋”这个名字并非是贾玉宏独家专用的。在网上搜索，可以看到许多同名字的足球棋。其中有新创意的，有老式的，还有儿童游戏类的，模式固定，多是以运气决定胜负的娱乐棋。

评价一种棋的好坏，注重的是规则和内涵及科学严谨性，对局中运气成分要少，要侧重以智慧决定胜负。因此，贾玉宏设计的足球棋是经过了多年市场验证打磨后才最终定型的。虽然目前的影响力还远不能和围棋、象棋相提并论，但它实实在在地走进了许多爱好者的心里，得到了认可。

棋的价值有了，名字就显得格外重要。同名字的棋混淆其中，对今后的进一步普及推广会带来干扰和影响。

泰州书画界的一位大师早在2004年就曾提及此事，建议贾玉宏将名字写入棋名中，即“贾玉宏足球棋”，这样可以有效区分开其他同名字的足球棋。贾玉宏开始觉得还不错，但是在推广初期这样做会无形中增加难度。大家可以想象到，如果将一位名人的名字写入其中，自然会起到锦上添花之妙，可是将贾玉宏的名字加上去，反而更加小众化，个人意味太强了。对于一个名不见经传的陌生人，谁还能去接触和探索呢？因此，他并没有这样改名字，暂时还用着“足球棋”。在推广中，这个名字确实是不太有利，一路走下来他也感觉到了，且体会颇深。

在普及推广足球棋的两年多时间里，贾玉宏越来越觉得名字的重要性。它会影响人们在接触一种事物时的第一感觉，也是能否令对方产生好奇感，实现接触和探索的源头。

来到北京后，贾玉宏和社会各界人士接触后，多数人对棋并没有产生强烈的探索欲望。他们并不关心这个棋的内涵和发展前景，而是从表面上看问题，没有了解和体会实质性的内在东西。因此，贾玉宏心里盘算着改名字的事，决定创意一个好的、具有深度的名字。他一直在脑海中思考着。

在北京，贾玉宏在一家大型文体批发市场买到一副新发明的游戏棋。整套棋具设计很好，看得出来发明者投入了不少精力和资金。这种棋的名字就体现出其是游戏娱乐棋，定位明确，设计精美。这种棋的设计人就在北京，于是他想方设法联系上了这位发明人，并多次登门拜访，与对方探讨棋的设计。对方也是一位棋迷，专注棋的设计多年，有丰富的设计理念。两人有共同语言，谈得很投缘，对于棋的设计和普及推广有相同的思考。能感觉到对方在游戏棋的推广上也下了不少功夫，付出了不小的努力，虽然效果不明显，但也掌握了一些可行的推广策略，两个人的许多构想都不谋而合。

对于棋类的推广普及，设计者们可能会有一种误区，认为喜爱棋类运动的人看到新棋种都会好奇地探索一番。其实不然，实践证明：一个新生事物，不管它有多么新奇，如果不去推广，别人也不会轻易涉猎。就拿足球棋来说，感觉只要球迷或棋迷看到这个名字，都会眼前一亮，并急于了解和研究。但现实并非如此，不是所有人都会用这样的心理去面对这样的新棋种。要想推广成功，让推广的一方和使用者取得一致的利益是不太容易的，需要设计的产品有足够的吸引力，除了参与者进入对局当中体验之外，关键也在于名字给人的第一感觉。毋庸置疑，棋名直接关系到人们是不是会驻足观望，这是第一步。人的思维变数是最多、最复杂的，你永远都不能用自己的所思所想去替代别人的。

因此，贾玉宏在推广足球棋的这三年里，体会到了棋名所带来的局限，一直想着将“足球棋”更改为一个大气、独特而具有更深层含义的名字。

这个念头一起，他便为此绞尽脑汁。苦思冥想后草拟了十几个名字，逐个进行推敲论证，终于在 2006 年 11 月 13 日初步确定为“足球峰棋”。“足球”和“棋”三个字分开来看，不言而喻，就是代表足球运动和棋类运动。而中间加上一个“峰”字，体现的是如山峰一般的高度，也表示他为足球棋棋手的棋艺技能制定的“峰级”级位，即山外有山，一山更比一山高的意思。同时给棋手们设定了一个学习目标，激励他们树立不断进取、勇于攀登高峰的信念。如同围棋、象棋等棋艺级位一样，今后足球棋棋手也可以参加级位考核，以此来给棋手的棋艺水平定位。显然，这个字加上去，增加了品味，也为足球棋更长远的未来做了铺垫。

在设计好了“足球峰棋”这个名字后，贾玉宏并没有立刻投入使用，他还在慎重考虑中。他为此还征求了一些棋界朋友的意见，他们对这个名字均给予了积极的评价，觉得可行，比“足球棋”三字显得更大气。而且这个名字是独一无二的，可区别于其他足球棋，对于贾玉宏的足球棋今后的普及推广更是具有独特意义。

半年后，贾玉宏在撤离北京回到泰州后，启用了“足球峰棋”这个名字，并为棋手们设定了峰级级位，即初峰、二峰、三峰、四峰、五峰、六峰、奇峰。最高峰“奇峰”的“奇”是“七”的谐音。“奇峰”的创意蕴含创造奇迹、登上更高峰的意思。后来这个级位又有了新的调整，是在泰州市高港区文化馆时任馆长孙长奋的建议下，将“奇峰级”由七级调到了十级，这也吻合一些艺术类项目考级的级位统一标准。

“足球峰棋”这个名字就这样沿用下来。贾玉宏还定期给学员发放“峰级证书”，鼓励他们努力学习，步步提升，勇攀“高峰”。

多年后，结合市场推广需求，贾玉宏再次调整启用了新的名字——“智慧足球棋”，这是根据市场定位而重新命名的。足球棋初期二三十年内普及的人群大多为青少年学生，而其中尤以小学生为主。为了避开陌生和传统观念，促进家长及孩子们接受，便使用了“智慧足球棋”这一名字。但鉴于“足球峰棋”这个名字使用多年后已经深入人心，加之“峰级证书”的价值体现，在用“智慧足球棋”的同时，仍然保留了“足球峰棋”的名字，没有冲突，只是主名和又名而已。

十七、北京生活

十多年后，贾玉宏回想起在北京那段时间的点点滴滴，仍然记忆犹新。酸甜苦辣咸，五味俱全。现在想来，始终都不敢相信那段人生旅程是真的，感觉就像一场梦。

准备到北京去发展，贾玉宏将一切想得很美好。中国的首都，国际大都市，历史名城，人文文化丰富等，北京所有的美誉度似乎都有利于足球棋推广。

2004—2006年，在泰州推广足球棋的两年半里，贾玉宏是没有盈利的。但是家庭所需的柴米油盐、人情往来等生活方面的开销还得正常维持。那时在没有收入的情况下，用的都是老本，艰难程度可想而知。能够去北京发展，得益于浙江、北京的两家企业老板的合作支持。

初到北京，贾玉宏身上的资金并不多，北京的合作方给他提供了住处和初始阶段的运作费用。在生活方面，他仍然需要从家里拿出积蓄。妻子很信任他，需要钱的时候，一个电话，立刻就会通过邮局汇款过来，从来没让他为难过。没有收入的日子并不好过，尽管合作方提供了部分资金，但那是用于公司运作和推广的。他自己也不好意思将衣食住行方面的开销也让对方出。他坚信，通过自己的努力，一定会打开市场，迎来回报的，因此他对每一次的计划和实施，都充满希望和信心。可现实却让他一次次失望，并没有达到预期的设想，就连推广中通过销售棋具和兴趣班收费得到的有限受益，也都用在了推广之中，没有剩余。

来北京推广足球棋，对于合作双方来说，都冒着很大的风险，尤其是贾玉宏，远离家乡，放弃了泰州两年的推广成果，在北京重新起步。推广成功了，事半功倍；不成功，将会前功尽弃。而作为北京合作方来说，其风险就在于各项投资上。最终是否成功直接决定着有没有利益回报，这也是企业老板最为关注的一点。当初看中足球棋并决定投资，其实就是了解了足球棋在泰州两年来的推广成效。引进到北京，希望在这个“舞台”上更好地普及推广足球棋，也是为他们企业未来的发展做铺垫，他们也是从企业自身去考虑的。不过作为商人，在投资每一个项目时，他们更加注重小风险、大回报。因此，北京的合作方起初的投入并没有完全放开，而是试探性投资，小额度出资，这给贾玉宏带来了不小的难度。在初到北京，推广前景还不明朗的情况下，贾玉宏也格外慎重。他是个实诚人，为规避风险，并没有向投资方提出太多要求，开支上能自己出的就自己出，只是希望能尽快拨云见日，看到成果。

来北京后虽然由投资方出资成立公司，但是冲在一线的只有贾玉宏一人。在无法预知前景的情况下，还不能扩大队伍，那样的话风险就更大了，因为人员多了，人工成本自然就会成倍增加。在没有成效前，他只能一个人跑市场，摸索市场，到处奔波。没有团队，他就到各个培训机构去商谈合作，借用对方的资源互利共赢。许多培训机构并不排斥，能够一谈就成。因为大家的第一感觉是足球棋有新意，对学生具有一定的吸引力，这样的项目加入进来，不但不会影响其他项目的开展，还能起到辅助作用，可以丰富和扩展培训机构的教学内容和范围。

然而，尽管每家谈成的培训机构都能尽心尽力地进行宣传招生，但收益并不大。反馈的信息是，看到足球棋的孩子们都挺喜欢，只是家长们还没认可。对于这样一项新棋种，家长们将它当成了游戏棋，对于花钱到培训班学棋也就提不起兴趣了。

为了寻找到有实力的合作方，贾玉宏在北京普遍撒网，足迹遍布城区内众多地方，就连郊外也会挤时间去闯一下，商谈合作推广。

在北京市区跑推广，大多是靠公交车出行。车子挺多的，几分钟一班，但到许多地方都需要转车，如遇到堵车，计划的任务就不能完成，加上走街串巷路又不熟，特别耽误时间。为了方便出行，他还专门买了一辆旧的二八自行车。北京市虽然市区范围比较大，但是骑自行车还是很便捷的。因为北京市区内的道路横平竖直，大多走的是直线。以丰台体育中心到海淀区北京大学为例，坐公交车要一个小时，而骑自行车，正常速度骑行也是一个小时，公交车虽然快一些，但是它走走停停，有时还会遇到堵车。自行车就不一样了，完全避开了这样的现象。只是骑车时间长了，确实会累一些。

为了打开局面，不浪费时间，他不在乎辛苦和劳累，尽可能地选择骑自行车出行，这样想到哪就到哪，而且还不受时间限制，经常可以早出晚归。贾玉宏听培训同行说起市郊天通苑一带人员密集，易于宣传推广。他立即在地图上查好路线，一路骑行，用了两个多小时到达天通苑。然后马不停蹄地骑车在街区又转了几个小时，探访了当地的几家培训机构，了解开班推广的可行性。那天晚上回到丰台住处时，他真的是筋疲力尽了。

骑自行车出行固然方便，但是骑得时间长了，又给身体带来了不适，常常会感觉到臀部发酸，胀痛不适。自行车也会经常“罢工”，不是这个地方坏了就是那个地方坏了，时不时就要修理，也是大伤脑筋。

在北京期间，工作量并不大，劳累主要是来自推广中的压力。当每天的工作目标没有达成时，贾玉宏会很失落，很无奈，心情也会有很大落差，身体上自然会出现这样或那样的毛病。小毛病不少，大毛病也有好几次，他都忍了，吃点药就挺过去了。有一次挺严重，全身无力，头晕眼花的。在学校坚持上完课，回到住处后晚饭都没吃，一直睡到第二天上午 10 点，精神才稍微好一些。简单吃了一点饭后，又投入到工作中，过了一个小时，吃下去的东西又全都吐了出来。

在北京期间，贾玉宏更换过两个住处，都是他一个人居住。因此，饮食起居只能自己照顾自己。生病了也没有人理会，一切自己负责，自己解决。往往这时，他会借酒浇愁，想家的感觉更加强烈，一家人在一起时的情景就会浮现在眼前。

在北京推广足球棋，所面对的难度相较泰州实在是大得太多了。这里的规矩很多，条条框框，处处受限，不是你想怎么办就能怎么办。比如在泰州摆摊设点、发放宣传单等，在北京就行不通，处处有人监督。到学校开展推广教学，也不是轻易就能进入的。

总之，在北京有的学校能进，有的学校不能进；有的学校即使不能进，他们也会礼节性地接待谈一谈，而有的学校则根本就不予理睬；能进的学校，校长眼光长远，重视素质教育，会开展各种各样的活动，来丰富学生的课余文化生活。

在北京除了进入学校和校外培训机构积极开展教学推广外，销售棋具也是必选的推广之路。为此，他也做出了不少的努力，先是将棋具放到丰台体育中心内的一家体育用品商店里。那一年，这里是中国足球联赛北京国安队的主场，常常有比赛及其他活动，人气很足。体育场外有多家店铺经营各类体育方面的用品，贾玉宏选了一家位置比较好的店，与店主谈妥了棋具独家销售事宜。那时，他先来体育场考察了几次，信心满满，认为这里是设点销售的绝佳地方，只要球迷看到，一定会驻足留意，说不定会出现热销场面。由于球场外商家众多，场馆有规定，不允许店主将产品摆到店门前宣传和销售，只能摆在店内。为此，他还特意设计制作了一张广告牌，放在店门口，希望能引起人们的注意。

可是实际效果并不好，来看球赛的人经过店门口时大多匆匆忙忙的，没有出现想象中的那种场景。人们或许没有留意到，“足球棋”三个字似乎也并没有提起人们的兴致，能够走进店里买棋的大多是带着孩子来买其他东西时看到足球棋感兴趣的家长，还有就是爷爷辈的家长买棋当礼物送给孙子孙女的。对于那些成年人球迷，在不了解这种棋的情况下，他们并不会留意。因此，在足球场附近销售棋具也没有出现热销的场面，实属正常了。现在想来，在足球场一带销售与足球相关的新事物，应该安排专人在现场摆摊设点做讲解推销，那样或许有效。

经历了这次试验，由于效果不好，加之精力有限，贾玉宏索性放弃了体育场馆附近的商家，还是将目光放到了小学校园周边的文化用品商店。对于小学生来说，足球棋是具有一定吸引力的。依据之前的推广经验，小学生好奇心重，求知欲强，对于新生事物渴望了解，更容易接受足球棋。

果然，这一步没有错，在选定的几家校外文化用品店销售棋具有了效果，每天都有棋售出，零零散散的。不过，有的店家接下了这项合作，却并不放在心上，而是忙于正常的商品经营，他们并不会特意向孩子们介绍和推荐足球棋，而是顺其自然地销售。这可能是因为销量不大，利润太少的原因，贾玉宏也没放在心上。对于他来说，即使每个店里每天都有棋具售出，若不能达到一定的量，也不会有多少盈利。因此，在平平淡淡中也不得不放弃这条路，而将所有的精力投入到教学推广中，因为这样做，才更有实效。

在北京的一年多时间，他感触太深了，那不堪回首的往事，真是一言难尽！一个人独闯北京，每天疲于四处奔波，游走于北京的大街小巷，攻坚克难，寻找着出路，还要按时到一些学校以及校外固定的教学点教学。晚上睡觉前，还要总结当天在推广中的工作得失，做好第二天的工作计划。在推广实践中，随时调整战略，也是比较伤脑筋的事。

付出和收益难成比例，他惦记着妻子和儿子，有时晚上彻夜难眠，时常会问自己，这样做到底值不值？会有前途吗？

十八、回家

2007 年春节前，贾玉宏在北京给几个培训点上完寒假班后，赶回泰州过春节。那一年的春节，一家人在一起开开心心，贾玉宏内心颇为感慨！想到在北京的大半年时间所经历的曲折和坎坷，这时和家人在一起才是最幸福的。对于在北京普及推广足球棋一事，他第一次有了退意。为了家，为了妻儿老小，是该回家了。有了这种回家的念头后，他忽然间感觉到从没有过的轻松。

那一年的春节后，贾玉宏回到北京开始收拾“残局”，因为几个培训教学点还有半学期的教学任务，他得坚持完成。同时，他并没有放弃继续推广的大任，利用空闲时间，走街串巷，四处推介，并借此时机拜访了多位足球界和棋界的名流，交流取经，受益良多。

其实在这一段时间，从贾玉宏的行动上可以看出他是不愿意放弃在北京推广足球棋的，他的内心深处，仍然希望有奇迹出现。为此，他特意前往位于海淀区的某集团总部，走访了该集团的一个象棋俱乐部。

这家集团董事长创新发明了一种新型象棋，还申请了国家专利，该集团的经济实力很强。贾玉宏在北京与棋界名流交流时，得知这家集团董事长发明了新型象棋，引起了他的兴趣，想前去了解一下，寻求合作机会。他觉得同是棋类发明，有共同语言，对方一定不会回避的。

他先是联系了集团总部，说明原因，希望和董事长见面谈谈棋的发明和推广。对方并没有回绝，说董事长出门在外，建议贾玉宏先到他们象棋俱乐部去谈谈。贾玉宏心想，这样也好，先到俱乐部去了解一下，看看他们推广的成果，可以借鉴经验，然后再寻找机会拜会董事长。

这个象棋俱乐部是集团董事长专门为推广自己的新型象棋而成立的。经理是竞选任职的，旗下有一支很强的推广团队。

贾玉宏来到位于海淀区的象棋俱乐部。对方已经有所准备，接待他的是一位年轻漂亮的女孩，年龄不大，20 多岁，是俱乐部的总经理。陪同她一起接待的还有一位副总，那是一位高大帅气的男子。

在接待室，俱乐部总经理向贾玉宏介绍了他们的象棋发展情况，并陪同贾玉宏参观了俱乐部的象棋陈列室，展现出他们的实力。在谈及足球棋的发明和推广方式后，她挺感兴趣，希望贾玉宏能和他们联手走进校园共同推广。可是在探讨了合作意向后，贾玉宏感觉到双方都是在为自己的利益着想，合作思路完全不同，无法统一。

其实，贾玉宏来“探营”是有心理准备的，他仍然是抱着一颗平常心来的。因为他知道要让这么大的集团公司投资一项名不见经传的新棋，是不可能的，况且他们有自己的新型象棋在推广之中。

该集团是国内位居前列的某产品生产商，实力很强，企业规模大。董事长为了推广自己的创新发明，也是穷思极想，投入重金，并请来了棋界精英作为他们的代言人。他们也经常举办各种规模的推广活动，其中有一次活动是在清华大学组织的真人秀表演，场面宏大，颇具影响力。

初次会谈，双方交流推广话题有许多方面是有共识的，也有不同之处。但是在推广的路径上却完全不同：一个是实力财团，有推广团队，走官方的道路；一个是没有任何经济实力，完全靠个人单打独斗，面向大众走民间推广道路。

在双方交流中明显体现出，足球棋的个人推广成效卓著，没有任何虚的东西掺杂其中，是真正走进大众之中。一个新棋种不靠官方渲染和财团运作，大众能接受它，认为它好，那才是真的好。因为它最终的走向是市场，迎合市场所需，就得经受用户考验。

首次会谈后，应总经理的邀请，贾玉宏两日后再次来到他们象棋俱乐部，观摩他们俱乐部的一次象棋比赛。比赛只用了上午半天时间，参赛的都是集团内部员工，有 20 多人，总经理也参加了比赛。

当日下午正逢中国足球甲级联赛北京理工大学足球队主场比赛。总经理邀请贾玉宏作为嘉宾同去观赛，就座于主席台。在主席台落座的还有北京市体育部门各级领导和嘉宾，还有北京电视台的两位解说员在做现场直播解说。

中场休息时，贾玉宏借机和足球解说员李欣进行了交流。对方对足球棋这种新颖的棋类项目颇感兴趣，希望有时间了解一下，两人还互留了联系方式。

通过两次对这家象棋俱乐部的考察观摩，贾玉宏树立了更坚定的信心，也让他彻底打消了找财团冠名赞助的痴想。只有回到泰州踏踏实实到大众中推广，让更多的人来体验认可，才能最终实现推广目标。还是那句话：一项新发明，新事物，不是领导说好，就一定好，而是使用者说好才是真的好！这个时候他更多的是在做撤离前的所有准备。

时至 2007 年 6 月，刚好在北京满一年时间，他上完所有的兴趣班课后，正式向各学校社团及校外培训机构说明不再继续开课。为了不影响回到泰州后开展暑假班，他决定尽快回到家乡泰州，续接之前的推广之路。

2007 年 6 月 11 日，他处理完所有的事务后，在北京的一些朋友为他送行，他带上所有能携带的生活物品和教学用具等，登上了开往泰州的长途大客车。那一刻，他终于长长地吁了一口气。

久别的游子终于回家了。

第六章

山穷水尽，坠入谷底苦寻出路

一、铩羽而归，再战泰州

回到泰州时距离学生放暑假还有不到20天时间，贾玉宏约来了正在读大学的弟子郑晓东助阵，协助自己到各小学门前宣传招生。

两个人借上学前和放学后的时间，在家长聚集的时刻，辗转于各学校门外发放宣传单，希望用这样的宣传方式招收到更多学生来参加暑假班。单子大多发给了家长，可他们对足球棋并不了解，虽然看了介绍，却并没有动心。他们关于棋的认识，可能仍然停留在围棋和象棋上。因此，宣传单发放后并没有人来咨询或报名。于是贾玉宏带着郑晓东执行第二个计划，那就是现场摆摊宣传，时间当然还是早、中、晚上学前和放学后的时间。他们先后来到各所学校门前，摆上棋桌、棋盘、棋子向家长们介绍学习足球棋的益处。

这样的宣传立刻就见了效果。有的家长在报名表上登上了孩子的名字和自己的联系方式，算是报了名。两周下来，登记报名者中，现场交费的并不多，大多表示等开课后再交费。这其实很正常，家长们不熟悉贾玉宏，现场交费还是不放心。

在学校门前宣传还有一大好处，许多孩子看到实物后，都非常好奇，想学习的念头强烈，会拉着家长来报名。当然，能够得到家长支持的并不多，他们更愿意去报他们熟悉的项目。其实那段时间贾玉宏刚回到泰州，为了稳住局面，取得开门红，学费收得很低，学围棋和象棋至少在400元以上，而贾玉宏定的费用只有220元。有的家长跟风心理比较强，看其他孩子大多喜欢学习围棋或象棋，于是也去报了名。其实学下棋的益处是一样的，就看出发点在哪里，如果从益智的角度出发，那任何一种棋都可以达到益智的效果；但根据孩子的兴趣选择，往往更能取得实效。

在校门前摆摊设点，现场招生取得了一定成果，报名表登记了满满三页纸。而交费确认的事只有等开班前，通过电话一个一个联系落实了，最终的结果还是一个未知数。

期末考试后，学生们放了暑假。贾玉宏也没闲着，带着郑晓东继续到各个社区宣传招生，发放宣传单，但是效果并不好。

由此可见，凡事都要有连贯性。去北京前，足球棋发展势头是一路上升的，而仅隔了一年时间，足球棋在泰州就已经变得很陌生了。

参考其他培训机构暑假班开班的时间，贾玉宏也将足球棋班的开课时间定在了7月6日，那是个星期五。临近开课还有两天时间，贾玉宏按照登记报名的名单，逐一打电话联系家长确定学员并分班。果然不出他的预料，已经交了学费的都确定来上课并选了班，而没有交学费的，有的表示来，有的打了退堂鼓，找这样或者那样的理由不来了。很无奈，强求不得，只能顺其自然了，最终落实下来的新学员不足20人，加上去北京前还有部分老生想继续学的，也只有不到30人。这样的人数，对于暑假班来说实在是太少了。但贾玉宏是一个容易满足的人，他觉得离开泰州一年，刚刚回来就能够将暑假班开起来，就已经很不错了。

这时他仍然心存一线希望，以往在每一期开课的时候，都会有家长拿着宣传单临时找过来报名，尤其是暑假班，这种现象特别多。原因是有些家长想报班，但又不放心，一是怕上当受骗，二是怕交完费但由于学员少开不了班，退费比较麻烦。因此，他们会在开班前不露声色，等到正式开班时再带着孩子来补报名。从家长自身利益出发，这样想无可厚非。但从培训机构的角度来考虑，这样的做法会让培训机构很被动，不知道实际学生人数，提前的准备工作就会有欠缺。提前报名，确定人数，对双方来说都是有利的。

对此，贾玉宏有心理准备，也做好了开班时的增补准备。其实，不管有没有来补报名的学生，不管学生多少，他都会如期开班，绝不会打退堂鼓。这一点，是必需要做到的。可是事与愿违，自从开班的那一天起，就下起了雨，而且一下就是一个星期，真是天公不作美啊！想来参加的学员可能会因为下雨天改变主意。尽管如此，那个暑假班在开课后的一周内，仍然有几个来补报名的学员，这算是给了他一个小小的安慰。

那一年的暑假，能够开班实属不易。虽然开班的收入和工作付出完全不成比例，但他心里很满足，觉得能开起来就不错了，他特别感谢那些参与和支持孩子来学棋的家长。

开课的那一天，泰州电视台《新闻夜班车》记者刘锋冒雨前来采访，采访稿当晚即在电视新闻中播出。这是贾玉宏回到泰州重新起步后，泰州电视台《新闻夜班车》栏目帮他吹响的第一声号角。

二、泰山公园促销，外地游客成亮点

从北京回到泰州的第一个暑假顺利结束了，没有太大的惊喜。时隔一年再招生，能够开起来，真的很不易了！尽管新生收费上调至220元，但是为了积攒人气，对老生只是象征性地收了一点费用，因此，付出和收入不成比例。

到了9月，新学期学校开学了。贾玉宏由于喉咙和颈椎等部位持续不适，无心再宣传招生，他将精力放到了棋具销售上，而周六日的兴趣班也只能暂时停止了。

在棋具销售上，他将重点放在大学校园，在江苏牧院弟子郑晓东的指引下，来到江苏牧院新校区考察了一番。看到宿舍区每天上学前和放学后，人来人往，学生密集出入，他动了心，决定将棋具摆放到宿舍区内的一家小超市里售卖，由郑晓东负责宣传。这样做，主要还是想试试效果，如果可行，可以按此模式复制进入其他大学校园。一副棋的价格只有十几元钱，相对进班学棋的两百多元，可能会让爱好者更容易接受，让更多的人来参与学习，了解和熟悉足球棋。这个想法是不错，比招生宣传要轻松一些，在经历了暑假班招生后，贾玉宏确实灰心了。家长们对足球棋非常漠视、冷落，任你说哑了喉咙，也不为所动。他们宁可将钱花在其他高昂的传统项目上，也不愿意接收性价比更高的实效项目，也许这就是虚荣心在作怪吧。

如果江苏牧院的销售模式成功了，可以转换成多种销售形式，将棋具放到各大中专院校内的超市或者文化用品店售卖，这种推广的实效性也较好。加上在泰州有新闻媒体助力，应该能产生效益，这样自己可以在棋具自学的方式方法上多下功夫了。

想得挺好的，可是实际效果却不如人意，在江苏牧院宿舍区销售了十几天后，也只是卖出了 17 副棋具。这和贾玉宏预想的相差太远了！

大学校园试销不理想，那就再试试小学生这一块。尽管之前在泰州和北京都做过这样的试销，但是随着足球棋的发展和完善，以及人们生活水平的逐步提升，大家对于新事物的态度还是有变化的，说不定奇迹真的会出现。他坚信在不断探索市场，融入市场的努力下，一定会有成效。

临近 10 月 1 日黄金假期，贾玉宏决定到泰州城区内人流量较大的泰山公园进行现场促销活动。经申请获得了公园管理方支持，并安排一处人员流动相对集中的地方作为促销宣传点。同时他也做了现场宣传的图文广告，一切准备就绪。10 月 1 日当天，他将棋具、桌椅和广告等物品带到促销点。他的助手陈锦全和大学生弟子郑晓东、陆琴，以及泰州师专的大学生郁静等也来到现场义务帮助宣传销售，“团队”规模算是不小了。

每年 10 月 1 日小长假期间，泰山公园是游人最多的地方，本地的、外地的都会聚集在此。贾玉宏的想法是这个时间段在这里搞促销，成功了很正常，不成功，那就能说明问题了。可现实是残酷的，3 天宣传结束后，他又遭受了当头一棒。25 元特价售卖的两用棋和 15 元的专用棋，3 天内总共才卖出了不到 30 副，这和他预想的相差实在太多了！非常失落。

看到许多孩子想买，家长不同意，有的孩子又吵又闹就是要买，也被家长无情地拒绝了。家长们似乎统一了口径：你不会下，买了有什么用！

不过在购棋者中也出现了一个小插曲，有两名游客各买了一副两用棋，本来 25 元就是促销价，但他们坚持还价，先是还到 15 元，后在贾玉宏坚决拒绝后，把价格一路上升到了 24 元。感觉到他们是真心想买，但是为了 1 元钱，磨了好长时间。后来得知他们是从外地来的，贾玉宏没再“较真”，也就“妥协”了，最后他们还索要了签名。对此，贾玉宏觉得还价很正常，双方也都不会在乎这 1 元钱，这是在找心理平衡。就如同是在做一场经商小游戏，还价是游戏中的内容。事后想想，推销产品还真是挺有趣的。

那段时间，贾玉宏陷入了深深的思考之中。他常常在想，这样做到底值不值？招生方面难度大，棋具销售也难以成量，家长们对于新生事物接受度不高，怎么办？

那时中央电视台有一档节目叫《财富故事会》，贾玉宏每期必看，只有在看这档节目时，他的心里才能找到一丝平衡。那么多通过艰苦拼搏最后取得成功的人的故事让他产生了共鸣，这又给了他坚定的信心，找到继续走下去的理由。思来想去，他决定在泰州成立一家独立的足球棋培训中心，以此来确定足球棋的地位，获得家长们的认可。

三、足球峰棋基地

之前开展培训教学，贾玉宏是挂靠在合作伙伴的培训机构名下，尽管对方没有收取依附资金，但是这种合作形式并没有取得实效。想到成立独立的培训机构，他的心里豁然开朗，觉得只要迈出这一步，说不定可以找到推广足球棋的突破口。

2007年暑假过后，贾玉宏决定将足球棋更名为“足球峰棋”，同时，他想正好借用这段空闲时间来申请成立“足球峰棋培训中心”。于是他来到相关部门咨询办理手续，工作人员告诉他，得先到某部门申请，获得批示后，再来办理。

这也不是什么难事，某部门的有关领导是了解足球棋的。他立刻前往咨询申请，分管领导是他的老熟人，本以为这事一说就成，没想到，他刚刚说明情况，就被这位领导批了一通。其中最直接的一句话让贾玉宏感觉到犹如一盆冷水从头浇到脚，走也不是，不走也不是，尴尬至极。他只能耐着性子说明自己的思路和想法，这位领导才渐渐平静下来，说了句：“你先拿出方案和申报材料，这事由另外一位领导负责签发。”

听了这位领导的一番训斥后，获得了这样的一句话，他立刻借机逃出了办公室。

吃了一记闷棍，完全没有想到，原来这事不归他负责。另外一名领导，贾玉宏也熟悉，有电话号码，于是他将电话打了过去，但对方表示正在外地出差。几日后再打，得知对方已经回来了，只是因为身体原因，近期不能上班，让他还是去找之前的那位领导审批。

这样的答复，如同“踢皮球”。他没有信心了，这时他想到了时任泰州市足球协会秘书长姚家眠。那时泰州市的每一届足球棋比赛，都是由这家足球协会主办的。

姚秘书长是个大朋友，热心人。足球棋上市后，得到他的认可，他将这项能够普及足球知识，促进大众参与足球运动的棋类项目视为自己工作分内的事，对足球棋普及推广中的事务也是全力支持。贾玉宏在足球棋推广中遇到的事，只要他能帮上忙的，他都会尽力帮助，从不回避。

贾玉宏想到，可以到姚秘书长那里商谈将足球峰棋纳入足球协会，挂靠足球协会成立“足球峰棋培训基地”，然后开展普及推广教学，不也是可以吗！这样申请的话，可以省掉许多环节。况且足球峰棋的背景就是足球运动，用弈棋的方法助力足球运动的普及，提升大众对足球运动的关注，有锦上添花之妙。

他当机立断，来到足球协会姚秘书长的办公室说明想法。姚秘书长是个爽直的人，觉得是好事，当即就同意了。在提交了“足球峰棋基地”申请材料后，姚秘书长特事特办，仅两天时间，就审核通过并下发了文件，“足球峰棋基地”正式成为足球协会的一员。加入足球协会，姚秘书长没有收取任何依附费用，这是实实在在的支持。自此，“足球峰棋基地”正式成立了，这之后的推广就方便多了。

足球棋正式更名为“足球峰棋”，并顺利成立了“足球峰棋基地”，为了完美诠释足球峰棋的价值，贾玉宏用了很多时间设计了级位证书，即“峰级证书”。今后可根据学员学习时间的长短、棋艺水平的高低，来评定级位。

初期级位暂定为七级，从初峰（一级）开始向上，分别为初峰、二峰、三峰、四峰、五峰、六峰、奇峰（七峰）。最高级位“奇峰”意即登上高峰，创造奇迹的意思。四年之后，在泰州市高港区时任文化馆馆长孙长奋的建议下，为了和其他考级类项目接轨，足球峰棋最高级位提升至十级（奇峰级）。

贾玉宏设计草拟了“峰级证书”后，泰州师专的郁静请来了她的同学宋娟娟帮助指导设计证书样本。宋娟娟是做平面设计的，她结合网上其他证书的样本，根据贾玉宏的设计要求做出了一个相对独立的级位证书样稿。在设计过程中，贾玉宏跟着学习操作，学会了简易设计步骤。自此，他利用闲暇时间，将弟子们的照片剪贴到证书中，制作完成了第一版“峰级证书”。

后来，在多年的推广过程中，贾玉宏对证书又进行了多次调整和完善，使得“峰级证书”更具特色，与众不同。

一切就绪后，“足球棋”更名为“足球峰棋”，开启了新的征程。贾玉宏又和泰州机电高等职业技术学校合作成立了“足球峰棋合作基地”。

基地挂牌时，足球协会的姚家眠秘书长亲自来到学校和校长共同揭牌。足球峰棋基地的成立在泰州引起了轰动，泰州市电视台各栏目，以及报纸等媒体纷纷到场采访报道。其中《新闻夜班车》栏目更是持续进行了跟踪报道。

贾玉宏信心大增，他决定借此时机，再次联系学校，走进校园进行义务教学推广。

四、秋学期终于开班了

“足球峰棋基地”成立时，贾玉宏并没有举行什么仪式，泰州电视台和报纸等媒体做了采访报道，算是对“足球峰棋基地”的成立做了见证。

这时已是 2007 年 10 月了。国庆节一过，贾玉宏来到某小学向校长申请足球峰棋进校园开展普及推广一事。这位校长之前和他有过接触和合作，对足球峰棋比较了解，也对他的执着精神给予肯定。因此，一说就成了，对于贾玉宏义务来学校开展棋类教学，给学生们带来知识和智慧，这位校长还表示了感谢，当即安排学校体育组负责老师排定课程表。

10 月 15 日那天，贾玉宏首次走进这所小学义务开展足球峰棋普及教学。课上有体育老师跟班协助，足球峰棋独特的踢球方法一下子就吸引住了学生们。他们积极回答问题，参与互动，只用了一节课的时间，就对足球峰棋的对局方法有了初步了解。

从一年级上到四年级，由于班级多，每天排的课也较多，最多的时候一天上到五节课。真的挺累的，但是看到学生们徜徉在足球峰棋的世界里，开心快乐的样子，贾玉宏所有的疲劳都烟消云散，有了一种成功的喜悦。

到学校义务开展普及教学，因为时间有限，短时间内不可能兼顾所有校区。为了让更多的学生喜欢上足球峰棋，参与到学习中，提高技能，贾玉宏利用上学前和放学后的时间到各所学校门口进行现场宣传和招生，只是象征性地收取费用，还免费送棋具。

这个学期的招生有点晚了，到了 10 月底许多孩子都选好了其他课外学习的项目。此时招生报名，无疑是一件很难的事。

报名学生的并不多，这在意料之中。尽管学生们对足球峰棋很着迷，可在这么短的时间内，足球峰棋并没有得到家长们的认可。除了以前学过的老生积极报名外，报名的新生并不多。为了这学期兴趣班能够正常运转起来，贾玉宏又连续一周到市区某名校校外进行了宣传招生。

这所学校没有开展过足球峰棋课，学生和家长都不熟悉。当足球峰棋摆在他们面前时，大家都充满了好奇，纷纷围拢上来，问这问那的。有的学生趁午间休息时间早早来到校门前现场学棋，让贾玉宏很是开心。尽管有时候连午饭时间都被占用了，但他仍然坚持不停歇地做宣传，回答学生和家长们的每一个问题。

功夫不负有心人，从周二到周五连续宣传了四天，就在最后一天，这所学校一下子就有 6 名学生报了名，这是他完全没有想到的。前三天家长们是在咨询和了解，没有人报名。虽然感到尴尬，但贾玉宏坚持了下来，终于在最后一天开花结果了，而且除了现场报名的 6 人以外，还有多人登记了信息，但是没有现场交费。对于这一部分人，他并不放在心上，根据以往的经验，这些人最后来报名的可能性比较小。

在这所学校校外宣传招生时，有一位家长很爽气，她最后一天才注意到足球峰棋的宣传，当即在现场交费报了名。还说他们在电视上看到过足球峰棋的新闻报道，孩子比较感兴趣，早就想报名参加了，应该早点来这里宣传。

经过宣传，城区内多所小学都有学生报名，其中老生居多，可能是因为这些家长已经熟悉了足球峰棋，他们再次报名也就没有犹豫。

11 月初的周六日，秋学期兴趣班在停了 3 个月后终于开课了。这次开班学员人数要多于先前的暑假班，费用虽然有所提高，但是算下来仍然没有太多结余。也许在旁人看来，足球峰棋人气挺足的，收益一定不会少！其实这都是虚的，若是按正常收费，那这样的人数还是能盈利的，可实际所收是有限的。对于贾玉宏来说，不论收益多少，能够在这样困难的情况下开起班来，其实就是对他努力拼搏最好的回报。

五、足球峰棋战队

自 2007 年 6 月中旬回到泰州后，贾玉宏相继组织了暑假班和秋季班以及 2008 年春节前的寒假班。足球峰棋的推广一直没有停歇，兴趣班也跌跌撞撞地开着，看上去人气挺足，可实际上根本就没有盈利。再加上家庭生活中柴米油盐、衣食住行等方面的开支，收支无法平衡，家里的积蓄也一天天减少。

学员多了，按理说收入也会多一些。贾玉宏也想多收一些费用来解决家庭生活上的开支，可现实不允许。那个时期，尽管新闻媒体的宣传报道铺天盖地，看上去他很风光，可家长们并不买账，他们还没有完全认可足球峰棋，收费高了，他们就会转身去报其他项目的兴趣班；收费低了，他们本着只要孩子喜欢，学着玩玩而已的心态还能参加。还有的家长是因为孩子在家没有人带，送来就当作陪护孩子而已。

在这样的情况下，新生报名人数还是不如人意，也许不收费才好呢！贾玉宏也尽可能地发动老生来继续学棋提高，一是为了增加人气，二是为了带动一些新生学棋的积极性；另外一层想法就是，要让他们在每年计划的比赛中“挑大梁”。因此，在 2008 年春季班之前，老生来学棋只是象征性收费，每学期仅靠新生费用来维持生计。这样就形成了恶性循环，生活越来越艰苦。时至 2008 年春季班招生，贾玉宏不得不调整战略。在面对小学生培训这一块，老生也提高了费用额度，但是和新生相比还是优惠一些。实施过程中，有一些老生家长比较理解，能够足额缴费，而有的家长则选择了退出。贾玉宏的心里是很矛盾的，他舍不得其中有些好学生因为费用而放弃继续提高，但为了生计，也只能随其自愿了。

除了在小学生中开展推广教学外，贾玉宏一直在思考足球峰棋到底是适合小学生群体还是大中专院校的大学生，这个问题一直困扰着他。小学生们对于新生事物好奇心重，加上聪明好学，接受足球峰棋的实际效果是得到验证了的，但是许多家长不够重视，也不支持，更不愿意在足球峰棋的学习上进行投资。大中专院校的学生生活基本是独立的，可自主选择喜好，有些事是不需要家长过问的。在他们中间推广，不求学习费用，只要在参与的人气和棋具销售上有所突破，也是具有实效的普及推广。不论他们棋艺水平怎样，只要能下能玩，能在同学们之间传播，达到这一步，可以说就是成功的。

在大学生中推广足球峰棋是贾玉宏的一个目标。在这之前，他除了在机电高职校和技师学院开展推广外，也曾去泰州职业技术学院尝试过，尽管那次很失败，但他一直觉得是组织方组织不力和自己经验不足造成的，一所学院不能代表其他的大学。有了这个想法和目标，他决定再试一试。

2008 年春节后，他决定利用春学期时间进入泰州市区内的各所大中专院校开展普及教学。为此，他做了周密计划，首先要确保机电高职校这唯一一个合作基地的教学，此外他又联系了泰州技师学院和泰州第二职业高级中学（以下简称二职中）。在宣传和组织学生参加足球峰棋学习这方面，机电高职校无疑是力度最大的，这学期直接安排了 3 个班级，近 150 名学生，每周二下午第三节课在阶梯教室内上足球峰棋课。这是一个非常大的挑战，也满含校方对贾玉宏的信任和对足球峰棋的重视。

之前没有在二职中开展过足球峰棋推广课，这学期开始时才接洽。校领导看到机电高职校开展推广的效果后，决定引进并安排团委指派专人负责开班事务。团委书记非常重视，安排了一个班的学生作为足球峰棋社团专班，时间定在了星期三下午第三节课。

在泰州技师学院开班，也再次得到了校领导的支持。因为 2004 年在这里开展过足球棋活动，学校领导对此并不陌生，因此，这次一说就成了。学校团委将社团报名表下发到各班级，由学生们自愿选择报名。仅一周时间，就有 40 余人报名参加。在开学后的第二周，就开始上课了，一切都很顺利。在短短的两周时间内，这三所职业学校分别组成了自己的足球峰棋“战队”，以社团课方式开展普及教学。一周内它们各占用了一个下午，而仅剩的两天下午时间就可以安排在其他大学校园了。

到其他大学联系组队就不那么容易了。大学生们生活独立，比较自由，课余时间大多自行安排，学校一般不能统一安排。他们的年级、专业不同，平时的课程及时间安排也不同，组织他们学棋相对职业学校就难得多了。

那时候泰州城区内的大学屈指可数，包括泰州职业技术学院、泰州师范高等专科学校（以下简称泰州师专）、江苏牧院、南京师范大学泰州学院（以下简称泰州南师大）、南京理工大学泰州科技学院（以下简称泰州南理工）。这几所大学分布在东面城郊结合处，各所学校之间相距并不远。贾玉宏骑着摩托车，一所接一所地商谈，协商组队开班事宜。由于每所学校校风和管理不同，也决定了组队开班的快慢和难度不同。这些对于贾玉宏来说都不是问题，只要自己坚定信心，想要做的事那就一定要做好做成。

一路走下来挺顺利的。这几所学校的分管领导都热情接待了贾玉宏，对于他到大学校园义务开展足球峰棋普及教学均表示欢迎，并通知学生会或社团协调组队事宜。

首先是泰州南理工，由社团王刚带队组成的 8 人“战队”开班教学；而后江苏牧院的社团也组成了 20 多人的“战队”；紧接着泰州南师大和泰州师专也顺利组队开班。泰州南师大有近 20 人组队参加，而泰州师专联合电大校区也组成了 20 多人成立“战队”。至此，泰州南理工、泰州南师大、江苏牧院、泰州师专都成功组成了足球峰棋“战队”，开始了学习和训练。遗憾的是泰州职业技术学院仍然没有组建成队伍。这并不是学校领导不支持，而是组队通知下发后，没有认真落实，也许这就是这所大学的风格和独特之处。其实泰州职业技术学院是贾玉宏最早进行推广的一所大学，早在 2004 年下半年，他就已经进入这所大学开讲座。可那次讲座很尴尬，可以说整个活动组织是失败的。贾玉宏不甘心，后来又多次联系该校团委，想请学生会来组织开展讲座，但均失败了。这件事成了他心中的一个谜，至今难解。

除泰州职业技术学院外，其他几所大学都先后开课了，再加上三所职业学校固定的社团课，所有学校的足球峰棋“战队”教学工作都由贾玉宏一个人承担。为了错开时间到各所学校上课，他每天下午不停歇地奔波于各所大学和职业学校之间，很是辛苦。特别是星期四,一个下午连带晚上分别要到三所大学上课，几乎是将每所学校的上课时间紧密连在了一起，以至于他上完课后，常常误以为是在同一所学校上的课。

四所大学、三所职校同时开展普及教学，周内每天都要按时前往上课，贾玉宏辛苦并快乐着！

在各大中专院校开展推广教学时贾玉宏发现，凡是由社团组织，自愿报名参加的学员，学得都不错，都能掌握基本的对局方法，能够自由发挥和对弈，同时也能促进社团内学员积极向上，互相交流切磋，提升棋艺。而学校安排的班级集体学习，效果差一些，这里有喜欢下棋的，也有不喜欢的，因此很难形成统一的学棋氛围。对于在大学生当中推广足球峰棋，贾玉宏的心态也有一定的调整，他希望班级里的每一位学生都能听懂，都能学会，不希望有滥竽充数的学生掺杂其中。其实他的要求并不高，只要学会下棋就可以了。而提高技能需要努力思考和勤加练习，那是一小部分人的事。但实际教学中，有的学生根本做不到，不是因为智商低，而是不用心。

在各学校开展普及教学，贾玉宏是没有多少经济收入的，因为都是义务教学。真正的收益是通过青少年学生的参与和学习，进一步验证并提高足球峰棋的科学性和完整性，提升足球峰棋的科技含量，突出推广普及的价值和意义。虽然没有经济收入，但间接收获了这样的成功，在贾玉宏看来，值了！

六、“与奥运同行”青少年足球峰棋对抗赛

足球峰棋自2004年初上市后，在当年年底即成功举办了一次比赛，而后在2005—2006年间又分别举办了四次。2007年从北京返回泰州后，面对离开泰州一年所带来的各种不利局面，贾玉宏每日不停歇地到处奔波，忙于推广，一直无暇顾及比赛的事。在经过了一年的努力后，足球峰棋的人气有所回升，中小学生参与学棋的渐渐多了起来，加上市区内各大中专院校组队开课，举办比赛的念头重新燃起。

2008年，贾玉宏举办比赛已经不缺参赛棋手了，轻轻松松就能组织百人以上规模的比赛。那时唯独缺少比赛经费，没有经费，一切都无从谈起。那段时间，他在销售棋具和招收学员开班教学上都没有盈利，推广过程中的投资大多用的是家里的积蓄，而每一次的比赛费用只能靠拉赞助解决。

拉赞助并不容易，足球峰棋作为一项新的棋种，知名度并不高，还没有为大众所普遍接受，许多公司还不太愿意赞助这项比赛。如果自备资金比赛，贾玉宏力不从心，比赛收的报名费也是象征性的，每人只有20元，远远不够支

付比赛所需的各项费用。不举办比赛又不行，因为比赛也是推广中的一个重要环节，没有比赛就没有动力，推广效果就会大打折扣。

为了拉到赞助，他每次都要投入大量时间和精力。就拿前几次比赛来说，他跑过的单位有 20 多家，多数没有谈成。其中，超市冠名比赛谈成了两家，一是首届“世纪联华杯”比赛；二是 2006 年“世界杯”期间的“易初莲花杯”比赛，而易初莲花超市赞助的这次比赛是为了迎合“世界杯”而做的活动，还是他们主动联系贾玉宏冠名赞助的。

对于足球峰棋这项在学生中普及推广的新棋种，电信运营商的合作兴趣更浓一些，他们也需要这样的活动为公司助力宣传。因此在 2005 年和 2006 年，经过贾玉宏主动联系商谈，联通公司两次冠名赞助比赛。

每一次比赛，从拉赞助到策划组织，再到协调场地和比赛安排等，所有的事务他都亲力亲为，艰难和辛苦程度可想而知。虽然付出了很多，但积累了很多经验，他觉得值了！

2008 年是中国奥运年，在间隔一年后借奥运会契机再办一次足球峰棋比赛，对贾玉宏来说有非常重要的意义。因为这次比赛有大学生参赛，涉及大学校园市场，他在赞助商选择上，还是倾向于本地的电信运营商。在主动上门商谈时，其中一家公司直接就回绝了，他们对于校园市场宣传并不看重，公司领导也没有这样的合作意识，而联通公司和另外一家电信运营商有赞助意向。这两家公司长期分享大学生市场的利益，在得知这次比赛后，他们都有意合作。

贾玉宏策划的这次足球峰棋比赛时间定在 5 月 31 日和 6 月 1 日。为了迎合赞助方以便获得合作机会，比赛地点可根据赞助方需要定在市区内任何一处适合他们宣传的地方。

为了这次比赛能够如期举行，贾玉宏提前一个多月就开始物色和联系赞助方。在确定联通公司和另一家公司都有赞助意向后，他“脚踏两只船”，分别前去商谈。两家公司也都很“狡猾”，他们在各所大学都有“内线”，早就暗暗地了解了足球峰棋这一年来在各大中专院校的活动情况。因此，他们都有意向合作，却又都不慌不忙，迟迟不做最终拍板，只是提出这样或那样的条件。

不管怎样，与两家实力型公司继续商谈，也就增加了希望，一切都在往好的方向走。

关于场地问题，两家公司按照各自所需，做出了选择。贾玉宏本来觉得这不是难事，不就是和学校联系沟通一下嘛！他很自信，学校一定会再次支持他的。可实际联系后才知道，两家公司分别选择的赛场都是各自不好进入的，原因是他们为了保证各自的市场利益，会选择学校常年赞助一些活动，在赞助协议上都设置了一些排他性的限制条款。

比赛时间一天天临近，对于最为关键的赛场问题，赞助方迟迟无法确定。最后时刻，还是联通公司做出了让步，表示场地可以设在大学校园的外面，通过共同选择，最后定在了江苏牧院（南校区）生活区外面。自此，终于敲定了合作方。而贾玉宏也毫不犹豫地立刻取消了与另一家公司的合作商谈。

确定了比赛赞助方，贾玉宏开始进行比赛细节策划。在各所大学极力宣传“联通杯”足球峰棋比赛事宜，发放宣传单并在各所学校内设立宣传牌等，这算是对联通公司赞助的一种回报。

联通公司尽管没有另一家公司那样财大气粗，但他们的市场运营更为人性化，在大众中有着良好的口碑。对于社会上的一些有意义的活动，他们都会伸出援手。就拿足球峰棋比赛来说，加上这一次的赞助合作，已经是第三次了。足球峰棋能走到今天，离不开他们在那个时期的慷慨解囊。贾玉宏一直铭记在心，感恩不忘。

确定由联通公司赞助后，贾玉宏又与可口可乐公司达成合作协办。可口可乐公司赞助了两天比赛的全部饮料，并提供了户外比赛的伞具等物品，这也是一次了不起的支持。

举办户外比赛，需要办理占道手续。对此，泰州市城管局特事特办，也给予了最大支持。赛前的各项准备工作贾玉宏一个人全包了，因为有多次举办比赛的经验，他忙而不乱。只是一人做了很多人的事情，身体无疑承受了巨大的挑战。

5月31日至6月1日（周六日）比赛如期举行，历时两天，分大学生组和中小学生组，参加比赛的总人数超过了100人。最终江苏牧院朱加刚夺得大学生组比赛冠军，泰州南理工学院项彬彬获得亚军。中小学生组的冠军被高港区环溪小学的刘玉堂夺得，这也是他继上届“易初莲花杯”比赛夺冠后，第二次捧起冠军奖杯；亚军获得者是来自海陵区城东中心小学鼓楼路校区的赵振阳。

那届比赛非常成功，场面宏大，青少年学生齐聚江苏牧院，上演了精彩的足球峰棋“大戏”。现场更是吸引了众多好奇的大学生观看，尽管多数学生看不懂，但是看到棋手们你来我往的精彩智斗场面，驻足忘返。

为了这次比赛，贾玉宏足足准备了大半年时间，走东闯西，风里来雨里去，不知疲倦地工作着。尽管没有多少经济回报，但是进一步验证了足球峰棋的合理性和科学性。

对此，泰州电视台《新闻夜班车》栏目进行了跟踪报道，《泰州晚报》《泰州日报》也随机对比赛进行了新闻采访报道。泰州电视台知名主持人小柏在了解了贾玉宏推广足球棋的故事后，特意赶制了一期《凤城茶馆》。这是一档地方色彩浓厚的节目，用泰州话来说新闻。他对贾玉宏进行了采访，以“棋疯子老贾”为题做了一期节目，播出后引起轰动。节目中，他从观众的角度用泰州话讲述了贾玉宏痴迷发明创造，在没有经济回报的情况下，仍然坚持推广足球棋的小故事。

比赛结束了，贾玉宏也累倒了。接下来，他将面临新的挑战和巨大的压力，前进的方向无尽头，这样下去，他不知自己是否还能撑得住。这时他的脑海里瞬间闪现出一个念头：是时候创造收益了。

七、“铁杆粉丝”

泰州市某小学校门外有一家文化用品店，是黄雨阳妈妈开的。2007 年，贾玉宏从北京回到泰州后，有一次在这所小学门前摆摊招生，引起了黄雨阳外婆的注意。当时摊位旁设置了宣传广告牌，他的外婆反复看了多次。

那一段时间，放学后，只要贾玉宏在现场宣传，黄雨阳就会来到他的摊位前试着下棋，很是着迷。在连续三天早、中、晚宣传结束的时候，黄雨阳兴奋地跑来说“外婆同意报名了”。看着他开心的样子，贾玉宏也很高兴，这是一个非常聪明好学的学生，在三天宣传的时间，他已经学会了足球峰棋的基本下法，能够简单对局了。

他的外婆来到摊位前，拿出厚厚的一叠零钱，数给贾玉宏，不多不少，正好 220 元，很震撼！后来在和黄雨阳聊天时得知，他的妈妈对足球峰棋不了解，不支持他报名，在和外婆商量后，外婆拿出自己省下来的零钱给他报了名。

其实黄雨阳家里不差钱，在校门前开了店，由外婆看店，吃住都在店里。妈妈除了上学前和放学后在店里售卖货物外，其他时间还要去进货，或者去做别的事务，店铺基本都是由他外婆照看。

黄雨阳的外婆已经年过六旬，是外地人，她的方言很重，很难听得懂。在和她交流时，贾玉宏只能靠判断交流，即使有时听得模糊，也会配合着点头。多次交往后贾玉宏发现，她是个有才华的人，思维较快，对于新生事物接受能力强，不古板。就拿足球峰棋来说，她是全力支持外孙学习的。不仅如此，她特别佩服贾玉宏发明了足球峰棋，成了地道的足球峰棋“粉丝”。自从认识了贾玉宏后，每次宣传招生时，她都会主动帮忙收放展牌，还经常将展牌置于店门口，向家长们推介。

老太太喜爱足球峰棋也是受到了外孙黄雨阳的影响。黄雨阳对足球峰棋格外着迷，在培训班中属于领跑者。老太太还经常购买棋具，在回老家时，作为礼物送给亲戚和朋友家的孩子。她还批发了一些足球峰棋棋具放到店里进行销售，为足球峰棋推广助力。

黄雨阳学棋天赋较高，但也不失小孩子的顽皮天性。贾玉宏和他外婆熟识后，他便成了兴趣班的常客，从一年级开始学棋，一直学到六年级毕业，从没有间断过。因为他妈妈和外婆每天忙于店里事务，没时间接送，每次来上课都是贾玉宏顺便接送，而且每次下午来学棋都要连续上两个班的课，一直到下午课程全部结束。连续重复听课，他难免会产生浮躁情绪，尤其在面对初学的新生时，他会抢话或捣乱，影响正常上课。为此，贾玉宏有些恼火，但是感恩他外婆的帮助，又不便明说，有苦说不出。

有一次在距家一公里以外的新教室上课，到了下午第二个班的课，黄雨阳不时抢话和捣乱。好言说他就是不听，贾玉宏非常生气地对他吼了一嗓子，结果黄雨阳哭着跑了出去。这可苦了贾玉宏，这边还有新生在上课，想出去找他，又不放心教室里的孩子；不出去找，又不知道他会跑哪里去。这时天色已晚，出了问题可怎么办！贾玉宏几乎要崩溃了，他让儿子贾奇峰在教室陪学生下棋，立刻追了出去，这时黄雨阳已不见了踪影。这可把他整惨了，回到教室赶紧打电话给黄雨阳的外婆说明情况。之后，他的妈妈在离他家不远的社区活动广场找到了他，他正若无其事地和其他孩子在玩呢。

黄雨阳来学棋，除了刚开始交了几学期学费外，后来贾玉宏基本就不好意思收学费了，他的外婆也极尽所能地帮助贾玉宏宣传招生。

黄雨阳的外婆是个性情中人，敢说敢做，她极宠爱自己的外孙，看不得外孙吃半点亏。她曾在黄雨阳参加足球峰棋比赛时三次当众发火：第一次是在江苏牧院的青少年比赛中，黄雨阳输给了年龄比他大的高年级学生，被淘汰出局，这位老太太当时就提出质疑，说是不应该让高年级和低年级一起比赛，应该分组别才公平。对此，贾玉宏哭笑不得，足球峰棋起步才几年时间，还不具备分组别比赛的条件，这种比赛其实是以学习和锻炼为主。她的这种要求过高了，当然，家长的心情也是可以理解的。

第二次是在一场擂台赛上，黄雨阳因为一场失败，而没有获得“擂主”称号，比赛期间牵涉到别人干扰。他的妈妈和外婆在旁观看时，觉得自己孩子吃亏了，便大发牢骚，还一度将矛头指向了贾玉宏，并和贾玉宏的家人发生了言语冲突，干扰了比赛的正常进行。对此，贾玉宏很是无奈，为了比赛能顺利进行，只得临时改变赛制，增加了一个“擂主”名额给他，才算了事。

第三次是在高港区的一次比赛中，比赛还有一轮就结束了，此时黄雨阳已经胜券在握。在比赛间歇时间，电视台做新闻采访报道，要求找一位棋手谈谈感想，贾玉宏就随便叫来另一位棋手接受采访。这个举动惹恼了黄雨阳的外婆，她当即发火了，在众目睽睽之下质问贾玉宏为什么不采访黄雨阳，因为黄雨阳才是冠军。比赛还没有结束，此时谈谁是冠军为时尚早，但她全然不顾周边投来的异样目光，说个不停，当着众多家长的面责怪贾玉宏。贾玉宏一再解释，比赛还没有结束，这不是采访夺冠棋手。

无论贾玉宏怎样解释，周围人怎样劝说，老太太就是不服气。贾玉宏没有办法，为了能够顺利地结束这一届比赛，他和记者进行了协商，又增加了一个采访名额，这事才过去。后来播放新闻时，增加的采访并没有播出，而是根据片长需求剪掉了。

这三段插曲足以体现老太太张扬的个性，她很爱外孙，同样也深爱着足球峰棋。但这三次看似不和谐的插曲，并没影响她一如既往地支持足球峰棋的推广。

八、足球峰棋来到了郊外

贾玉宏在企业工作期间做销售，经常出差在外，闲暇时会到当地景区游玩，在景区会看到一些旅游商品，游客们会有选择地购买。而在众多旅游商品中，能够体现当地特色的商品尤其受欢迎。

2006—2007 年，贾玉宏在北京推广足球棋的一年里，也在北京的各大景区看到了来自全国各地的特色旅游商品。那时，他就萌生了将足球棋当作旅游商品来推广的念头。这只是个想法，实际操作起来又觉得很难，面对这样一项还不为人们所熟识的新棋种，怎样才能调动人们购买的欲望呢？仅靠“足球”两个字就想形成销路，显然不可能。

棋类用品不同于买来就能用的玩具，棋是需要动脑思考，必须学会才能玩的益智游戏。许多人只看说明不一定会玩，只有去尝试，多练习，才能掌握其中的技法和乐趣。这一点大家都知道，而要做到就不容易了。

足球峰棋是和围棋、象棋、国际象棋、国际跳棋等传统棋类似的智力运动项目，这在推广的几年中已经得到了验证。随着科学技术的高速发展，以及电脑和手机的普及，人们渐渐形成了网络娱乐的习惯。对于新棋种，中青年以上的人们能主动学习的可能性不大。现在足球峰棋面对的只能是青少年学生，从他们开始学起，一批又一批地传下去。

想到走旅游商品的路子，这种思考和策划早已在贾玉宏脑海中形成，他希望足球峰棋以旅游产品的“身份”走到大众中去。他一直坚信，足球运动是世界第一大体育运动，影响力大，关注者众多，将足球峰棋打造成旅游产品放在人流量大的景区商店内，一定会让一些足球爱好者眼前一亮。如果能以此促进人们接触和购买，就有可能形成一种持久的推广方式。

前文中提到过，从北京回来后，贾玉宏曾利用国庆节假期在泰山公园做了一次现场促销活动。那次活动并没有达到预期目标，倒是外地游客成了活动亮点。一般游客来到外地，会探究当地的人文文化，对当地的特色文化会有兴趣，带个当地的纪念品回家是很有意义的。

因此，贾玉宏一直在策划走旅游推广的路子。走这条路首选的当然是本地的旅游业，因为经过几年的推广，足球峰棋在泰州有了一定的影响力，加上各新闻媒体的持续关注和报道，已经成为泰州最具有特色的一种发明创造。

想到了旅游商品，自然就想到了旅游主管部门。其实在计划去旅游主管部门之前，他已经到一些旅游景区“踩过点”，但在试探性商谈后结果并不如意。他觉得还是找上级主管部门商谈合作开发，统一管理比较好。

足球峰棋从2004年初上市以来，贾玉宏投入了大量的时间和精力，付出和收益不平衡，他已经感觉到力不从心。找旅游主管部门合作，希望主管部门能以自身的平台资源，找一家投资方共同开发并将足球峰棋推向旅游商品市场。他可以以知识产权投入的方式合作，这样自己就可以全面而专心地进行策划和推广了。

这样的合作看上去挺诱人的。于是他通过电话联系了主管部门的一位领导，并预约前去商谈。

这位领导人比较随和，没有架子。在贾玉宏来之前，他对足球峰棋似乎已有所了解，因此当贾玉宏简单介绍完推广进展后，他将自己的想法说了出来，他认为想要让大众快速接受足球峰棋，不应该走正规益智棋的推广路子，应该向游戏棋类的方向发展并推广，只有从娱乐的角度去开发，才会有希望，他还列举了许多实例来证明他的观点。贾玉宏觉得有一定的道理，却不完全赞同，他认为一种棋的生命力，完全体现在价值上，而娱乐棋时效性比较强，不会永久传播下去。足球峰棋是经过多年创造，一步步试验、改进和完善后才成型的。将它说成娱乐棋，就能成为抢手棋吗？显然不现实。因为规则是死的，要想正确合理对局，必须按规则走棋，否则就似是而非了。

对于这个建议，贾玉宏并不是完全否定。走纯游戏娱乐棋的路子，可能会立竿见影，但不适合独立、完整、永久地传承下去。就足球峰棋而言，改变规则或简化规则并不合适。不过，根据这位领导的建议，他后来做出了几套调整方案，在不改动原有的棋盘、棋子和规则的情况下，重新设定了两套附加的游戏规则，不求合理，只要有趣。

这位领导给出的第二个建议是，目前的推广方向是错误的，不应该在城区内推广，应该向郊外农村等略为偏僻的地带推广。所谓“农村包围城市”，就是先在农村推广普及，成功后，再返回到城市发展，会有事半功倍的效果。

虽不尽然，但是贾玉宏也不得不赞同他的观点。在去北京之前，央视韩老师在电话中就曾和贾玉宏说过，在北京城区内发展会很艰难，不谈衣食住行，就以北京孩子的生活条件来说，他们课外娱乐的东西太多了。在这个网络时代，许多孩子对网络游戏特别上瘾，足球棋这项和传统棋近似的棋类游戏，不一定能调动起他们的兴趣，对初期普及推广不一定有利。

韩老师的话很有见地！但是贾玉宏在实际推广中发现，无论哪里的孩子，对于新生事物都会产生好奇心，孩子们的内心世界是一样的！生活和环境可以影响孩子们的选择，但不能左右孩子们的求知欲望。生活条件优越的孩子往往才更有条件去接受新事物。韩老师的想法是现实的，这种情况也普遍存在！但我们从另外一个角度思考，家庭条件好的孩子网络游戏玩得多，是不是更能促进家长们去接受传统棋或者其他新的事物？这也是极有可能的！一路推广下来，贾玉宏感觉最重要的还是要加大宣传力度，否则一切都是徒劳。

说到宣传力度，资金的保障是第一位的。没有资金，仅靠收支平衡来维持，不是长久之计。

领导的一席话，有一定的道理，思路也不是完全对，但不好当场反驳。关键的一个重点，即推广资金的保障被他忽略了。其实有了资金，才能建立推广团队；有了团队，才能有宣传力度，到哪里推广都容易成功。

本来想借助旅游主管部门的资源找一家投资方，共同合作开发足球峰棋，将之打造成泰州旅游产品，形成推广之路，但在和这位领导交流的一个多小时里，听到他对足球峰棋普及推广的概论，其显然对足球峰棋认识不足，对旅游产品合作开发不感兴趣。贾玉宏也只能就此打住，不再奢望相关部门会有实质性的帮助，一切还得靠自己踏踏实实做。

不过，这位领导提出的“农村包围城市”推广策略，倒是让他觉得可以试一试。首先，到郊外农村地带推广，投入资金会比城区低一些，孩子们接触足球峰棋后会专心一些。只是家长们是否愿意了解和接受这项棋类运动，能否支持孩子们参加学习，还是个未知数，只有试一试才能知道。

说做就做，贾玉宏利用空闲时间，一鼓作气走访考察了近郊泰东乡、大冯乡、塘湾镇、南马庄、鲍徐等地，实地走访了解开班设点的可行性。一圈下来，感觉到郊外地带开班投入确实不多，租房费用很低，一年的租金只相当于城内一两个月的费用。但也存在着一个实际问题，家长们普遍有一个想法，那就是学习，他们在孩子校外学习方面，大多会在文化课补习上投资，并不愿意把钱花在其他项目的培训上。一个明显的现象就是，在郊外地带开办文化课补习班的不在少数，收费也不算高，而琴棋书画类的培训班并不多，显然这是由市场需求决定的。

纵然如此，贾玉宏还是觉得已经决定了的事情，就要试一试，这样才更具有说服力。

选来选去，最后决定在南马的紫东花苑小区设点。这个小区是新建不久的拆迁安置房，住户不少，他通过事先“踩点”发现，这个小区的孩子挺多，节假日不上学的孩子多在小区内玩，在与小区的居民交流时也证明了这一点。

2008 年暑假前，一切就绪，开始招生。意料中的情况还是发生了，许多家长对棋类项目的学习并不感兴趣，他们在节假日会将孩子送到附近或城区内的补习班去学习。有的不上补习班的孩子，家长也只是让他们在家里或小区里玩。当时许多孩子想学习足球峰棋，可家长并不同意。

弓上弦，刀出鞘，已经不可收回，只能硬着头皮在小区内摆摊设点，持续宣传向家长们推介。连续一周时间，终于在现场收报了 5 名小学生，算是没白付出。后来住在附近的亲戚朋友又将自己的孩子送来“充数”，加上第一天开课时又来了两名学生，这个暑假班终于成行了，学员超过了 10 人，不容易啊！

来紫东花苑招生开班，其实就是测试在郊外开班的可行性。因为没底儿，这次开班收费并不高，每周三次课，一个暑假共计 16 次课，每人只收了 200 元学费。学生不多，倒也恰到好处，只是收益太惨了一点。对此，贾玉宏也不是特别在意，那个时候，只要有人学棋，能够运转起来，他就心满意足了。

人数虽然不多，但是教学效果却极好。郊区的孩子要么不学，要学就会很专心。尽管也有个别孩子调皮好动，但在学棋时却很认真，谁都不甘落后，因此那一期的学生给他留下了深刻的印象。

在郊外招生也遇到了和城区同样的困难，就是孩子们喜欢，但多数家长不支持，没有人买单，总不能免费吧！为了实效，新学期他还是决定将精力放到城区内的培训班招生上。紫东花苑的暑假班结束后，秋季班没有继续在这里宣传招生。不过，为了进一步验证在城郊结合地带普及推广足球峰棋的可行性，他又做了一次尝试——利用国庆小长假的机会，在紫东花苑开了一期速成班，共设 6 次课。为了聚集人气，招生前还特意到归属地某学校上了 3 天的普及课。学生们在了解和熟悉足球峰棋后，都非常喜欢，想在国庆假期报名学棋。这一回又出了另外一个情况，家长们得知上课地点在离学校 5 公里以外的紫东花苑后，多数选择了放弃。他们要求到临近学校的镇上开班，这可难住了贾玉宏。他只是试验而已，并没有做长期开班的打算，总不能为开个速成班，再到镇上租房吧！

家长们都有不同的要求，没办法兼顾。这次国庆节速成班顺利开课了，倒也没费事，相较上一次暑假班招生轻松多了。这次速成班学费只收取了 120 元，这个金额家长们都能承受。但在城郊结合地带，贾玉宏碰到一些家长，宁可大鱼大肉、抽烟喝酒，也不愿意给孩子交学棋的费用，可能是意识的原因吧。

在郊外开班，他发现一个明显的现象：有为孩子着想的家长，他们并不怕花钱，也不怕路远，在节假日期间会将孩子送到城区内参加各种兴趣班或补习班。通过接触和了解他才知道，郊外的家庭大多并不缺给孩子学习的钱，缺少的还是接受新生事物的意识。

这次国庆假日速成班，除了 3 天校内普及课外，现场报名仅用了两天时间。加上老生，学员总计达到了 17 人，这也是低收费起到的效果。如果按家长的要求在临近学校的镇上开班，人气可能会更多一些，但同时各种费用也会增加。

总之，在郊外的两次尝试让他彻底打消了在郊外做宣传推广的念头。因为在这里普及推广需要付出的劳动量远远大于城区，需要花费更多的时间和精力。

在做出这个决定后，为了让这两期学棋的孩子有继续提高的机会，他逐一通知家长，今后在节假日，可以将孩子送到城区足球峰棋基地继续学习，并承诺给予全额免费。

这两次尝试让他更加坚定了在城区内做推广的念头，不能再四处乱跑了。在城区做推广，家长接受新生事物的意识还是比较强的，更有利于足球峰棋普及推广。

九、观摩世界智力运动会，引进国际跳棋

决定终止郊外推广计划后，贾玉宏再次将重点放在了城区内，他将家里的教室重新布置了一下，连同高港区刁铺教学点一起开始了宣传和招生。

经过在郊外尝试开班，他总结了一些经验，调整了方式方法。为了让学生们对足球峰棋有个基本的了解和认识，他利用学校课余活动和社团活动课时间走进校园开展推广教学，受到学生们的欢迎，孩子们回家后纷纷向家长描述足

球峰棋的有趣之处。家长们也逐渐对足球峰棋有了了解和认识，报名学习足球峰棋的人数在逐渐增加，呈现出乐观的景象。但贾玉宏仍然无法开心，因为他的收费和其他各类兴趣班相比还是最低的，只相当于其他棋类培训项目的一半左右。去掉所有开支，还是没有多少剩余。不是不想调整价格，而是行不通。之前在几次微调后，都出现了波动。为了平稳地走下去，他还是觉得应该在适应中逐步调整。

这时恰逢首届世界智力运动会在北京开幕，在北京常忠宪老师的邀请下，贾玉宏作为特约嘉宾到北京赛场观摩比赛。

贾玉宏和常忠宪老师相识是他在北京推广足球峰棋的那一年。那时，贾玉宏常常到常老师的工作单位畅谈棋闻棋趣。两人虽然年龄有差距，但在棋的理论研究和推广方面，有着许多共鸣。每一次见面，都能聊上一两个小时，有说不尽的棋话。这次首届世界智力运动会在北京举行，常老师是国际跳棋在中国最早的发起人，被委以重任，作为中国国际跳棋代表队教练之一，率队征战。这么好的机会，常老师没有忘记贾玉宏。因为和贾玉宏熟识之后，很是欣赏他的务实和执着，曾向他推荐开展国际跳棋教学，希望他同时开展国际跳棋的推广工作。可那个时候贾玉宏并没有把国际跳棋放在心上，主要是没有时间和精力开展，这次有机会到赛场观摩比赛，一定不能错过。在到达常老师和中国队队员下榻的酒店后，贾玉宏得到了常老师的热情接待。

常老师和贾玉宏这次见面也算是久别重逢了，一阵寒暄后，常老师再次向他介绍了国际跳棋的规则和下法，这次他很轻松就学会了。虽然还没有完全熟知国际跳棋的玄妙之处，但已经感觉到它的趣味性了。在听完常老师的讲解后，接着试下了两盘棋，贾玉宏对国际跳棋有了全新的认识。

常老师还向贾玉宏引荐了中国国际跳棋代表队的另外两位教练，一位是德高望重的杨永老师，另一位是来自武汉的年轻帅气的常小勇老师。

杨永老师是中国人，但他从小生长在蒙古国，小时候在异国受到国际跳棋影响，自小就喜爱下国际跳棋，并在学生时代夺得蒙古国冠军。年纪大了之后回到中国，居住在北京。他看到在国外特别流行的国际跳棋在中国却鲜有人知道，他便利用空闲时间四处宣传推广，希望国际跳棋在中国也能普及流行。但是仅凭一人之力显然很难，他认识了常忠宪老师之后，便一起为之努力。但这样的努力仍然势单力孤，难以撼动整个棋界市场，他们也希望能有条件和奇迹出现。果然，功夫不负有心人，世界智力运动会即将开战，而且首届就被中国申请获得主办权，这是一个特大好消息。因为在智力运动会比赛项目中，除了围棋、国际象棋、中国象棋之外，还有国际跳棋，这将对在中国普及推广国际跳棋产生极大的推动力。

常小勇老师是武汉人，是一名公务员，工作之余他又是一名围棋教练。在熟悉了国际跳棋项目后，他毅然决定选拔一批围棋水平出众的弟子改学国际跳棋，一年左右的时间，他受命率领弟子们代表中国队出战首届世界智力运动会。

杨永老师年过七旬。因为中国国际跳棋代表队建立较晚，实力尚弱，这次智力运动会他亲自上场，代表中国队参加比赛，也创造了一个奇迹，是首届世界智力运动会赛场上年纪最大的一位棋手。

贾玉宏跟随常忠宪老师和中国队棋手一起走进赛场，看到来自世界 150 多个国家的棋手会聚在一起，共享棋趣。他感触太深了，如此规模的智力运动会比赛，他有生以来还是第一次见到。

本届比赛，共有 5 项智力运动：桥牌、围棋、国际象棋、国际跳棋、中国象棋。除了国际跳棋外，其他项目的参赛选手多为成年人，而且大多是久经沙场，经验丰富的老将。唯独国际跳棋这项棋比较“奇葩”——老中青少棋手混在一起比赛。中国队更是派出了年纪最小的 9 岁小棋手曾芊让出战，他却出乎意料地创造了一个奇迹——成为第一位战胜国际大师的中国人。首届比赛中，中国国际跳棋代表队并不占优势，因为组建仅一年时间，面对世界众多国家派出的精英，中国队的主要目的就是学习和锻炼，为国内普及和今后参加世界大赛打下良好的基础。

贾玉宏来到赛场，凭着特发的观摩证，不仅观摩了国际跳棋比赛，还到其他赛场认真观看了国际象棋、中国象棋、围棋及桥牌比赛，给他的印象很深，触动很大。看到了智力运动在世界上的影响力，更加坚定了他普及推广足球峰棋的信心。同时他决定将国际跳棋引进泰州，和足球峰棋一起开展推广工作。

在比赛赛场，贾玉宏还和中国象棋特级大师吕钦、赵国荣及国际象棋总教练叶江川、世界冠军侯逸凡等多位棋界名流见了面。

这次来到智力运动会赛场，收获颇多，这得益于常忠宪老师对贾玉宏的认可和对推广足球峰棋的支持。常忠宪老师常说将国际跳棋和足球峰棋放在一起普及推广，没有冲突，还能相互促进。

很有道理，这在之后的普及推广中得到了验证。足球峰棋在后来进一步的完善中，还借鉴了国际跳棋中的一些妙法。比如记谱方法，将原来的坐标法改成了数字记谱法，这样改动既简化了记录工作，又方便打谱，对初学者和自学者都有好处。

这次来北京，贾玉宏故地重游，拜访了老朋友和棋界专家。虽然只有三天时间，却收获满满。

回到泰州，他立刻开始策划国际跳棋的普及推广工作。同时，他认真研读了从北京带回来的国际跳棋教材，并和儿子对下国际跳棋，几盘棋下来，也就都入了门。他和儿子只要有时间就研究学习行棋技巧和策略，经过一段时间的摸索和自学，两个人都能熟练应对棋局变化了。初学国际跳棋，其实贾玉宏是和儿子同步进行的，在对局中互有胜负。

掌握了国际跳棋的要领，做好了教学提纲，没有棋具，就自己做。他通过电脑自行设计了棋盘，然后通过写真喷印出来。棋子也想到了解决办法，就是用剩余的第一代足球棋棋子，两面贴上不干胶，分两种颜色，凑足了双方棋子数量，用于教学。

十、携手网校，双棋培训班试运行

贾玉宏在初期推广足球峰棋时，因为新闻采访报道，认识了泰州市广播电台的知名主持人金秋（原名付宏），两人成为好朋友。后来付宏“下海”经商，除了开公司外，还成立了一家网校，贾玉宏常常到他的公司聊天。

在一次聊天中，得知他的网校在区政府对面的楼上，贾玉宏此时在着手准备开展足球峰棋和国际跳棋双棋培训班，正在四处寻找合适的教室。而付宏的网校教室面积挺大的，没有全部使用，于是他便决定让贾玉宏共用，也希望在共用中互享生源。贾玉宏看过教室后，一拍即合，当即达成合作意向。

贾玉宏之前开班，都是在家里上课，只有 20 多平方米，加上一些家具等物品，显得很拥挤。况且他家又在巷子里，比较偏，导致人气不足。他一直想在外面找一个好的教室，开一个像模像样的培训班，但苦于费用高，无法应付租房费用，没有成行。这次引进国际跳棋，需要改头换面，提高学费了。

两人既然是好朋友，那合作自然不能“掉链子”，很快就落实了网校内上棋课的位置和桌椅等。同时，户外广告和门牌也高高挂了起来。

为了能同时开展好两种棋的普及教学，贾玉宏还特意设计并印制了足球峰棋和国际跳棋双面棋盘赠送给学员，同时也试探性地将学费提高到 260 元一学期。这样做，主要考虑到在外面租房开班，需要支出的费用就高了，也希望自己的生活方面有所保障。这个费用金额相较其他棋类培训班，只有一半的价位，实在不算高。可是开展下来，新生报名人数并不多，老生续报的相对多一些。

来到网校教室上第一次课，已经是 2008 年 12 月 27 日了，这一学期就要结束了，接下来面对的是寒假班和春季班招生。

寒假时间短，且开班只能在春节前，这个班以短期为主。贾玉宏也为此下了功夫，全力宣传招生，结果只开成了一个班，有十多个学生，但他已经很满足了。

春节过后的春季班，贾玉宏更是倾尽全力宣传招生。印制了 5000 张招生广告。到各学校校外发放，可效果并不好，小学生只有 3 名新生报名，其余的都是老生。而幼儿园只招到了 5 个孩子。由此可见，无论是足球峰棋还是国际跳棋，家长们不熟悉，也就得不到他们的认可，这就是现实。

还有一点，网校对面是泰州棋院教学部，他们开设的围棋兴趣班对足球峰棋也带来了冲击。尽管双棋教育有价格优势，但是家长们的脑海中仍然认为只有围棋和象棋才是可学的棋。

相对海陵区的艰难招生，高港区刁铺教学点却异军突起，出乎意料地收报了 20 多名学生，这是完全没有想到的。

借用网校的教室开班教学，付宏只是象征性地收了租金，给贾玉宏节省了成本和开支，减轻了压力，但却让家长们有了另外一个想法——培训中心实力弱，不是独立的棋艺培训机构，如果孩子需要长期学棋，只怕不能持续开班。加上网校的业务和棋类项目不搭边，也许是这样的原因，致使生源短缺，新生补进不足。

在网校内开棋类班，时间久了就体会到了诸多不便，如开门和关门时间及学生进出等问题。在合作了一学期后，因网校租房合同到期及另外一些原因，他们不再续租，贾玉宏只得退出。但此时再回到家中开班已不可能，只有重新寻找合适的教室租用。他在附近的税东街地带找了一圈后，都因为房子不理想或租金太高而放弃了。最后，还是选中了网校同一层西边的一间 20 多平方米的房屋，在和房主商谈后，以近万元的年租金租了下来。在那个时期，这笔钱对于贾玉宏来说无疑是一次最大的投资了。

十一、增加投资，提升档次，收支难平

签订了租房合同，并一次性交了全年的租金后，贾玉宏又另外投资购买

了空调柜机，学生用的桌椅以及办公桌等用品，并对教室进行了简单布置。这样一来，教学环境好了，档次提升了，他希望能一改往日不顺，从此步入正轨。

为了更好地开展足球峰棋和国际跳棋的教学，贾玉宏还抽空带着贾奇峰前往武汉观摩国际跳棋全国比赛，得到了武汉常小勇老师的热情接待。北京的常忠宪老师和杨永老师也带队参加全国国际跳棋比赛，三位老师利用晚间休息时间，给贾奇峰讲解国际跳棋对弈战法。这也给了贾玉宏更大的信心，他一定要在泰州开展好国际跳棋的普及教学。同时，贾玉宏还和青岛国际跳棋赵桂海老师取得了联系，购进了一批由他编写的《少儿国际跳棋》，作为授课教材。

一切就绪，2009 年的 5 月 8 日是一个非常好的日子——足球峰棋、国际跳棋双棋培训班正式开课了。新的教室，新的环境，得到了学生家长的好评。接下来的任务就是有效开展宣传，招收更多的学生了。此时离一年一度的暑假渐行渐近了。

暑假可是黄金时间，对任何一家培训机构来说都是极其重要的，贾玉宏也不例外。可恰恰在这个时候，他的老毛病中耳炎发作了，而且挺严重的。为了不影响暑假开班，他立刻到医院做了检查，医生当即下达了住院手术的指令。这让他很是恐慌，教室刚刚准备好，正计划暑假大干一场，却等来了住院手术的消息，这个打击实在是太大了！

不管怎么说，只能面对这样的现实了，他开始着手准备住院事宜。为了不影响周六日兴趣班正常上课，他特意选择了星期一住院。借用这一天进行手术前各项检查的档口，他还到机电高职校给学生们上了课。

星期二，手术顺利完成，他的妻子和母亲全天陪护在床边。除了亲戚朋友来看望他之外，个别学生家长听到消息也来看望他。就连妻子所在单位的领导吴玉明经理也带了鲜花和礼品来到医院看望，贾玉宏很是感动。

但也有不如意的事，和他关系最密切的一位好朋友在他手术前后却玩起了失踪。本来在手术前，贾玉宏还特别和这位朋友说明，希望能安排时间到医院陪护一下。不是绝对的好朋友，他是不会这样相邀的。可现实让贾玉宏很失望，也许不能过分地要求别人，即使是亲朋好友。

提到这个小插曲，想表达的是，那时候许多人看到培训点人来人往，人气很足，贾玉宏又经常接受电视、广播及报纸等媒体的采访，常常露面，看上去很风光。许多人认为他赚了不少钱，却在交往中有些抠门，就连家里的个别亲戚都这么认为，因此，一些人对他产生了误解。其实人气足，多是低收费硬撑起来的。为了推广普及大计，他希望更多的学生参与进来，为今后推广普及打下坚实基础。

许多人看到的只是表面现象，实则是他在硬撑。没有盈利还在痴迷地做着这样的普及推广事业，他也怕亲戚朋友笑话。每当家里的亲戚问起收入怎样，他都会含糊地说“还行”。

手术之后，很快就到了周末双休日，是各处培训班正常上课的日子。身体还没有恢复，怎么办？平时都是一个人讲课，尽管可以约大学生弟子来带班，可他不放心，因为他的兴趣班不同于其他的培训机构。他的班上学生年龄不等，知识层次不同，最大的有六年级的，最小的还在上幼儿园。这样的班，没有经验是带不好的。另外，安全无小事，对于这些孩子来说安全是第一位的，绝对不可以掉以轻心，从当初接触第一批孩子到现在，贾玉宏一直将学生们的安全放在第一位。因此，手术后周六日的课，他还是亲自“披挂上阵”了。他的头上缠着一圈纱布，戴了一顶帽子，就像一名刚从战场上负伤归来的战士。

周六在海陵区双棋培训中心上完一天的课，晚上赶回医院住院，第二天再乘车到高港区刁铺教学点上课。医院的医生都感到惊讶，不禁感叹：“贾玉宏，你这是在玩命啊！”

暑假越来越近了，这是大力投资后的第一个黄金假期。如果这个暑假收到的学费能抵掉全年的房租费用，那后面的秋季班、寒假班、春季班就相当于

“免费”使用教室了，压力也就小了。因此，在医院同意出院后，贾玉宏拖着没有完全恢复的身体立刻投入到宣传招生中。

宣传招生是很辛苦的，早、中、晚学生上学前及放学后，他都要抓住机会到校外发放宣传单，东奔西走，跑遍了城区内每一所小学。发了宣传单并不一定立刻见效，能够提前交费报名的学员并不多，这对于每一个培训机构来说都是一种心理考验，尤其是贾玉宏。他也不知道，最终开课时会有多少学员来上课。

开班前一日，贾玉宏看着眼前的报名登记表，仅十几名学生，而且其中多数只是登记了，还没有交费。他心里犯了愁，这可怎么办！没交费的不能作数，有放弃的可能，那这个暑假可就惨了。带着这样的压力，迎来了暑假开课的第一天。

想不到开课第一天竟然成了报名交费集中日，当天上午和下午陆陆续续有30多位家长带着孩子来报名。幸福来得太突然了，他事先也没有准备。那天妻子还在单位上班，人手不够，只好紧急约来住在附近的姨娘和表弟及机电高职校的袁凯帮忙。一边上课，一边收报学员，暑假第一课突然遇到密集报名，贾玉宏做出了新的计划，如果第二次课有超过10个学生来补报名，那就增加班次，然后留下袁凯协助教学。

暑假第一天的火热场景没有再出现。之后的几天时间，一边上课一边有人来补报名，零零星星的，增加班次的计划又落空了。于是贾玉宏将40多个学生分成3个班，贾玉宏和儿子贾奇峰可以应对教学了。那时儿子11岁，虽然年龄小，但也有两年的陪练指导经验，尤其是国际跳棋，他的能力更为突出一些，陪新老学员练棋，能够自如应对。

袁凯是一位非常出色的足球峰棋学员，此次招生报名他来救急，也付出了劳动，贾玉宏几次要付报酬给他，都被他坚定地拒绝了。他说：“贾老师，你让我来帮忙，是对我的信任，对于我来说，更是一次锻炼的机会！”

在机电高职校，这样的学生有不少。开展足球峰棋推广活动这么多年，一批又一批的学生中都有这样优秀的弟子。贾玉宏这边如果有事，如比赛、宣传、招生等，他们都不计报酬，积极主动过来帮忙。贾玉宏在机电高职校开展了多年的推广教学，若要问他最大的收获是什么，那必然是收获了许多高素质的优秀学生。

那一期的暑假班，贾玉宏主讲双棋，儿子贾奇峰协助陪练。别看他年龄小，他时常和学生们进行车轮战，一个人对多名学员，不间断地练习。也正是那期暑假班，在这样的锻炼下，他的国际跳棋棋艺突飞猛进，达到了一个高点。在暑假班结束后的一次车轮战表演赛中，他和 35 名棋手对战，历时 2 小时，取得了 33 胜 2 负的好成绩。

这期暑假班开展得很顺利，人气和收益尚可，尽管没有达到收回全部投资的预定目标，但总算收回了总投资的三分之二。这让他后面继续开班有了底气。如果剩余租期内的收益能达到这次的两倍以上，那这一年的租房开班就成功了，后面说不定还可以扩大开班。

为了弥补暑假班的缺憾，他把眼光瞄准了秋学期招生，下定决心大干一场。首先印制了 1 万张彩色宣传单，和以往相比，这次在宣传力度上无疑又是一次突破。

可是谁能想到，在经过一个月的大力宣传招生后，再一次出现新生报名短缺的情形。老生报名没费什么周折，在暑假班结束时，想继续学习的就已经主动续了费。尽管没有全部留住，但也保留下来了一半的生源。不管怎样，这也是一个开班的保障。新生报名，每一期都让贾玉宏很头疼，这一期更难。一个月以来，就像是挤牙膏一样，一个一个地增加。

数千张宣传单发了出去，收效甚微，这对贾玉宏打击很大。他始终不明白，家长对新生事物的理解和接受怎么就这么难！也许在家长们的心里，围棋、象棋的地位真的已经根深蒂固了，没有什么可以替代。

十二、“焦虑了”

租用新教室开班后，第一个暑假班算是成功的，已经收回了一多半的投资。接下来的秋季班、寒假班（短期班）、春季班三期，收回全部投资再盈利应该没问题。因此，秋学期学校一开学，贾玉宏就全面出击，不仅增加了宣传单的数量，还扩大了招生范围。

之前宣传招生多集中在小学校园，这次将城区内的幼儿园几乎都宣传到了，但报名的学生还是寥寥无几。

在所有报了名的学员中，除了一部分老生续费外，新生增加的并不多。这个现象是每一期都会出现的，如同一个难以摆脱的魔咒。面对这样的窘境，他想了许多方法，比如找人合作，利益共享。在一一试过后，都不成功。他曾为此多次到盛唐小区走访，寻求开班机会；与海光校外培训机构谈合作；应清华少儿英语邀请接洽联合开班等，但在试行中都失败了。他也曾再次联系大的企业公司，探讨投资合作开发，也都由于这样或那样的原因，最后不了了之。

其实说到足球峰棋这个项目，还是有不少企业或个人比较看好，他们主动联系贾玉宏商讨合作开发。比如国内某桌式足球推广人就曾联系贾玉宏寻求合作，还邀请他到桌式足球全国赛的赛场观摩比赛。但因在合作方式和各自的产品协作意向上无法达成统一，最后没有了下文。

泰州也有一家桌式足球生产厂跟贾玉宏接洽了多次，厂里的技术部门和经营销售部门对足球峰棋都给予了肯定，表现出合作开发的意愿。但在最后一关卡壳了，这家企业的老板出差回来审批项目时，直接回绝了。

浙江有一家大型的棋类生产厂，可以说是国内棋类生产的龙头企业，很是牛气。贾玉宏曾两次前往商谈，对方有意合作，但条件苛刻，加之对方老总故意摆谱，他心里不平衡，最后放弃了进一步商谈。

泰州当地某器材厂的老板对足球峰棋特别感兴趣，双方曾在足球峰棋上市前合作过一段时间，后来因对方没尽到合作义务，延误了推广进程，贾玉宏不得不终止了合作。这些年来，这家企业的老板一直没有放弃足球峰棋这个项目，他时刻关注着足球峰棋的推广进展，有意参与棋具销售合作。双方曾多次见面，商讨合作方案，可是在面对投资这样的实际问题时，老板就没有了下文。和这位企业老板情况相似的还有一位省内企业的老板，谈到推广方案和策略时，劲头十足，没有想不到的，但一谈到投资实施，就哑火了。这样的事例多了，贾玉宏也就麻木了，不再寻求这样的合作伙伴，觉得还是靠自身打拼，来得更实在。

自从那一年租用新教室开课后，暑假算是成功度过了，可接着从秋季班开始，新生少了，只能靠老生维持着。每周的课都在周六日上，平时周一到周五，多数时间过着无所事事的日子，贾玉宏觉得很是枯燥无聊。

趁着空闲时间，他再次来到浙江义乌，走访了义乌大市场文体用品区域，了解新产品的加入和销售情况，看到的结果都不乐观。就棋类市场而言，还是集中在传统棋上，比如围棋、象棋、国际象棋、五子棋、军棋等。而在网络上看到的一些新棋种，在这里很难见到。前几年来义乌时，还能在个别摊位看到新棋种，现在基本看不到了。据商家介绍，经常有人来推荐新发明的棋，大多商家不愿意接单，因为市场不成熟，接了也不会有人关注和进货，市场里做的多是传统棋类产品，而且所做的产品不断更新换代，推陈出新。这里所谓的“新”，无非就是将传统棋改头换面，改变材质和包装而已。

在这个困难时期，贾玉宏遇到的不如意的事情很多，最让他苦恼的是，有的孩子太调皮了，管不住自己。和他好好说，他不听；和他发脾气，他不买账；你不理他，他给你捣乱；如果单独陪着他，他自己高兴了，那其他人的课也就上不成了。这样的孩子每学期都会有，在劝导过程中，甚至个别孩子还会说：“老师，我也没办法，我有多动症。”

真是令人哭笑不得，简直就要崩溃了。有时候贾玉宏的脑海里会冒出这样的想法：干脆金盆洗手不干了，找一份工作，何必做这么费神的事情。每次有这样的想法，他都会感到格外轻松，精神为之一振。

那段时间，由于压力大，他需要考虑的问题实在太多了，足球峰棋的推广普及难度极大，不是一个人在短时间内能够实现的。而且更为现实的问题是要养家糊口，没有经济来源，怎么生存？足球峰棋推广任重道远。

内心纠结，不知该何去何从时，他常常一个人躲进教室苦思良策，反复修改棋具中的自学说明。晴天的时候不能在外赚钱，他如同没头的苍蝇到处乱撞，苦熬时间；唯独到了下雨天，别无所想，才能安静地坐在屋中。

难过的日子，就怕闲下来。有事情做的时候，什么都会忘掉，比如上课时，他没工夫想，感觉会好一些。但是一静下来，恐慌、害怕等纷纷袭来。

十三、走错了这一步，不堪回首的日子

租了一年的教室到期了，除了第一期暑假班收入近万元外，其余时间的几期培训班收入有限。这样一来，全年的收入总和扣除各阶段的投资外，剩余的并不多，这一年算是白干了，贾玉宏心里很不是滋味。这样的情况下，不可能继续租下去了，只能选择退房。

退房的决定很果断，他总觉得在这里开班招生效果不佳是地理位置的原因。事实就是如此，这周围的各店面好像都维持不久。据他一年来的观察，各店面经常更新易主。之前的网校也是在这层楼开办了仅一年时间就宣告结束。看来选址真的很重要，否则会浪费时间和精力。

退还了教室，接下来要为一年一度的黄金假期暑假班做准备。到哪里开班，成了眼下亟待解决的难题。继续租房，在短时间内已不可能，回家里和原来一样开班，又怕被邻居笑话，怎么办？这时，他想还是先临时找一个教室开

设暑假班，过渡一下，等暑假之后再寻找合适的教室。他是这么想的，也就这么做了，几经找寻和商谈，最后选中城东小学对面巷子里的一家小餐桌。

这是一家为城东小学的学生提供接送、代伙和补习的服务机构。小餐桌负责人和贾玉宏比较熟悉，还进行过合作，尽管没有成功，但是仍然保持着联系。在得知贾玉宏的需求后，双方一拍即合，以 1000 元的价格达成了临时租房协议。贾玉宏也毫不含糊，当即支付了全部租金。

对这一期的暑假班，他还是成竹在胸的。他认为暑假班报名的孩子一定不会少，即使达不到去年暑假班的人数，但是收回租金，再剩余一部分是没问题的。

想得不错，可现实还是给了他一记“闷棍”。在一番努力后，最终报名的学员只有 9 人。他实在想不通，怎么会是这样的结果？报名人数是个位数，这意味着这期暑假班的学费又要全部交给房主了。若说是因为学费高导致报名人数少，肯定是不成立的。因为当时贾玉宏为了保证生源，多开几个班，将新生费用定为 260 元，而老生只是象征性地收取 120 元。这么低的费用，在任何一家培训机构都是不可能的。

后来在调查了解后得知不是费用问题，而是教室的原因。宣传招生期间有 10 多名学生家长来“踩过点”，他们对小餐桌的教室不满意，桌椅板凳类似于食堂的式样，加上教室外墙壁有些破旧。在和老生家长联系后，一些家长认为这和之前的教室环境相差太多了，他们放弃了继续报名，有的直言不讳，有的婉转回绝了。这样，好不容易等来的暑假班，因为教室的原因招生失败了。不管怎么说，学生少也得上啊，租金都交了，总不能跟人家要回吧。

这时，高港某中心也传来坏消息，才刚刚达成合作的首期班招生也失败了。

当时在和高港某中心商谈合作时，培训中心负责人曾夸下海口，他们负责招生，暑假班招到 20 人以上没问题。可等到的结果是一个人都没有招到，打击实在是太大了。后来到了秋季班，贾玉宏不得不亲自出马，到高港某中心摆摊设点，现场招生。一下子招到了 12 人，而且学费是足球峰棋在泰州开展推广以来的最高点——320 元。

海陵区这边的兴趣班没成功，主要是教室的原因，贾玉宏真的很后悔，走错了这一步。他想到了好多个如果：如果把区政府对面的教室再多租两个月，一头一尾都是暑假班，那该多好；如果这次到其他培训机构协调一间教室，也比小餐桌要吸引人，即便费用高一些，但收回租金和盈利也是不成问题的；如果，就算是回到家里恢复原来的教室重新开班，结果也不至于如此呀……

想到了许多，可世上没有后悔药，过去的不可能重新再来。

这期暑假班，对于贾玉宏来说实在是太残酷了！只开了 1 个班，9 个学员，新生只有 1 人，其余都是老生。一周只有三次课，其余的时间，他都是在无聊和失落中度过的。上课的时候还好，和学生们在一起，专心讲棋倒也不觉寂寞。没课上的时候，便带着儿子到处乱跑，逛超市，进书店，去游园，在太阳不烈的时候到体育场踢踢球等。以此打发时间，借此逃出家中，躲避恐慌。

那段时间，心情失落到极点，想得最多的就是收手不干了。他平时习惯在吃饭时喝点小酒，那段时间，连酒都没兴致喝了。

到了秋学期各学校开学，对于海陵区的足球峰棋班，贾玉宏无心再战，干脆秋季班不开了，停止一学期，借机调整一下，他将精力放在了高港区的宣传招生上。可事与愿违，本来高港区刁铺教学点招生开课是最有希望的，但却因为城市创建等原因不方便宣传，错过时间后不得不放弃，这样只能在高港某中心教学点上下功夫了。还好，在一番努力后这个班成功开课了。这是和高港某中心谈成合作后，第一次开班。后来，这个培训中心还成功地开设了第二期培训班（2011 年春季班），人数虽然不多，但能够持续开起来实属不易，这也是贾玉宏凭一己之力强力宣传和现场招生的结果。本来在商谈合作时，双方已明确责任义务，宣传招生由他们中心来负责，贾玉宏只负责来上课。可实际并非如此，之前的暑假班就因此泡汤了。

在费用结算上，贾玉宏也没太计较，既然是合作共赢，多付出一些劳动也是应该的，不会考虑增加报酬一事。可是这家培训机构的负责人不懂规矩，在结算费用时，一拖再拖，秋季班结束后就应该结算费用，他却一直拖到春节前两日才给，而且是在贾玉宏再三催要之下才结算的。不仅如此，负责人还将水电费按固定额度强算到贾玉宏的身上，扣了 240 元。

这简直是不讲理！秋季不使用空调，白天上课也基本不用电灯，不产生电费，学生们也很少接触到用水，突然加的这项费用，让他很恼火，真是不可理喻！可基础打下来了，只能硬着头皮坚持了。后来又上了一期春季班，这一期分设了两个班，其中还有某镇分部的一个班。这学期结束后，贾玉宏主动放弃了和他们的合作，在高港区重新找了一家培训机构继续开班，合作很融洽。

秋季班之后，贾玉宏将家里以前上课的教室收拾出来，变卖了许多长期不用的物品，就连剩余的《足球棋入门》也嫌碍事了，拉到废品站卖掉了一些。显然，他有些自暴自弃了。

2011 年元旦过后，迎来了一个非常寒冷的冬天，户外温度很低，他仍然往返于海陵区和高港区之间，宣传招生。因为春节前时间短，天又冷，这一年的寒假，海陵区的培训班只招了 4 个孩子。这对于他来说，也算是满足了。

这是足球峰棋普及推广最低迷的一年，投入多，收入少，又没有其他经济来源，贾玉宏囊中羞涩。到了春节，各种开支比较多，他能省就省，能回避的就回避，尽量去躲避开支。这也引起了一些人对他的不理解，常说他小气，而他有苦说不出。

2011 年春学期，新的征程开始了，他鼓足勇气重新投入到宣传之中。这一次还好，高港区总共开了 3 个班，招到了 40 多名学生。其中高港刁铺教学点重新开班后报名人数接近 20 人，另外两个班在高港区某中心，两个班人数加起来超过了 20 人，这是意外的惊喜。而海陵区仍然是花费时间最多，但却效果最差的，只招了10多个学生。尽管海陵区人气明显不足，但这次是在家里开班，节省了教室租金，没有额外增加开支，这一期的收益还是不错的。

十四、招生受挫，改打销售牌，创制自学棋盘

提升教学环境，加大投资力度，没想到在招生时仍然处处碰壁，收支难以平衡，这对贾玉宏的打击很大。他不明白，足球峰棋和传统棋有什么不同，家长们为什么就这么难以接受。

两次租房开班，因生源不足而遭遇亏本，生活吃紧之后，他一度很消极，焦虑不安，甚至有几次萌生了退意，想找一份工作，就此告别“棋坛”。

想退出，不甘心，况且家中还有库存棋具，怎么办？陡然间，他再一次想到了棋具销售，既然招生难，为何不在棋具销售上下功夫。虽然之前搞过多次促销活动且并不成功，但他总结的经验是，因为人们不会下足球峰棋，纵然喜爱足球运动，也觉得没必要买。如果能快速自学足球峰棋，棋具应该就有市场了。要想自学入门，那方法就很重要了，一定要简单易行。于是他用了大量的时间，思考撰写自学方法，反复推敲，尽可能达到言简意赅且通俗易懂。

2010年是足球峰棋推广跌入低谷，最困难的一年。没有收入，投入的资金又都打了水漂。那个阶段，他常常一个人躲在教室苦思良策，对自学方法进行了数十次的修改。不仅如此，他还自行设计了图解自学方法。那时候他还不会PS设计软件，制作写真等图片都是请广告公司代为设计的，对于眼前的自学棋盘草图，他开始犯难了。因为这份自学棋盘分为正反两面，正面是标准的棋盘，需要重新设计；反面为自学图示盘，分为两部分，一部分是标准的棋盘，尺寸大小和正面一样，不同的是盘面上用深浅颜色标注位置并配上文字提示（初学者可根据棋盘上的标注提示直接在自学棋盘上学习和练棋），另一部分就是在自学棋盘一侧用图解的方式说明足球峰棋中的几个核心规则。

这一系列的构思，并非突发奇想，而是他近两年来反复思考推广自学的一个构想，现在草拟出来，需要通过 PS 软件设计。

找谁设计呢？常去的设计店都有正常工作，挺忙的，不可能花时间来帮忙设计。况且，像这种两面自学棋盘，盘面图案复杂，需要专业设计才能做好。这时他忽然想到前不久机电高职校举办的足球峰棋真人秀活动，有一家广告公司为活动设计了一张铺在地上的足有 100 平方米的超大足球峰棋棋盘。经机电高职校团委的介绍，贾玉宏联系上了这家公司的负责人王木许经理。王经理很爽快，二话不说便答应帮助设计，且表示不收费用，安排公司设计能力最强的小李负责设计。贾玉宏完全没有想到，在自己最困难的时期，素不相识的王经理出手相助，解决了他的难题。

设计双面棋盘需要根据实图改进，为了节省广告公司的设计时间，不耽误公司正常的工作，贾玉宏采取了三步走方案：第一步，由小李自行将草图全部设计成型，他自己到快印店打印出正常比例的实样，回家后用笔修改；第二步，带着修改实样再到公司由小李在电脑上修改；第三步，如此反复 3 次，最后定稿。这样从设计到最终定稿，小李总共用了 3 个多小时，而贾玉宏在家里对着实样反复推敲修改，用了更多的时间。这个自学棋盘设计堪称是一项大的工程，能够完美定稿实属不易。

自学棋盘设计完成，接下来就是印刷了。印成塑料材质的肯定最好，可以反复折叠。在了解造价后才知道，塑料棋盘投资太大，需要几万元制作模具，这对于贾玉宏来说，是无法接受的。印制纸质棋盘图案色彩效果最好，价格也最便宜，但不足的是折叠后容易受损。思前想后，也别无选择，只能用纸质印刷了。为了找一家价格公道的印刷厂，费了一番工夫，他翻出了印刷企业信息名录及这些年有过接触的印刷厂，逐一询问价格，最后确定下来的这家印刷厂是江苏省新闻出版局指定印制图书和报纸的印刷企业。这家企业比较正规，而且价格合理。贾玉宏曾经和这家印刷厂有过合作，印制了第一代棋具中的《足球棋入门》。

棋盘很快就印出来了，但贾玉宏却发现棋盘的图案上有大大小小的黄色斑点，看上去很不美观。在和厂方交涉后，只能重新印制。再次印刷后，还是有瑕疵，贾玉宏也没时间计较了，便将两批棋盘全带回了家。

所有的工作准备就绪。2010 年 11 月，因为海陵区没有确定教室，在停办一期的档口，他骑上电动车，带着棋具，利用上学和放学时间往返于各所小学门前宣传自学方法并销售棋具。截至 12 月底，仅两个月时间，就售出了 100 多副棋具！最多的时候，一天能卖出 10 副，少的时候一天也能卖出三五副。总之，每一次出去都会有孩子要家长买棋。在低谷时期，以这样的方式销售棋具，获得了一些收入，贾玉宏也是满足的。这次走出去到学生当中宣传，尽管有损形象，但是在困境中这对自己更是一种磨炼，也能进一步增强推广足球峰棋的信心。

进入 2011 年，在海陵区和高港区的兴趣班正常招生后，贾玉宏加大了棋具巡销力度，早、中、晚全天出动，只要不下雨，他都会坚持到校外现场销售棋具。他还将巡销范围扩大至姜堰、泰兴及扬州等临近城市，虽然辛苦，但收益还是不错的。仅 2011 年的空余时间（除去各学期兴趣班上课时间和宣传招生时间），他在各地巡销时共售出棋具 500 多副。

2012 年，随着足球峰棋兴趣班人气上升，他增加了招生宣传时间，出去巡销棋具的时间少了。尽管如此，那一年他仍然以同样的方式售出了数百副棋具。

在巡销过程中，他了解学生们的需求，据此对棋具进行调整创新。他也一直努力创制立体棋版本，但在多次试验中发现不成立。为了设计立体人形棋子，他特意去了嘉定球星偶生产厂，还多次到浙江义乌大市场寻找现成的人形玩偶。为此，他买回了许多孩子们喜爱的立体形状的卡通玩偶，如奥特曼、喜洋洋等，在家里做实验，最后都被自己否定了。原因是立体人形棋子在棋盘上列阵摆好后，给人的感觉很乱，不利于对局思考。后来在 2015 年时，他终于结合国际象棋的棋子，创造出一套足球峰棋专用的立体棋子，并批量生产，挺成功的，这是后话。

2010—2012 年，连续三年依靠巡销棋具获得成功，业绩可圈可点。到了 2013 年，贾玉宏买回空白棋子，用即时贴自制棋子，而棋具包装借用各种现成的文件袋等物品，自行设计封面，自行包装。他还将国际跳棋也设计到足球峰棋棋具中，制作成二合一棋具。

电脑设计方面，以前大多是请广告公司帮忙做平面设计，现在他通过自学渐渐地掌握了这一技能，然后经常在电脑上自己尝试着设计广告、包装盒、棋子贴标等。最让他引以为豪的是，为了迎合小学生们的爱好，他借鉴网络游戏“植物大战僵尸”的创意设计了足球峰棋棋子，并印制成即时贴做成棋，也一度获得小学生的喜爱。总之在棋具样式的变化中，他一直在探索创新。

2013 年，他的棋具销量达到高峰。他利用空余时间巡销，棋具销量达到 1800 多副。

2014 年，随着足球峰棋和国际跳棋招生人气走高，他将精力放到了扩班招生上，减少了巡销棋具的工作。但是这一年仍然卖出了上千副棋具。

有了自学棋盘和自学说明，贾玉宏又购买了摄像机，自己录制教学视频，之后在刘锋记者的帮助下，剪辑制作成标准的教学视频上传到网上，供爱好者自学。这一系列的补充和完善，也助推了足球峰棋的推广，带动了棋具销售。

在推广过程中，贾玉宏结合市场需求对棋具进行创新，设计出各种各样的棋子和包装。他一直努力求变出新，目标只有一个，那就是推广普及成功。

十五、闯荡“江湖”，遭遇调包

在棋具巡销中，贾玉宏尝到了甜头，2010—2015 年之间，棋具销售形成良性上升势头。他走东闯西，游走于市区、郊外及周边邻近的城市，借上学前和放学后的时间在各小学校门前现场销售棋具，所到的学校超过 40 所。

在临近的周边城市，他先后去了泰兴、姜堰、扬州及南通等城市市区的一些小学。这几座城市中，除了南通较远一点外，其他城市离泰州城区都不算远。例如扬州城区离泰州城区有 50 多公里，贾玉宏每次去都会带上 20 副棋具，装在包里并绑在折叠行李车上，然后乘坐长途汽车，前后经过两个小时左右才能到达城区内的学校。

到扬州销售棋具，他总共去了有 8 次。第一次去，他首选了扬州相对比较大的一所小学——扬州市育才小学。这所学校学生比较多，他想着棋具销售会更有效一些。可是前两次去，学生们看到足球峰棋，只是好奇，热情并不高，两次总共卖出了不到 10 副棋，这让他很失望。不过他没有灰心，看到许多人围观咨询和讨价还价，他仍然坚持来卖棋。他相信，多来几次一定会有更多的学生购买。果然奇迹出现了，当他第三次同样带了 20 副棋具来到育才小学门前时，仅在中午放学的那一会儿时间，20 副棋具就被一抢而空。他第一次体会到了这种突如其来的幸福感。那一刻他有些手忙脚乱，不过这种被抢购的快感，他真的希望越多越好。

第四次和第五次他仍然去了这所学校，而且带的棋具还增加到了 30 副。不过在第四次卖出了 26 副棋后，第五次就相对少了一些。而第六次同样携带了 20 副棋具，从中午到下午放学，总共卖了不到 10 副棋。这个时候，可能是因为来的次数多了，学生们已经没有了怕买不到的那种紧迫感，都是零星购棋。贾玉宏心想，即使后面再来，估计不可能出现一日连销 10 副以上的盛况了。于是他第七次和第八次去了另外一所小学。可能是由于这所学校的地理位置及校门前管理等诸多方面原因，这所学校的销售情况并不理想。也有可能是刚到一所新的学校，大家对足球峰棋不太熟悉，他还需要多来几次。

除了泰州城区外，贾玉宏卖棋时去得最多的一个临近城市就是泰兴了。泰兴是泰州的一个县级市，有直达汽车可以过去，但车费略高一点，而坐公交车车费低一些，还能直接到达市区，不过路上要在高港区转一次车才能到达，这样就会把更多的时间用在路上。

到泰兴城区各小学校外售卖棋具，他都是拉着行李车去的，同样是在午前、午后及下午放学时间卖棋。往往他所到的学校，都要连续去 3 次左右，这样的安排效果还不错。虽然没有出现扬州那样的抢购热潮，但是基本稳定，每次去都能卖上 10 多副棋。

不过，有一次在泰兴遇到了令人愤恨的一幕。那是中午休息时间，贾玉宏在校门前的一侧将棋包打开，等待学生来购棋。这时来了一位中年妇女，说是要给孩子买棋。她先是讨价还价了一番，然后拿出一张百元大钞递到贾玉宏手里，忽然又说包里有零钱，伸手拿回她的 100 元钱，在包里翻找，找出十几元钱，看看不够，便又拿出百元纸币说："零钱不够，你还是找钱吧！"。贾玉宏被她一通折腾，放松了警惕，加上对方说是学生家长，也就没有在意，再次接过百元纸币，看都没看就放到了包里，给她拿了棋具，并找了零钱。这位妇女走后，他下意识地拿出刚刚收的百元纸币，忽然觉得不对劲，仔细一看，竟然是一张假币。当他起身找那个妇女时，她早已逃得无影无踪了。这下子可把他气坏了，他真想骂街。原来他中了那个妇女的掉包计，也就是说，那个妇女第一次给他的百元纸币是真的，取回后，在翻找零钱时调换成假币给了他，贾玉宏被对方的翻找假象迷惑而忽略了鉴别纸币的真伪。以前也常听说调包的事，怎么都想不到今天会发生在自己身上，真是气不打一处来。

到姜堰城区不需要转车，公交车可直接到达，车程接近一个小时。来姜堰卖棋，他首选的是城区内最大的一所小学——康华实验小学。这所学校学生多，到这里卖棋，在他觉得销路应该不会差。在试卖了几次后，果然还行，每次来都会有学生买棋。

这所学校紧邻着康华小区，贾玉宏的姐姐就住在这个小区，从学校到姐姐家只需要步行 10 分钟。

然而，到姜堰卖棋具，贾玉宏是瞒着姐姐的，因为家里多数亲戚不支持他推广足球峰棋。推广了这么多年都没有盈利，生活陷入困难之中，如今沦落到走街串巷，依靠在校门前卖棋谋生，他怎么好意思让姐姐知道呢！

姐夫工作的单位就在附近，康华实验小学是姐夫上下班的必经之路。这自然是他必须要留意的一件事，不能被姐夫看到，以免被笑话。因此，他在售卖棋具时都是背对街道的。

有一次，学生们中午放学回家后，校门前已经没什么人了。贾玉宏找了一处靠墙的地方坐下来休息，同时拿出饼干简单吃了几口，算是午餐，这时他还不能回家，要等着午后学生上课前继续宣传和卖棋。他一边吃着一边注视着远处，忽然一个熟悉的身影骑着电动车由远而近，那正是下班回家的姐夫。贾玉宏赶紧转过身去，想到若是被姐夫看到，那一定是非常尴尬的事。还有，姐夫一定会强拉着他到家里吃饭，那样就会错过上课前宣传和售棋的黄金时间，势必就会影响这一天的销售计划。

在姜堰康华实验小学售卖棋具期间，这样与姐夫擦肩而过的场景至少有四次，每次都“涉险”避开，直到今日，姐姐和姐夫都不知道有这样的事。当然，看到这本书后，他们也就知道了。今天，如果不是足球峰棋推广有了成果，这段往事也许就会深埋在贾玉宏的心里了。

后来他又去了姜堰的几所学校，效果也不错，每天都能卖出约 10 副棋具。日积月累，这样的收获，他已经很满足了。

到南通卖棋，完全是因为乘车方便。从泰州到南通有 100 多公里的路程，乘坐火车，一个半小时就可以到达。而且时间比较方便，上午很早就有一班车，而下午五点半有一班车返回。这样基本可以保证当去当天回来，不需要住宿。另外，还有一个好处就是火车票价便宜，来去只花 30 多元钱。

尽管如此，贾玉宏来南通卖棋的次数还是远远少于泰兴、扬州和姜堰。原因是他在第二次来这里时遇到了不如意的事。

第一次来，倒也没什么，午间卖了5副棋，下午放学又卖出了4副棋，见没有人过问了，他便不慌不忙地收摊赶到火车站回家，挺顺利的。

第二次来，到了下午放学后，咨询和购棋的学生及家长多了起来，结果时间就拖得比较晚了。眼看着离返回泰州的火车开车时间只剩不到一小时了，这时他看着眼前的家长和学生，觉得直接走掉不太好，只好硬着头皮继续卖棋。离火车开车仅剩半个小时了，他决定打出租车前往车站。就在这时，有一位学生拉住了贾玉宏的行李车，说是已经打电话给家长，马上过来买棋，恳求等一等。结果一等就是10分钟，家长来了，也很爽气，一买就是两副，说是再送给亲戚家的孩子一副。

来不及了，离火车开车只有20分钟了，这里到火车站有3公里的路程，打出租不堵车的情况下肯定可以轻松赶上火车。可这时却偏偏打不到车了，那叫一个急啊！好不容易来了一辆出租车，除了驾驶员之外后座还坐了一个人，贾玉宏情急之下也没有多想，以为他们是一起的，讲明去火车站赶火车，然后上了车。驾驶员是个光头，他不慌不忙，说是顺路先送另外一位乘客，再到火车站，并保证来得及。贾玉宏很是着急，可也没有办法，哪承想这个光头开着车转向了另外一个方向，等送完那位乘客再赶到火车站候车室时，距离开车只有3分钟了，别说买票进站，就是直接上车补票也不可能了，因为这时已经停止检票了。再回头找那个出租车，驾驶员早已飞速“逃离”了。

没有赶上回家的火车，只能住在南通了，于是他转乘公交车来到市中心盆景园站附近找住处。有时真应该见好就收，在没有心理准备的情况下留宿南通，心里懊恼不已。可以想象，往返车费加上出租车费及吃住费用，这一次卖棋具赚的钱所剩无几了。这时他最恨的就是那位光头出租车司机，上了他的当。要么别接单，接了单做出了承诺，就应该做到。这次的南通之行，给贾玉宏留下了极其不好的印象。

之后，贾玉宏又去了两次南通，草草收场。不再对这里抱有幻想了。

其实在巡销棋具的那几年，有许许多多的小故事，有不愉快的，但更多的是积极向上的，这也更加坚定了贾玉宏推广足球峰棋的信心。同时，极大促进了他对足球峰棋更深层次的发掘，使他积累了更多的推广经验，这也是足球峰棋推广中不可忽视的经历和过程。

第七章

柳暗花明，触底反弹连创奇迹

一、创作自学故事，马小跳闯进足球峰棋世界

在推广足球峰棋的过程中，贾玉宏感觉到，只靠自己一个人或再加几个人以教学的方式推广，是不太现实的。世界那么大，以这种方式完成普及推广，不知道还需要多少人、付出多少努力。除此之外，能让人们方便快速地接受这项新棋种的方法就只有自学了。

其实自学门槛并不高，只要买一副棋具，通过阅读自学材料和练习就可以完成。但说起来容易，做起来难。最主要的难点在于怎样自学，如果只是简单说出方法，对于青少年学生来说，显然并不能引起多大兴趣。为此，贾玉宏一直在探索编写可行的自学方法说明，做了许多努力，反复修改说明文稿，但总觉得单调，实践中效果并不好。苦思冥想，忽然灵感来了，他想到了将自学方法通过讲故事的方式写出来，吸引孩子们来看故事，通过故事中的人物示范自学，这样能让孩子们在看故事的同时不知不觉地了解和掌握自学方法，也能带动学生们自学足球峰棋的积极性。

推广足球峰棋多年以来，贾玉宏的实践经验告诉他，推广足球峰棋的目标人群目前还是以青少年学生为主，而学生中尤以小学生为重点。因为小学

生的好奇心和求知欲强，又有时间。重点在小学生中推广普及足球峰棋，也符合“从娃娃抓起”的教学理念，还可以随着他们的年龄增长一直传播下去。既然定位在小学生，那这篇自学故事就一定要结合小学生们的喜好编写。写什么呢？他一时犯了难。于是到新华书店儿童书柜台查找资料，寻找灵感。果然在众多儿童故事书中，他看到了“马小跳系列”书籍。

马小跳是著名儿童作家杨红樱老师笔下的一个人物，深得学生们的喜爱。贾玉宏在和学生们的交流中就有所耳闻，但是没看过。这次看到，触发了他的灵感，何不借用马小跳人物写一篇他和足球峰棋的故事？在大致翻看了书中一些情节之后，他觉得太好了，马小跳这个人物很符合足球峰棋故事的角色。为了了解详细的人物特点，他当即挑选并购买了马小跳全集中最具代表性的两本书籍。正是这两本书打开了他的思路，故事源源不断地涌现出来。他只用了两个早晨共计两个多小时就写出了《马小跳自学足球峰棋的故事》初稿。

写这篇故事其实并不费劲，因为除了故事脉络外，涉及更多的是足球峰棋自学入门的一些方法，这些都是他长期思考并编写成教材的现成稿件，加入故事中，通过马小跳和他的爸爸马天笑两人之间的生活趣事表述出来。这样孩子们在看这个故事的过程中，可以在不知不觉中掌握足球峰棋的自学方法，促使他们接受挑战，学习马小跳自学成才的精神，给予他们启发和激励。

写完这篇故事后，贾玉宏并没有立刻修改，而是在放置了一个星期后才开始审阅和修改，这时他才真正感觉到这个故事对于自学推广的重要性。于是他反复修改了十余次，终于定稿。之后，他将文稿打印出来，带给兴趣班里的学生看，测试效果，得到了认可。

写马小跳自学足球峰棋的故事，本来只是为了助力推广自学方法，让爱好者通过看故事掌握自学足球峰棋的方法。但随着贾玉宏的灵感萌发，他想到了在推广足球峰棋的这些年，自己的学生和足球峰棋之间的一些趣事，他有意将这个故事继续写下去。人物名字还是借用马小跳身边的人物名字，将自己的学生和足球峰棋的事加入故事中。这样，故事源源不断涌现出来，从马小跳几个铁哥们得知马小跳自己学会了足球峰棋开始，一直写到登上比赛的舞台才结束。写完以后，他便用小四号字打印出来，足足有 47 页（A4 纸），共分 8 个篇章，形成一部短篇故事。

刚开始写的自学故事名字叫《马小跳自学足球峰棋的故事》，故事延伸后，名字也改成了《马小跳和足球峰棋的故事》。

初稿完成后，贾玉宏一如之前，将稿件放置一边，过了些时日再进行审阅修改，几乎可以说是精雕细琢，直到自己满意为止。不仅如此，他还特意将完整的稿件打印出来，请学校的语文老师做最后的审阅，得到肯定后，才上传到网络。

《马小跳和足球峰棋的故事》尽管借用了杨红樱老师笔下的人物名字，但它是一篇情节独立完整的故事。上传到网络之后，为爱好棋类运动的人们提供了一个熟悉足球峰棋的平台，对普及足球峰棋有极大的促进作用。相信杨红樱老师看到后不会怪罪。

二、自导自演的经典教学视频走进互联网

《马小跳和足球峰棋的故事》发布到互联网上以后，学生们纷纷上网阅读这个故事，这对于足球峰棋的推广和棋具销售都有促进作用。

有一次，贾玉宏在一所学校上足球峰棋课时提到这篇故事，引起学生们的兴趣，他们误以为书店里可以买到这本书，放学后纷纷到校门前的文化用品店去买马小跳的故事书，其中一家店里的“马小跳系列”书竟然被买光了。听到这个消息，贾玉宏才发现是自己没有说清楚。后来在课上再提到这个故事时，他都要特别提示孩子们，这个故事没有出版成书，可以到网上免费阅读。

在网上发布了《马小跳和足球峰棋的故事》后，贾玉宏并没有满足，他常

常在网上看到棋界大师们的教学视频，觉得自己也应该录制足球峰棋的教学视频。于是他到影视制作公司咨询，了解到专业录制的费用很高，而且是根据片长收取费用，至少在 3000 元以上。

他想，请专人录制视频费用太高，还不如自己录制。想到此，他眼前一亮，自己买个普通摄像机不就可以录了吗！于是他到电器商城里看了实样，然后到网上找，看到一款国产的家用教学摄像机，只要 2000 多元，他当即下单购买。

摄像机到了，他又网购了三角支架。然后阅读说明书，到户外练习摄像，在掌握了一些技巧后，他又试着录了几段讲棋视频，但是效果并不好。为了找到好的拍摄环境，他带着录像设备，一个人到莲花一号区广场、莲花七号区广场及望海楼公园等空旷无人地带录制视频。在录了 10 多个视频后，始终不满意，主要是光线的原因导致效果太差。此外，在广场等空旷无人地带讲棋，情绪始终上不来，讲课时不流畅。

在户外试录效果不佳的情况下，他又回到家里录制。为了解决光线问题，他还特制了照射灯，试了之后，效果更差了。于是关掉了所有的灯，变换了多个角度，借助窗户和门外照射进来的自然光线，终于找到了合适的位置。

位置确定下来后，他连续三天上午在同一个位置、同一时间，分别录制了两段教学视频，两段视频录完后都在两个小时左右。一个是规则讲解，一个是实战讲解。录完后，他选中了第二次录制的视频，因为这次录制的视频效果最好。接下来要做的是视频剪辑制作，这是一项比较复杂的工作。这个他早就想好了——请电视台刘锋记者帮忙。刘锋很爽气，当即答应下来。他要求贾玉宏将要剪切的时间节点记录下来，这样他可以节省时间和保留下需要的每一个重点，不至于误删。

拿到视频，刘锋利用晚上休息时间在家里剪辑，根据贾玉宏的需求配上音乐，并分段加入文字标题。最终，这节讲解规则的教学视频片长超过了一个小时，而实战对局讲解视频在剪辑后片长也接近 15 分钟。

至此，贾玉宏讲棋视频新鲜出炉，费了不少精力，但资金投入并不多，自编、自导、自演、自拍，加上刘锋后期的剪辑制作，一路顺其自然就成了。这再次证明：世上无难事，只怕有心人。

视频能够完美面世，贾玉宏特别感谢刘锋在后期剪辑制作方面的帮助。为此，贾玉宏想表示谢意，被刘锋拒绝了，他说："都是朋友了，什么都不需要，你推广很不容易，这是我力所能及的。我能做到的事，只要你告诉我，我都会帮助你做。"说完这番话，他还不忘调侃一句："再者说了，能为你编辑这部视频，也是我的荣幸哈！"

完成视频时是 2012 年 7 月，到了 8 月，在南京一家网络公司负责人史必虎的帮助下，贾玉宏的视频上传到了土豆网。至此，网络上终于也有了贾玉宏讲棋的一席之地。大家只要用浏览器搜索"泰州贾玉宏"或者"足球峰棋"等关键字，就可以轻松查找并观看了。

后来网上"新棋吧"中有网友评论足球峰棋，并给予较高的评价，还留下了几句经典评语："在土豆网短时间内播放超过三千，就已经说明了这种棋的影响力了"；"你看，多么有良心的规则讲解！"；等等。

三、棋具热销，兴趣班招生也顺利了

足球峰棋从 2004 年 1 月 18 日那天开始推广，由于经验不足且缺少经费，加上初入"江湖"，许多人不熟悉也不了解，使得足球峰棋一路走得磕磕绊绊，在"风雨"中艰难前行。

在 2010 年秋季，更是跌入低谷。贾玉宏的家庭生活方面也到了窘迫的地步，他只好暂停了秋学期开班，游荡在街头，苦思良策，想找一份工作上班，能养家糊口就行了。可是这个想法也并不是那么容易实现的，寻寻觅觅，竟然没有合适的工作能让他暂时渡过难关。为了推广足球峰棋，贾玉宏努力了这么多年，受尽了苦和累，也得到了一些赞许和荣誉，如果就这么放弃了，实在是舍不得，难以释怀。他在继续推广足球峰棋和参加工作中来回摇摆，很难抉择。

最终，他还是选择了继续走推广足球峰棋这条路。他决定用最简单、最直接的方式销售棋具，就像小商贩一样，到外面去摆摊设点。他不相信通过面对面的推介，还能卖不出去。想好了就做。因为足球峰棋定位在小学生中推广，因此他巡销棋具时大多选择在各小学门外，利用上学前和放学后进行现场宣传销售。

完全没有预料到，竟然一炮打响了。他每天都能卖出一些棋具，而且销量在逐步上升，这对他触动很大，信心也增强了。

尝到了甜头，后来他又在 2011 年、2012 年直到 2015 年，连续几年以这样的方式去巡销棋具，销售数量一路走高，这是在最初几年没有过的现象！

2011 年春学期开始了，贾玉宏在兴趣班停开一期之后，又恢复了招生开班。这一期报名人数略有上升，可他并没有往心里去，在重新开班后，他又投入到了棋具销售中。

到了暑假班，奇迹终于出现了：在调高了学费后，竟然招满了 3 个班，高港区一个班，海陵区在家里招到了两个班，总人数超过了 50 人。这个暑假的周一、周三、周五和周二、周四、周六，他往返于海陵区和高港区之间，两边分时段上课。虽然辛苦一些，但乐得满足和收获。想想去年的暑假，只招收了 9 名学员，而且学费很低，收到的费用还全都给了房主，真的不能相提并论。钱包一下子鼓了起来，这么多年从没有过的幸福感油然而生，贾玉宏终于体会到了成功的喜悦。

棋具销售和兴趣班招生双丰收，贾玉宏心情自然不错，决定好好庆祝一下。于是他在暑假班结束后，带儿子贾奇峰去了北京。故地重游，他从学生家长那里借了一辆自行车，和儿子走街串巷，再走当年那些奋斗过的地方，回忆着那段艰难的“北漂岁月”，往事一幕幕浮现在眼前。

四年多过去了，北京又有了许多变化，当年居住的丰台区丽泽桥的平房区已经全部拆除了，建起了商铺和高楼。虽然已经是面貌全新了，但他脑海中的往日印记还是清晰的。

在北京，他和儿子游街巷，逛公园，还在儿子生日当天一起登上了八达岭长城的最高峰。一个多星期的时间，在北京好好释放了一下，一扫多年的郁闷和不快。

自从 2011 年那期暑假班热了之后，足球峰棋推广一路向好，招生也不再那么吃力了。每次发了宣传单，都会有家长第一时间给孩子报名。老生持续学棋的多了，新生也源源不断。

在 2012—2014 年间，每年的春季班、暑假班、秋季班都开了 4 个班。高港区两个班，海陵区两个班，每个班的学员都在 20 人左右。而寒假期间因为时间短，不单独设班，凡提前报名来年春季班的学员可免费来上寒假课。这样做也拉动了学员报春季班的积极性，为春季班招生提前打好了基础。

四、赶场教学，各小学足球峰棋社团火了

从 2004 年 1 月 18 日足球峰棋上市开始到 2010 年年底的六年中，贾玉宏在推广足球峰棋的路上磕磕绊绊，经历了太多的艰辛和困难，直至“弹尽粮绝”坠入“谷底”，生存方面到了难以想象的地步。

想不到在调整了推广策略后，2011 年初足球峰棋推广就有了复苏的迹象。2011 年暑假班一炮打响后，足球峰棋推广便呈现出一路上升的势头。这个时候，贾玉宏陡然间感觉到，做什么事都不那么吃力了。

足球峰棋热了，也得到了一些学校校长的认可，他们支持足球峰棋走进

校园义务开展普及教学活动。贾玉宏首先在泰州实验小学和海光小学开展了足球峰棋社团活动课，每周固定时间到校上课。随后，在高港区环溪小学也成立了足球峰棋社团，并顺利开课。这样，除了周六日的校外兴趣班之外，贾玉宏又在以上三所小学内开了社团兴趣班。校内兴趣班是免费的，参加的学生多一些，为满足更多学生的需求，均以大班开课。其中泰州实验小学社团人数最多，分成了两个班，总人数接近 60 人。

在这几所学校开展足球峰棋社团兴趣班，都是贾玉宏一个人教学，他只能错开时间去上课。其他无法开社团课的学校，他只能轮流去上普及课，逐个学校、逐个班级上。每次上完课，都会感到很疲劳，但是看到学生们在课上兴奋和开心的样子，自己的劳累立时也就烟消云散了。

在校内和校外开展普及教学，都是贾玉宏一个人忙活。他就像一台机器，不停地超负荷运转着。

这个时候，高港区又传来了好消息，口岸中心小学和高港实验小学先后也在校内成立了足球峰棋社团兴趣班。这样，高港区开设社团课的学校增加到三所，这三所学校地处城区中心，相距并不远。上社团课，贾玉宏就如同赶场一般，不停歇地奔走于各所学校之间。

鉴于此，有人建议贾玉宏发展一些助手帮他到各个学校上课。每次听到这样的建议，他唯有苦笑，只能解释：培养助手很容易，但要替代自己去上课很不现实，因为这涉及费用问题，而在学校开展普及课都是免费的，而且要占用许多时间，谁能像他这样坚持做下来。开展足球峰棋推广，尽管一路向好，有了盈利，但只能说是逐渐解决了贾玉宏的生存问题，还没有实力去扩大经营，增加师资力量。如果让别人也像自己这样不辞辛苦地做推广宣传，显然不现实。在他看来，暂时还没有人能做到，也没有人愿意去这样做。

贾玉宏曾经在各大中专院校开展普及推广教学课，那些大学生已经毕业走入社会，他们中有不少足球峰棋的“铁杆棋迷”，如果请他们来做足球峰棋推广工作，从眼前看，他们也许会接受，但从长期的付出和收益上来看，未必能持久。其实，所谓的持久是建立在收益基础上的。否则，即便他们愿意做，他们的家人也一定不会支持。

在贾玉宏开展普及教学的这些年，他身边并不缺少能教棋的助手，比如陈锦全、郑晓东、顾海峰、阚阳、袁凯、王文杰等。

在足球峰棋上市推广初期，贾玉宏的一位大学生弟子郑晓东是最适合做这个项目的人选，他自己也愿意做，曾多次利用空闲时间协助贾玉宏开展推广事务。那个时候，足球峰棋推广在艰难中摸索前行，前途难料。郑晓东凭着兴趣，多次表达了来协助推广的意愿，都被贾玉宏拒绝了。他知道，做推广普及要面对很多现实的问题，郑晓东是一位刚刚毕业的大学生，初入社会，首先要解决生存问题，绝不能自私地拖累他，给他讲明了道理。那时候郑晓东可能还不理解老师为什么要拒绝他的热情，他甚至多次表示只要跟着老师做，不要工资。后来郑晓东做房地产方面的工作，又辗转到上海工作，和同事结婚生子，现在定居在江西九江，并在商城里开了店，当起了老板，收入稳定，生活幸福。

每次想到这些曾经教过的学生，贾玉宏很是无奈，想用但用不起来。这是个现实的社会，大家都要生存。足球峰棋普及推广任重道远，不是一朝一夕就能成功和盈利的。

同样，贾玉宏也会向自己发问：假如足球峰棋不是自己发明的，自己还会这样去做推广吗？

高港区又增加了两个学校的社团兴趣班，一周内五所学校的社团课把他忙得团团转。

学生多了，难免会有调皮捣蛋的，这是最让他头痛的事。有的孩子调皮，不是不喜欢下棋，而是坐不住，没有定力。如果不喜欢，他就不会来了。对待这样的孩子，只能恩威并施，极费功力。

如此超负荷地工作，在经过几学期后，他还是病了，每次上课后都会感觉到头昏脑涨，腰酸背痛。刚开始出现这些症状时，他并没有放在心上，以为是劳累过度，休息一下就没问题了。可是他发现这种感觉越来越明显，也越来越严重，已经影响到讲课了。他只好到医院做了检查。结果让他怎么都想不到，居然是高血压“傍”上了他。

真的不敢想象，以后自己也要成为高血压人群中的一员了。给他看病的胡医生开了降压药，但他却一直不敢吃。因为听别人说过，降压药一旦吃了，就不能停，今后要天天靠吃药来降血压，那他是万万不愿意的。

有一次，贾玉宏陪妻子到医院检查身体时问一位熟悉的医生：“血压高能不能不吃药，用其他方法把血压降下来？”那位医生指着他的大肚子说：“你先将它减掉了再说！”。

一句话提醒了他。他上网查询，原来罪魁祸首是肥胖，再加上劳累过度等诱因引发了高血压。看到网上介绍说，可以通过运动减体重来降压。

说到运动减肥，最简单有效的方法就是跑步了。于是他决定不吃降压药，以长跑减体重的方法来降血压。自此，他每天早晨起来跑步，刚开始跑不到两公里就已经气喘吁吁了。经过一周时间的适应，渐渐不吃力了，他便延长了跑步路线。两天后，他再次延长线路，已经轻松多了。如此，他风雨无阻，每天坚持跑步，每过两三天增加一些里程，沿着城区内的街道奔跑着。

每次跑出一身汗，再洗个澡，身体确实舒服多了。就这样，他养成了每天跑步的习惯，如果不跑步就感觉像是缺少了一些东西似的。经过一段时间晨跑后，再复检血压，显示数据还是时高时低的，但那种头昏脑涨的感觉减轻了。为了达到效果，他不时增加里程，直至跑到大汗淋漓后才停歇。

跑了很长一段时间之后，他的体重竟然在不知不觉中真的降了下来。肚子小了，血压也趋于平稳，只是有时在课多劳累后，还会出现血压不稳的状况。没有办法，他只得保留了环溪小学社团班，将其他学校的社团课都停掉了。环溪小学没停，是因为这所学校是高港区最早开展足球峰棋推广的一所学校，算得上是高港区的足球峰棋基地。这所学校的学生更是不负众望，在泰州市足球峰棋比赛中连续多次夺得冠军。多年来，学校给他提供了很多支持和帮助，足球峰棋也被该校列为特色项目，写入学生成绩册中。因此，不管遇到什么情况，只要他还在做足球峰棋的普及推广，那就一定要保留这所学校的社团活动，也一定要坚持开展下去。时至今日，环溪小学社团足球峰棋班每学期必上。即使后来城东小学和大浦小学力邀他到校开社团课，他也要错开环溪小学每周五的上课时间。

除了社团课的普及教学外，贾玉宏还经常走进课堂，借用学校的文体活动课时间给学生们讲解足球峰棋知识。往往每个班只需要一到两节课，学生们就能基本掌握足球峰棋的相关知识和下法。

在学校内上普及课，贾玉宏是即兴讲棋，根据学生们的表现，增加“调味料”。因此，在不同的班上课时会适时调整，即兴发挥，收到了良好的效果，学生们兴趣盎然，反应热烈。也有的时候，会有当班老师或校长旁听贾玉宏讲课，也得到了他们的肯定和赞许。

有一次贾玉宏在一所小学上课，班主任老师旁听了，她回到办公室后当着其他老师的面连声惊呼：“贾老师讲得太好了，我们班的学生都着迷了，都嚷嚷着要下棋呢！”后来这位老师还将双胞胎儿子送到校外兴趣班跟随贾玉宏学棋。

还有一次在另一所小学上课，顾校长也来班上听了一节课。课后他对贾玉宏讲棋做出了较高的评价：挺好的，你讲得很有趣，学生们都很喜欢。

总之，到每一所学校上课，贾玉宏不只是向学生们传授足球峰棋的知识、规则和下法，对于他来说，更大的收益是通过学生们学习后反馈的信息，领悟足球峰棋更深层的精髓。他常常会微调足球峰棋的棋具和说明书，使得棋具和规则说明更加精细到位，易于理解和自学。

五、智慧足球棋

足球峰棋从2004年1月18日上市开始到2022年1月18日，走过了18年的普及推广路，期间仅名字就进行了两次重要改变。

最初是在2004—2007年用“足球棋”这个名字。足球和棋两种不同运动的名称直接写在一起，看到名字就知道了棋的内容。本来这个名字是最恰当不过了，可以沿用下去，但后来在互联网上搜索“足球棋”三个字，便可以看到好多个同名字的棋，贾玉宏发明的足球棋只是其中一种。

这也可以理解，一个好的事物，总会有人去研究和探索，足球棋也是一样。早在几十年前就有人提出将足球运动搬到棋盘上进行比赛的构想。许多人先后以自己的思路设计了各式各样的“足球棋”，他们一开始热情都很高，抱有极大的幻想。可是在实际推广中才发现设计不完善，也不成立，所以渐渐放弃了，最后不了了之。

即使多数的“足球棋”已经名存实亡了，但是它们仍然遗留在互联网中，这样给贾玉宏推广自己发明的足球棋带来了不利。他这边全力宣传推广，而棋迷们在互联网上却看到了另外的几种棋，真假难辨，极易令爱好者迷惑而失去兴趣。在这样的情况下，起一个独特的名字就显得尤为重要了。

此外，“足球棋”这个名字也不利于走高端棋推广的路线。早在20世纪六七十年代，民间就流传着一种儿童足球棋，靠掷骰子走步数，先到终点一方即为射门获胜，是一种凭运气取胜的游戏棋。因此，以“足球棋”命名，容易将两者混淆，给人们一种错觉——“足球棋”就是小孩子靠运气玩的游戏棋。这与贾玉宏发明设计和推广足球棋的理念是不相符的，也不利于推广。

因此，贾玉宏在北京推广期间就特别对名字做了更深入的思考。经过很长一段时间的酝酿，自行设计了一个全新的名字——“足球峰棋”。这个名字看上去是用一个“峰”字将“足球”和“棋”隔开，好像区别不大，但实际上意义深远。在和棋界的一些朋友交流后，这个名字也得到了大家的认可。尤其是2007 年 9 月在泰州正式更名后，更是得到了校长们的认可。直到现在，有的校长脑海里仍然保留着“足球峰棋”这个名字，他们在下发排课通知时，仍然会用“足球峰棋”这个名字。

既然“足球峰棋”这个名字已经被大家认可和接受了，那为什么还要再次更名呢?

说起来，“足球峰棋”这个名字生不逢时，从更名开始，正是足球棋逐渐滑向低谷的阶段。当然这并不是名字的原因，那时贾玉宏刚刚从北京回到泰州，他离开了一年多，人们已经淡忘了那个曾经火爆泰州城区的足球棋，一切几乎都得从零开始，要重新起步。

这个时候起步，已非当年足球峰棋刚上市时的那个阶段了。从北京铩羽而归，贾玉宏心态上发生了很大变化。再加上多年来推广足球峰棋，花光了家里的积蓄，他心里承受着巨大的压力，身体也严重透支，回到泰州重新起步也就越发艰难。因此“足球峰棋”这个名字虽然高端大气，但也无法扭转一路走低的颓势。

直到 2010 年秋季，贾玉宏改变了推广策略，走上街头到各所学校门前巡销棋具，推广宣传自学方法，情况才渐有好转。尽管没有大的收益，但是付出终于有了回报。

走街串巷，巡销棋具，往返于各所学校门前，通过接触家长和学生，了解他们对足球峰棋的印象和想法。贾玉宏慢慢觉察到“足球峰棋”这个名字还是不够“亲民”！人们看到名字后，第一印象不够清晰，不能给人们眼前一亮的感觉。这时候他灵感来了，忽然间想到在足球棋前面加上“智慧”两个字，突出棋的特点。有一个直观的名字“足球棋”，再加上“智慧”两字，说明了这种“足球棋”是要动脑思考，用智慧才能下的棋，简约、直观，这样更加有利于普及推广。

有了这个念头后，贾玉宏开始测试这个名字的可行性。通过一段时间的试验，他于 2012 年 12 月 18 日开始启用新名字——“智慧足球棋”。同时又在当月 22 日首次以“智慧足球棋”命名自费举办了一届比赛，以示更名。

更名为“智慧足球棋”之后，“足球峰棋”的名字仍然使用，分为主名“智慧足球棋”和又名“足球峰棋”。一种棋，两个名字，没有冲突，而且还能相互促进，挺好的。后来在新棋具包装上，均以主名和又名标注了这两个名字。

2013 年春节前，经海陵区文体局和区民政局批示，泰州市海陵区智慧足球棋俱乐部正式成立。同年，以“智慧足球棋”命名的新版棋具也上市了。

六、智慧足球棋俱乐部

泰州城区有多家棋艺培训机构，贾玉宏在推广智慧足球棋初期，就有意结识，想将自己的棋加入他们的培训机构。在主动接洽了以象棋为主的某棋院后，他放弃了这个念头。对方以象棋名流自居，很牛气，和他们接触一次后，感觉难以沟通。

贾玉宏打消了和泰州棋类培训机构合作的念头，踏踏实实做自己的推广事业。后来有一家棋类培训机构主动约他商谈合作。那时，泰州关于贾玉宏的新闻报道挺多的，多所学校在开展智慧足球棋普及教学，比赛也很火，这家培训机构想和他合作，共同开展教学。本来是个挺好的机会，可是在见面商谈后，双方在学员收费金额上无法达成统一，最终难以成行。那个时候，尽管智慧足球棋学员越来越多，但大多建立在低收费、盈利少的基础上。如果因为增加了成本而抬高了学棋门槛，智慧足球棋的推广将难以开展下去。于是他放弃了这种不现实的合作商谈。不过，这家棋类培训机构的负责人给他留下了深刻印象，对方很坦率，表示不赚钱的事，他们做不了。

后来，贾玉宏将国际跳棋引进泰州开展推广活动后，才开启了和其他棋类培训机构的合作商谈。

国际跳棋是世界上普及率仅次于国际象棋的一种棋，2007 年才在中国开展普及推广。而进入泰州的时间是 2009 年，那是贾玉宏在 2008 年北京首届世界智力运动会后带到泰州的。经过几个月的准备，于 2009 年初正式开始了推广教学。泰州算得上是国内开展国际跳棋普及教学最早的城市之一，属于领跑者。一直以来，泰州的棋类运动项目中，围棋、中国象棋、国际象棋是体育部门重视和长期主抓的比赛项目。国际跳棋进入泰州后，是个冷门项目，那时还没有引起有关部门的注意，也没有被大众接受，推广的难度不亚于智慧足球棋。

因为国际跳棋和围棋、国际象棋、中国象棋同属于国家比赛项目，泰州市有关部门了解后也想将这个项目发展起来。可是那时候，家长们对国际跳棋并不熟悉，也不认可，许多人都没听说过，更谈不上参与学习了，在推广中自然也就没有盈利一说了。在这样的情形下，许多培训机构是不愿意做这项亏本项目的。正因为如此，有关领导才有意让贾玉宏担起这项推广普及工作。

推广智慧足球棋的最初几年，贾玉宏大多是义务做普及推广工作，没有盈利，引进国际跳棋也是想和智慧足球棋取长补短，创造一些收益。有主管部门参与，推广力度就大了，如果能在政策和经济上再给予扶持，那就更好了。

和有关部门分管领导商谈后，领导给他介绍了泰州某棋类培训机构，希望能加入他们之中开展推广。对于贾玉宏来说，这是好事情，至于他们收取一些房租或其他费用，也是合理的，只要能获得一些收益就满足了。这位领导亲自和这家棋类机构负责人通了电话，说明情况后，对方表达了面谈的意愿。

面谈了几次，由于是主管部门分管领导电话推荐的，对方还是比较客气的，很快就达成了口头合作意向。但是对于合作涉及的费用只字未提，直到最后签订协议书时，贾玉宏才陡然看到费用条款，其中一条就是加入他们棋类机构中，首先要付押金一万元，作为各项合作的保证金，虽然说明了押金最终可以退还，但是要建立在没有违反他们的规定和退出合作之后。也就是说，只要合作一天，押金都不会退还。这是不合理的规定，正常人是想不出这样的条款的。试想一下，用这一万元押金换取合作，还不如自己投资申请一个独立的棋类培训机构呢！

除此之外，其他条款还有不少，比如他们棋类机构的定制衣帽和宣传招生广告费等条款，多是建立在他们自身的利益之上。

在看到这些条款后，贾玉宏很震惊，毫不犹豫地退出了。没有讨价还价，也没有做任何争取工作，可能这是对方没有想到的。

后来和主管部门另一位领导谈及这件事时，那位领导埋怨贾玉宏："你为什么不来跟我说，我来找他们，哪还有押金一说。你看别的棋同样加入他们机构，有押金吗？"

和泰州某棋类培训机构的合作告吹，贾玉宏立刻到海陵区民政局咨询申请成立俱乐部的流程，民政局负责申请的领导对智慧足球棋做了了解，支持成立泰州市海陵区智慧足球棋俱乐部。那时已经临近春节，海陵区民政局特事特办，协助做好了各项资料，交由贾玉宏去海陵区文体局和民政局办事大厅办理。仅三天时间，各种手续就全办好了，而且没有收取任何费用。这样的工作效率，令人敬佩！

成立了泰州市海陵区智慧足球棋俱乐部（以下简称智慧足球棋俱乐部），智慧足球棋的推广如鱼得水，一路走高。为了进一步加大推广力度，贾玉宏主动找泰州棋院商谈合作。因为泰州棋院在高港区设有分部，贾玉宏在考察后，觉得很适合合作开班。于是他和棋院翁岭院长取得联系，说明了意愿。翁岭院长年轻有为，魄力十足，当即达成共识，除象征性地提取教室使用费外，其他不增加任何费用，这也给贾玉宏大大降低了投资风险。至于每位学员收多少费用，由贾玉宏自己决定。商谈很融洽，这充分显示出翁岭院长的眼光和魄力。

和泰州棋院合作，一路走下来很和谐，在共同的努力下，生源一直保持充足，从来不冷场。贾玉宏也是竭尽全力推广智慧足球棋、国际跳棋及棋院的围棋项目，收到了良好效益，对棋院发展也带来了积极的一面。

和泰州棋院合作，贾玉宏这边有事求助，翁岭院长从不回避，有求必应。例如比赛活动，棋院每次都会积极参与并协助举办，翁院长更是多次到场发表讲话，并为获得名次的棋手颁发奖品。

泰州棋院在翁岭院长的带领下，长期热衷于公益事业，对泰州棋类活动开展贡献着自己的力量，是泰州棋艺界的典范！

七、棋艺真世界，上演“三棋演弈”

智慧足球棋走进校园，义务开展普及教学。这是一项对学生非常有益的集知识和智慧于一体的活动，它不仅传达了以棋益智的理念，也间接普及了足球知识。在国家倡导足球进校园的档口，为学生们了解和熟悉足球知识起到了引导促进作用。在贾玉宏普及智慧足球棋教学后，不少学生在下棋的同时也爱上了足球运动，并走进了球场。这是非常有意义的棋类活动，是利国利民的大好事。

智慧足球棋从2004年1月开始推广至今，贾玉宏进入各大中专院校及小学开展普及教学，面对面教学超过12万人次。

到学校开展普及推广，大多用的是文体活动课时间。因为智慧足球棋既属于足球运动又属于棋类运动，在班级文体活动课上教学，并没有冲突，学校领导是欢迎的。每学期安排的学校比较多，又只有贾玉宏一人到场讲棋，时间上就显得紧张了，有时候甚至连午休的时间也用上了。郊外有一所小学就是这样，在实在无法安排的情况下，只能用午间学生活动时间上普及课。这一来可苦了贾玉宏！为了完成计划和目标，他上午、中午和下午分别要赶到 3 所学校上课。而这所小学距离市区有 10 多公里，每次骑电动车在来去路上就得用去一个半小时以上的时间。有时因为赶时间，他都来不及坐下来吃午饭，饼干就水也就解决了。这样的付出着实不易，为了事业，他真是拼了。

每天不间断“赶场”上课，他的腰椎间盘出了问题，喉咙哑了，血压也升高了。疾病的困扰，并没能阻挡他前进的脚步。他不仅在城区内的小学上课，就连周边郊外的学校也会赶过去上普及课，甚至还连续每天乘公交车前往 20 多公里外的姜堰区上课。对于他来说，只要能联系上的学校，校长有意开展教学的，他都不回避，坚持义务开展普及教学。

记得到周边学校上普及课，耗时最长的是乘车去高港区某镇上的小学。因为从泰州没有直接去那里的车，他曾连续两周每天乘公交绕道高港，再转乘前往那所小学所在地的公交，每天来去用在路上的时间就接近 4 个小时。在普及推广智慧足球棋的道路上，他乐此不疲，无怨无悔。所谓多一分付出，就多一分收获，每次上课时看到学生们开心快乐的样子，便是他最幸福的时刻。

到每一所学校上课，无论是讲智慧足球棋还是讲国际跳棋，学生们都很喜欢，将他视为明星，课后围拢上来，拿出纸笔要他签名。每次面对这样的情况，他都感觉很无奈，签也不是，不签也不是。签名的话，学生们会效仿，围拢上来越聚越多，不安全；不签的话，回绝学生的要求似乎不够礼貌，怕伤了学生们的自尊心。刚开始他还能“偷偷”给个别学生签一下，然后快速离开，到另外一个班准备上下一节课。这时总有学生看到后，跟着他到另一个班要签名，贾玉宏只能好言相劝，说明不签的原因。

因为签名还发生了很多有趣的事。例如在高港区某镇小学上完课后，学生们要签名时，贾玉宏耐心和学生讲明了不签名的原因，看到学生们表现出了理解，他便安心地回到教师办公室拿包，准备回家。就在这时，一位女学生带着纸和笔怯生生地走了进来，想要签名。贾玉宏一看只有一名学生，也没在意，随手就签了，可是突然门外涌进来一帮学生，大家都各自带着纸和笔，原来他们为了签名居然运用了谋略。这一下中计了，不签是不行了。

看到这个场景，整个办公室里的老师都被惊着了，学生越来越多，不止一个班的学生。想想都觉得不可思议，这些学生也不怕学校老师怪罪，直到下节课上课铃声响起，没有签到的学生才悻悻地回教室去了。在学校被学生们追着要签名的各种情况都有，为了安全，贾玉宏尽可能不签。学生们这么热情，可见他们听课之后对智慧足球棋的喜爱之情溢于言表。

随着各所学校普及推广工作的展开，智慧足球棋知名度越来越高，形成了泰州独具特色的棋文化。孩子们都比较喜欢智慧足球棋，常常在家里向家长描述它的有趣之处。长此以往，家长们也渐渐接受了智慧足球棋，在选择棋艺培训班时，除了各项传统棋外，也对智慧足球棋给予更多关注。智慧足球棋在泰州的影响力尽管不能和传统棋相提并论，但它独树一帜，是最具特色的新棋种，必将成为泰州市的新名片。

智慧足球棋在泰州再次火了，校外兴趣班费用也在逐步提高，由最初不收费到少收费，再到今天的正常收费，期间经历了 20 余次微调。这是个漫长的过程，贾玉宏经受住了考验。在收费稳定以后，他在海陵区和高港区两地开设的兴趣班授课时间也固定下来，不再做大的变动，海陵区上课时间固定在每周六上课，分上午和下午共计 3 个班次（下午设两个班）；高港区为每周日上课，同样分上午和下午 3 个班次。两地的费用也统一了，不再有高有低。

费用提高了，人气反而增加了。肯定不是高收费促进了人们的认知，而是智慧足球棋和国际跳棋逐渐被家长们接受了。当然，人气足了也不能盲目涨价。之前曾有朋友和同行给他提过建议，认为学费有些低，一学期的学费至少应该提到千元以上，被他当即否定了。

还有一家校外补习班主动找到贾玉宏谈合作，对方的想法更是惊人：开设智慧足球棋精品小班课，每个班限定5人，每人每学期收费1980元。在贾玉宏看来，这是天价，可对方却不以为然，还说出了一番宏论。贾玉宏听对方说得头头是道，没有反驳，当然更不可能接受，因为这样的合作不够务实，是不可能成功的。最后商谈也就不了了之。

智慧足球棋发展到这一步，尽管离完全普及还差得很远，但却在推广过程中验证了这项棋的成熟性与科学性。通过学生们对弈，找到不足，修改完善，直至完美无瑕，这样的收益无疑是最有价值的。一个人的思路是狭窄的，两个人的思路就会宽广一些，那成千上万人的思路，才能验证它的合理性。

在推广过程中，贾玉宏一直遵循一个理念：一个人说好，不等于真好；大家都说好，才是真的好！世界上许多事物能够发展并传承下来，依靠的是自身的价值和完美。

时至2019年，推广智慧足球棋取得了阶段性的成功，贾玉宏开设的兴趣班生源稳定了，棋具销售也顺畅了，生活有了保障，这时他反倒是有了富余时间，来兼做其他项目。除了国际跳棋以外，他一直对国际象棋也颇有研究，于是，他在双棋培训的基础上，又增加了国际象棋教学，双棋培训也顺理成章升级为“三棋演弈”培训。

2020年1月18日，“三棋演弈”开展刚刚半年，俱乐部就已经取得了不错的成果。三种棋同时学习，各有不同，互相促进，智慧足球棋推广前景呈现出大好势头。

第八章

雪中送炭，好戏连台争锋论剑

智慧足球棋上市推广后，在最初的几年内，贾玉宏每年都会争取举办比赛。有的时候，一年内还能组织两次以上的比赛。

当时因为智慧足球棋还没有得到家长的认可，学费收取难度很大，为了推广普及大计，只能少收费。因此，就连每次举办比赛，也只能是象征性地收取报名费，作为参赛的保证金。为了增加人气，促成比赛，有的活动甚至还不收费。费用不足的情况下，只能靠拉赞助来举办比赛。

冠名赞助比赛，在那时挺普遍的。社会上的许多活动，多以冠名赞助的方式来做，这对于赞助方和主办方来说，是互利双赢的。

一般情况下，赞助方会根据宣传需要，有选择地投资赞助活动。那时智慧足球棋推广比较艰难，在大众中还没有形成影响力，要获得赞助是非常难的。就是在这样的条件下，贾玉宏依靠自己的努力，先后和多家单位谈成比赛赞助。

举办首届比赛时，因为大家对智慧足球棋都还比较陌生，为了找到赞助方，贾玉宏事先列出了十多个单位，逐个去商谈。为了取得赞助费用，要根据对方的需要来确定赛场和宣传方式。

2004 年是智慧足球棋上市后开展推广的第一年，本来计划 10 月举办比赛，因为赞助没落实，最后一直拖到 12 月 25 日接近年底时才举办。那次赞助是在和十余家“候选”单位商谈后，直到最后时刻才和世纪联华超市达成比赛赞助协议的。当时负责接洽商谈的是市场部刘荣霞经理，刘经理在看到赞助方案后，几经努力，终于在年底前促成赞助，令贾玉宏感动，至今难忘。

后来刘荣霞经理到易初莲花超市工作，那段时间正逢2006年德国“世界杯”足球赛即将开战，刘经理向超市负责人推荐举办智慧足球棋比赛。那时贾玉宏到北京发展刚刚一个星期，接到她打来的电话，立刻赶回泰州，策划组织了一场棋盘上的32强小世界杯比赛。因为有了之前的比赛经验，他仅用了一周时间，就做好了所有准备工作，那场比赛按计划和德国“世界杯”同日开赛。

开展智慧足球棋比赛，策划组织工作对贾玉宏来说并不难，可以说是轻车熟路，难点就在于赞助费用一事。许多企业都有不同想法，如何“投其所好”就成了贾玉宏面对的一道难题。往往和目标单位接洽时，需要多次去商谈，想方设法说服对方。有时跑了好多趟，也不一定能成功。

在拉赞助的过程中，有的单位暂时不需要活动宣传，会直接回绝；有的就奇葩了，单位没有这样的需求却又不回绝也不确定，往后拖，到最后才表明不参与赞助；还有个别企业没有实力赞助，却狂吹牛皮，说只赞助大活动，不赞助小活动等。各种情况贾玉宏都遇到了。

盘点智慧足球棋的历届比赛，不得不说，联通公司是最给力的赞助商，他们曾三次赞助智慧足球棋比赛，每次都是大手笔。也许一次几千元的费用对于其他活动来说不算什么，但对于智慧足球棋比赛来说，基本够支付比赛所需费用。在费用使用上，贾玉宏尽可能将赞助费全部用于比赛中，如果不够，自己添一点也不会在意。和联通公司合作了三次，取得了良好的宣传效果，电视和报纸的新闻报道以及宣传单发放等赛前赛后全方位宣传，加大了智慧足球棋的推广力度。联通公司更是在大众中获得极高的美誉度，得到人们的好评。

和联通公司合作举办比赛，每次都是大场面。根据他们的需求，比赛都在户外举行。比赛进行两天，第一天是预赛，第二天是决赛。户外比赛涉及的城管部门占道许可、赛场广告牌、桌椅等所有事务都由贾玉宏一人来解决。

在占道许可申请方面，由于城管局工作人员对智慧足球棋的推广情况比较了解，每次申请都是全力支持；而每次比赛用的桌椅都是从学校借来的。例如2005年五一假日期间在市区滨河绿地的一次比赛，某小学校长在得知贾玉宏急需要比赛桌椅后，便及时安排人员到校帮助搬运桌椅。在泰州职业技术学院校外举办的一次比赛，临近的机电高职校提供了桌椅。当时学校孟华峰书记和宋胄主任亲自组织学生搬运桌椅；在江苏牧院校外的比赛，则是该校提供桌椅并由学生会组织学生搬运。

除此之外，比赛的裁判员多是机电高职校和其他大学的在校学生，他们利用节假日时间，义务帮忙，携助贾玉宏举办比赛。

智慧足球棋比赛，以赞助费用多少来确定比赛规模，所得的费用全部用在了比赛宣传和购买奖品上，没有剩余。这不同于其他商业比赛活动，主办者都会从中赚取一些收益，因此他们需要的费用也就比较高。赞助智慧足球棋比赛，赞助方得到了应有的回报；而对于贾玉宏来说，费用没有剩余，那么支持并促成比赛就是给他的最大回报。尽管赞助方花最少的钱得到了最大的回报，但许多企业公司却没有这种投资意识。因此，贾玉宏每一次举办比赛在费用这块都会犯难。

在2011年之前，一些单位还有赞助各类活动的需要。那时，不管怎么难，最终都会有人出资赞助举办比赛，而为了迎合赞助方，确保他们的利益，比赛地点多安排在人流量密集的公共场所。当然，这样的安排对双方都有益，因为举办比赛本来就是一次非常好的宣传机会。到了2011年之后，随着社会发展和经营观念的改变，企业对投资赞助比赛的热情渐渐淡了。

也正是2011年，贾玉宏策划的一次智慧足球棋比赛，因为没有拉到赞助，所以一拖再拖。后来高港区环溪小学校长得知这一情况后，表示可以到环溪小学来举办比赛，学校特意提供了乒乓球室作为赛场，还安排学校有经验的老师协助比赛。

从那次比赛之后，贾玉宏策划比赛时不再寻求赞助了。2011 年正是智慧足球棋普及推广走出低谷的时期，坚冰开始溶化，一切呈上升势头，手里的资金渐渐多了。因此他开始自费举办比赛，除了将参赛棋手交的报名费用于比赛外，每次自己都要补上一部分差额。同时，原本在室外的比赛，也改在室内进行。这种变化也标志着智慧足球棋的推广有了阶段性的突破。这样，他将跑企业、拉赞助的时间用于正常推广事务之中，得到的回报更多一些。

依靠赞助开展比赛有许多被动之处。首先，要考虑赞助方的利益，赛场一般要设置在人流量大且有利于宣传赞助方产品的户外。但在户外进行比赛会受到许多自然因素影响，比如天气和场地、广告牌设置、背景安装、桌椅搬运等，工作量加大了，费用自然也就增加了。在室内比赛，这些困难自然就减少了。

自费比赛相对轻松多了，一切全由自己决定，比赛策划和组织可以提前一两个月，为各项准备工作带来便利。最大的好处就是可以随时随地组织比赛，不需要等待。

在智慧足球棋开展普及推广以来，举办了约 20 余次比赛，而其中有一次比赛差一点就搞砸了。后来所幸得到高港区文体旅游局孙长奋局长出手救场，才“涉险”完成比赛。现在回想起来，仍然记忆犹新。

那次比赛是在高港区一所学校食堂内举办的。比赛前一天的上午，贾玉宏还到赛场（学校食堂）进行了布置，并和食堂负责人进行了对接，以为一切就绪，高枕无忧了。可是到了第二天比赛日，当他提前来到赛场时，立时傻了眼，食堂大门是敞开的，灯的开关也不知道在哪里，找不到，而那天刚好是阴雨天，风又大，外面的树叶被刮进了食堂，满地都是。加上前一天营业后桌面上满是油腻，掺和着米粒、菜叶，一片狼藉。这都不可怕，可怕的是两位与场地有关的关键人物都回避了，打电话联系，都表示人在外地。这可怎么办？偌大的食堂开不了灯，一片黑暗。海陵区和高港区的参赛学生陆续来到赛场，面对这样的场面，贾玉宏第一次感觉到了无助。这么多年来，每一次比赛，无论多大、多难，都没有失手过，这一次是室内比赛，贾玉宏本来认为是最放心的，竟然遇到了这样的尴尬。那次比赛参赛人数比较多，超过了 100 人，分两个年龄组。那个时刻，他进退两难，做好了最坏打算——重选时间，推迟比赛。

面对这样的场景，贾玉宏急切地打电话联系食堂负责人，询问电源开关一事，可对方竟然说不清楚；而负责联系场地的领导说自己出差在外，对此无能为力。实在没有办法，贾玉宏只好将电话打给了也身在外地的孙长奋局长。孙局长听到这个事，连忙安慰贾玉宏不要急，让他等电话。贾玉宏一边接待着家长和学生，解释情况，一边焦急地等着电话。这时家长们也行动起来，拿出车里的毛巾、擦布，大家一起动手帮助清理桌面上的杂物，也有的家长配合裁判员收拾场地，大家一起忙碌起来。很快，孙局长的电话打了过来，表示已和学校校长通了电话，请校长到场帮忙。没过多久，校长急急忙忙赶了过来，打开了电源开关，贾玉宏终于长出了一口气。这时离计划开赛的时间已经过去了半个小时。这段时间，孙局长连续多次打来电话询问情况，直到得知比赛已经顺利开始他才放心，并表示他正在从外地回泰州的路上，尽量争取在颁奖时间赶到赛场，给获奖棋手颁发奖品。

那次比赛，让贾玉宏深深体会到了什么叫拆台，什么叫齐心协力，什么叫雪中送炭。虽然晚了半个多小时，但是比赛进行得很顺利，面对两个组别的比赛，贾玉宏指挥若定。

缩短了午间休息时间，下午按计划时间结束了比赛。而这时孙局长也正好赶到了赛场，他还带来一位同事，一起为获奖棋手颁奖。这次比赛开场恐怖，幸而得到孙长奋局长解危救场，完美谢幕，贾玉宏铭感不忘！

贾玉宏每次举办比赛都有不少热心人帮忙，义务参与裁判工作和维持秩序，而其中多数是他教过的学生。这些学生来协助他举办比赛，从不图任何回报，甚至就连请吃饭都不接受。这让贾玉宏很感动，像郑晓东、顾海峰、郁静、周靖、阚阳、袁凯、陆琴、易彩霞、王云等，他们有求必应，只要有时间，从不拒绝。有一次在高港区环溪小学举办比赛，已经毕业走上工作岗位的周靖刚上完夜班，就带着阚阳、袁凯等几位同学来到赛场协助比赛。尽管疲惫不堪，但他仍然坚持在现场。

在推广智慧足球棋的这些年里，除了每年正常开展比赛以外，有时候贾玉宏也会做一些户外宣传活动，比如棋具促销、车轮战表演等。每次做活动，最给力的当属泰州新闻媒体了，泰州电视台各栏目积极参与采访报道，其中尤以名牌栏目《新闻夜班车》采访次数最多，其在智慧足球棋推广的10多年里，跟踪采访报道了20余次。《泰州日报》《泰州晚报》、泰州广播电台等都给予了长期关注报道，每逢活动开展，都会积极采访，就连省级和省外的一些媒体也偶尔会来采访或转发报道。

各路新闻媒体的持续关注和报道，给予了贾玉宏极大的动力，是智慧足球棋推广中不可缺少的强劲力量。没有他们的宣传报道，智慧足球棋在推广的道路上很难走下去。

到了2017年，智慧足球棋比赛由原来的对抗赛、争霸赛等形式改成固定模式——“泰州论剑”，每年一届，比赛时间定在10月之后。每年这个时候，各路棋手齐聚泰州，争锋论剑，为智慧足球棋的推广普及助力。

第九章

峰级智将，他们都是战斗队员

自2004年1月18日智慧足球棋上市至2022年1月18日，智慧足球棋推广已走过18个年头。贾玉宏在这些年里奔波于各大中专院校、小学及校外兴趣班开展普及教学，面对面教学超过12万人次。其间在每年的智慧足球棋比赛中都会涌现出一些水平出众的棋手，他们在“泰州论剑”中领跑在前。

随着这些学生的年龄增长，他们由小学升到初中、高中、大学，在他们的成长过程中，智慧足球棋的普及范围自然扩大。这充分说明“从娃娃抓起”的推广战略是正确的。

智慧足球棋开展推广的这些年，参与学棋的学员有很多，他们的棋艺水平高低不等，很难确定谁更强。在贾玉宏的印象中，每一位棋手都有自己的特点，如果要分出高低，理清排列名次，那可是一项大工程。因此，贾玉宏只能通过印象汇总了数百位优秀学员，他们中大多是参加了智慧足球棋专业培训，且成绩突出并获得峰级棋位的棋手。

这些棋手分布在各个时期，他们积极参与学习，为完善和验证智慧足球棋的科学性和合理性做出了贡献。他们是智慧足球棋推广过程中的“战斗”成员，也是智慧足球棋成长中的一分力量，向他们致敬！

排名前后并不重要，能够参与智慧足球棋学习并荣获峰级棋手称号，已是一份荣耀了。

以下峰级棋手名单是智慧足球棋开展普及推广以来参与学习的部分学员，他们来自各大中专院校和中小学。他们的级位涵盖了初峰级（一峰）到奇峰级（十峰），棋手的具体级位就不做标注了。名单编排会有遗漏，仅作为参考！

2004—2022 年获得智慧足球棋峰级级位的棋手名单

（按姓氏拼音首字母分组，排名不分先后）

B.	鲍宇阳	步天哲	包京钰	卞俊皓	卞淑瑶			
C.	陈　帅	崔子垚	承天佑	常维益	从翔宇	褚思颐	常睿杰	成　伟
	程掌元	程珊琦	程彦泽	程琦煜	程晓远	曹　程	曹　越	曹　睿
	曹钰浩	曹珀祥	曹宇轩	曹一阳	曹润东	曹天宇	曹彦鹏	曹羽凡
	曹嘉诚	曹睿敏	曹新颖	曹　乾	曹珀祥	曹瑞辰	曹胤晨	曹　军
	蔡昊伟	蔡冬祥	蔡昊天	蔡俊杰	蔡金漫	蔡　鹏	蔡振轩	蔡紫涵
	蔡昊羽	蔡剑宇	蔡　东	蔡　烨	蔡佳星	蔡恒强	蔡敬业	蔡　素
	蔡佳扬	蔡　越	蔡子予	蔡文轩	蔡浩宇	蔡姝含	蔡紫祯	陈　飞
	陈景智	陈　晖	陈颖裕	陈冬冬	陈子倩	陈子卓	陈骁睿	陈佳琪
	陈博文	陈仕杰	陈云昕	陈　燃	陈进鹏	陈立轩	陈佳鑫	陈　伟
	陈　亮	陈凌云	陈庆华	陈继忠	陈亚飞	陈一凡	陈逸轩	陈佳慧
	陈梓文	陈逸阳	陈彦君	陈睿颖	陈　超	陈宇京	陈思涵	陈日泉
	陈鹏飞	陈　涵	陈聪聪	陈　祥	陈纬洲	陈煜涵	陈佳哲	陈家豪
	陈天琪	陈灵岳	陈锦瑞	陈安琪	陈绍贤	陈禹轩	陈丁嘉	陈子煜
	陈一非	陈星宇	陈佳怡	陈炫佑	陈灵岳	陈思静	陈羽佳	陈　盛
	陈庆怡	陈　威	陈　强	陈　亮	陈昕尧	陈颖裕	陈吉玉	陈鹏胜

	陈嘉年	陈　明	陈慕瑞	陈伟业	陈佳雯	陈子浩	陈　旺	陈　哲
	陈尔东	陈李萌	陈禹泽	陈恩瑾	陈奇峰	陈泽轩	陈籽轩	陈雨泽
	陈清煜	陈林轩	陈　若	陈奕璇	陈亦然			
D.	邓觐宇	邓旺宇	邓涵翕	杜思越	杜　熙	窦立阳	窦嘉荞	窦熙涛
	董鸣宇	董新辰	董子豪	董正合	董婷婷	戴晨浩	戴　晋	戴锦程
	戴乾明	戴欣然	戴嘉旭	戴子超	戴韦冉	戴睿恒	戴靖淇	戴志贤
	戴思辰	丁泽轩	丁元昕	丁　昊	丁杰锋	丁同海	丁　涛	丁一凡
	丁祉辰	丁睿阳	丁三丰	丁　健	丁宇扬			
F.	冯宇浩	封兴隆	方星瑞	费陈洋	费鹏宇	樊静玲	樊浩浩	樊一舟
	付　雯	封雨阳	房思源	房　洲	冯宇瑞	冯浩毅	冯夏宇	冯乔勇
	范梓仪	范源基	范昱辰	范宏锐	范陈一	范　昊	范睿诚	范蓉蓉
G.	顾海峰	官林佳	官　伟	龚旭阳	龚思琪	龚莞婷	葛延强	葛思源
	葛延承	顾恺睿	顾安刚	顾鹏振	顾辰睿	顾奥伟	顾一航	顾晨瑞
	顾思林	顾菁菁	顾瑞涛	郭思彤	郭晶晶	郭星彤	郭睿智	郭　瑶
	高梓淳	高俊铭	高逸淼	高思淼	高鑫一	高岩博	高婉清	高扬喆
	高心洋	高倩纯	高昱昊	高文轩	高理楠	高小龙	高荣荣	高玉梅
	高赟鹏	戈雅璐	过玉璟	关志华	宫辰飞			
H.	胡泽昊	胡池寅	胡筱筠	胡仁宗	胡艺涛	胡心怡	胡明旭	胡宇澄
	胡健芃	胡　超	胡梓逸	胡子宇	黄俊杰	黄睿智	黄俊杰	黄子龙
	黄政烨	黄凯瑞	黄子轩	黄瀚阳	黄旭波	黄承智	黄照雄	黄子誉
	黄　浩	黄　瀚	黄汝晶	黄楷瑞	黄予成	黄宇杰	黄石烨	黄伟宸
	黄陈枫	黄泽昊	黄　杰	韩　进	韩明鹏	韩小明	韩兮伦	韩昆仑
	韩童妤	韩雨轩	韩宇航	韩东阳	韩　璐	韩　晨	韩梓嫣	韩潘越
	韩江川	韩佳慧	韩一唯	霍介湘	霍柯廷	霍彦君	霍栩钰	霍立伟

	何　阳	何忠贤	何永健	何健鑫	何　杨	何圆圆	何嘉欣	何　云
	何伟凡	杭璐璐	杭宇辉	杭润民	霍天宇	霍英杰	霍永康	洪建明
	洪凯翔	洪子煜	洪　骏	洪晋晋	郝瑞智	何跃群	侯刘敏然	
	花璐璐	侯晓颉						
J.	焦润远	焦　健	焦　娇	吉睿智	吉逸轩	吉皓冉	吉松瑞	吉星羽
	吉丰泽	吉　鎏	吉　皓	吉星宇	吉　磊	吉顾鹏	吉玮昱	吉凯宁
	吉茂祥	吉　童	吉芷瑜	吉逸乐	吉康睿	吉奕鸿	吉奕程	吉夏灏
	吉浩宇	吉明睿	吉朝阳	蒋　丞	蒋庆华	蒋蔓青	蒋梓昊	蒋陶然
	蒋宇轩	蒋启昱	蒋佳衡	蒋志远	蒋　华	蒋　俊	蒋森林	蒋体昱
	蒋宇晨	蒋志超	蒋沐然	蒋季成	蒋立泽	蒋睿昕	姜经纬	姜屹灏
	姜明哲	姜贝斯	姜梓羽	姜一轩	姜亚俊	季子茹	季子月	季　浩
	季嘉俊	季钰程	季圣烨	季　飞	贾奇峰	贾欣宇	贾皓淳	贾振飞
	贾睿恒	贾玉城	贾睿彤	贾凌峰	贾帅文	贾冬阳	金程宽	金慷杰
	金旭辉	金楚朝	居悦朋	居飞雨	居　峰	居子轩	江佑任	江雨农
	江祺晟	江仲秋	江成哲	江宇轩	江泽鹏	江有朵	鞠　巍	鞠　裕
K.	阚　阳	阚志骏	孔书源	孔维煊	孔嘉铭	孔思昊	孔令峥	孔祥麟
	孔垂嗣	康珉赫						
L.	李青华	李劲锋	李　洲	李枫宸	李文迪	李　睿	李凯乐	李航宇
	李子轩	李子凌	李　娟	李　馨	李　杰	李　研	李婷风	李思涵
	李昕钰	李辰逸	李明浩	李书领	李星辰	李瑞琪	李颂阳	李　锐
	李敬仁	李元翔	李欣洋	李奕诺	李睿阳	李潇煜	李韫辰	李欣浩
	李一凡	李少轩	李丁宇	李润彤	李宇昊	李佳泽	李润泽	李屹恒
	李文远	李　璇	李锦文	李伟杰	李诚钰	李羲禹	李高旸	李逸飞
	李陈睿	李浩基	李隽之	李嘉诚	李　翔	李佳鹏	李逸凡	李远牧

	李嘉玮	李　萱	李　研	李思潇	李奕城	李佳隆	李明轩	李梓豪
	李中麒	李梓铭	李晟泽	李煜琦	李欣怡	李　玟	李杨旭	李明轩
	李依乐	李煜琦	李瑞琪	李文铖	李旭东	李胤辰	刘玉堂	刘宇轩
	刘　寅	刘欣艺	刘铭铭	刘曾铖	刘沁蕾	刘书润	刘思为	刘　晗
	刘兴宇	刘珍兰	刘恩熙	刘鑫成	刘天润	刘星辰	刘璟睿	刘锡城
	刘健伟	刘九洲	刘照炜	刘梓城	刘志远	刘贝宁	刘重洋	刘子阳
	刘庆羽	刘思源	刘志强	刘金龙	刘立泰	刘铭铭	刘　平	刘晓雪
	刘旻炜	刘家皓	刘辰熙	刘宇涵	刘志华	刘小伟	卢羽扬	卢家喆
	卢则饶	卢欣怡	卢赟晖	卢瑞希	卢品润	卢润凯	卢缪妍	卢雪妍
	卢冰洁	卢振浩	卢文浩	陆文昊	陆　琴	陆宸瑞	陆家立	陆嘉旭
	陆均益	陆孜俊	陆昱潼	陆俊熙	陆　伟	陆藩奇	陆劲航	陆　进
	陆思雨	陆浩俊	林子恒	林梓豪	林　栋	林　欢	林子衡	梁　宇
	梁智超	梁立成	梁倩楠	栾亚鹏	栾飞鹏	栾亦飞	栾昭威	栾泰宇
	栾雨桐	栾菲菲	吕智恒	吕嘉玮	鲁昱池	鲁宇轩	罗一维	罗佳琦
	罗怡然	罗嘉元	凌子亦	凌梓恒	骆天祺	骆　冰	寥曼琦	雷伟杰
	律俊雅	郦佳兴						
M.	马骁文	毛世富	毛梓鑫	毛子谦	毛辛成	毛正杰	毛海娟	马霁玥
	马子扬	马敬然	马彦君	马瑞明	马瑞涵	马亦飞	马秋涵	马云莺
	马一涵	马钰鑫	马露媛	马小峰	马　济	梅雨辰	梅帅涵	茅浩文
	莫劲翀	明智鹏	孟凡宇	缪晨远				
N.	倪梓壹	倪仕缘	倪嘉璐					
P.	潘书皓	潘　拯	潘　韧	潘晨啸	潘韩立	潘　冯	潘书越	潘文翔
	潘佳晨	潘奕橙	潘　颖	潘金磊	潘学毅	潘文凯	潘　飞	潘靖文
	潘　岳	潘陈伟	潘梓轩	潘久鹏	潘昱臣	潘喻朗	彭振飞	彭奎伟
	彭　城	彭冬明	濮志华	朴志敏	裴佳恩	彭懿凡	卜昊杰	

Q. 钱 坤 钱仁杰 钱 华 钱 芹 钱 陈 钱宇欣 钱嘉伟 钱嘉敏
钱欣彤 钱清越 钱睿健 钱昊泽 钱鸿宇 钱禹辰 钱志宽 钱晓源
钱春荣 强培源 强培涝 邱子彦 邱 越 邱东辰 戚雅文 戚新月
戚 睿 戚春花 祁正亚 祁炜杰 祁梓峰 祁彦廷 祁胤祥 乔莉芸
乔宇晨 乔栩凯 秦梓轩 齐 昕 秦佳俊 强昌敞

R. 任志邦 阮陆炜 阮雨桐 软维彬 芮宇阳

S. 邵心成 孙景鑫 孙万杰 孙 灿 孙 弢 孙 飞 孙向阳 孙佳怡
孙麒钧 孙嘉泽 孙红梅 孙志远 孙林峰 孙鑫宇 孙楷宸 孙子昊
孙一歆 孙艺帆 孙万杰 孙翊钧 孙翊钦 孙 浩 孙明扬 孙新海
孙玉珺 孙智浩 孙 煜 孙志群 孙艺菲 孙亚琪 孙 泽 孙 吉
孙时进 孙宇晨 孙佳政 孙宇晨 孙 鹏 孙小翔 孙 达 孙梓涵
孙豪孺 孙引才 孙璐琦 孙 可 孙清韵 孙东哲 孙荐威 孙耀辉
孙铭阳 孙艺峰 孙飞灿 孙玉洁 孙小丽 沈田磊 沈 阳 沈钰恒
沈孙昊 沈承恩 沈锦波 沈彦杰 沈李豪 苏立凯 沈彦潼 沈国阳
沈其成 沈梓润 沈萱玥 沈启天 沈 萌 沈萍萍 沈金旭 沈奎炎
苏禹臣 苏智赢 苏子轩 苏朱宸 苏烨子 施宇轩 施鹏伟 施宇杰
帅志伟 帅凯轩 史之皓 史浩楠 生奇楠 生嘉琦 申康旭 申晗琪
申晓斌 石佳睿 石承恩 石锦辉 邵 森 邵士田 邵秀芹 帅 景
帅智宝 盛仁杰 树 华 时志祥 沙星皓 宋振阳 司子朔 徐文瀚

T. 田海龙 唐宇轩 唐家琪 唐知非 唐晨晖 唐 成 唐沁心 唐子杰
唐佳荃 唐鑫扬 唐 翔 唐阿芹 唐 慧 唐年俊 唐 驰 唐梓耀
唐潇洋 唐凌志 唐 晨 唐江浩 唐华波 唐铭雨 唐诗颖 唐 谌
陶程鑫 陶 睿 陶钟锦宸 陶秋亮 陶华梅 陶 兴 田苏睿 田哲嘉
田一鸣 田宸嘉 田濛濛 田浩宇 田甄予 童子文 童 言 童天芹
童 乐 汤智博 汤景雯 汤俊辰 屠 超 屠华龙 屠俊豪

W.	王艺琪	王文杰	王明锋	王 刚	王广华	王海东	王 云	王斌峰
	王海华	王 坤	王晟钰	王瑞冬	王雨明	王 宇	王 钧	王 平
	王 勇	王永安	王 震	王 璐	王丽娟	王红根	王小飞	王震宇
	王梓丞	王逸新	王文愷	王廉程	王禹开	王曦晨	王嘉轩	王义顺
	王振轶	王言浩	王铭旭	王梓淳	王铖玉	王 浩	王子旸	王禹尧
	王静瑶	王子昊	王梓锐	王峪文	王宇康	王雨涵	王辰伊	王桐磊
	王逸凡	王一丁	王宇轩	王宇涛	王宏嘉	王宸瑞	王绎铭	王天宇
	王泽宇	王玉珏	王 昶	王震宇	王非凡	王辰伊	王冰冰	王凯银
	王泽方	王枭杰	王 祺	王文杰	王夏添	王志伟	王乐铭	王建成
	王梓涵	王文俊	王占耀	王晨阳	王庆鑫	王舰锋	王 炜	王楷琪
	王超越	王廷睿	王振轶	王思喆	王绘淇	王羽扬	王 涵	王祺骏
	王瀚瑢	王嘉轩	王灵萱	王宇泽	王骏贤	王预辰	王康吉	王歆雯
	王佳慧	王政喻	王 政	万学远	万嘉玮	万嘉轩	万嘉皓	万宇鑫
	万佳皓	万李阳	万润睿	汪雅菁	汪禹城	汪一涵	汪 勤	吴健飞
	吴杰灵	吴雨恒	吴迪文	吴骐任	吴 虑	吴碧君	吴政延	吴 双
	吴浩宇	吴志华	吴文娟	吴竞阳	吴欣慰	吴朝贤	吴自华	吴华源
	吴震宇	吴 妍	吴宣言	吴羿玮	吴睿扬	魏志鹏	韦正杰	魏慕蓉
	魏建南							
X.	许伟杰	许涵宥	许辉明	许亦萌	许翊扬	许煜晨	许景翔	许怿航
	许子轩	许 晖	许国余	许 诺	许宸玮	许睿恒	许清霖	许钧泽
	徐浩轩	徐 波	徐 剑	徐晓龙	徐 强	徐衡东	徐启瑞	徐鑫炎
	徐文卓	徐谨轩	徐佑宸	徐嘉骏	徐一涵	徐季睿	徐晗杰	徐承昊
	徐伟杰	徐晨玮	徐子龙	徐子昂	徐锦辉	徐佳麟	徐艺桐	徐梓豪
	徐樊艳	徐文君	徐陈承	徐鑫宇	徐 昊	徐嘉诚	夏建平	夏泽宇

	夏　泽	夏雨欣	夏誉宸	夏成溪	薛凌峰	薛新晨	薛辰逸	薛浩然
	薛晨希	薛臻明	薛子煜	薛　康	薛　乐	薛凡飞	薛　玲	薛　峰
	薛殿华	薛文伟	邢嘉禾	邢妙妍	熊张涵	熊奕瑄	荀　皓	荀亚云
	谢志武	谢文彬	谢其成	谢国龙	项彬彬	席光耀	奚振宇	肖开严
Y.	杨锐明	杨靖轩	杨瀚轩	杨　铭	杨　真	杨一帆	杨梓晨	杨志成
	杨一笑	杨　敏	杨　菲	杨　虹	杨　红	杨瑞希	杨金诺	杨浩宇
	杨亦轩	杨天宇	杨　鑫	杨瑞康	杨絮淇	杨　硕	杨玥辰	杨一睿
	杨治航	杨曦南	杨雨陈	杨晶雯	杨思腾	杨　灿	杨竣焜	杨雨辰
	杨星宇	杨嘉敏	杨锐铭	杨紫淇	杨雨宸	杨沛轩	杨境宽	杨玉桂
	姚凯文	姚嘉乐	姚　瑶	姚博元	姚　沛	姚　志	姚爱东	姚　磊
	姚建祥	袁　凯	袁子轩	袁晨雨	袁　洋	袁泽鑫	袁镇涛	袁嘉霖
	袁菁菁	袁兆楠	袁　芳	袁　斌	袁瀚洋	袁仕成	袁歆瑶	袁泽羽
	袁承轩	袁承熙	袁子安	袁嘉泽	严刘炜	严文泽	严雨彤	严学东
	严如玉	严　实	严志伟	严礼杰	严　鑫	严　烽	叶立果	叶佳俊
	叶嘉欣	叶　伟	叶　彬	叶一一	叶志鹏	叶亚林	易彩霞	易海阳
	易雨欣	于　涛	于　乐	于代新	于诗瑶	于俊飞	于宸宇	于慧敏
	于姜子昂	尤泽涛	尤玉轩	尤振宇	尤明明	殷　飞	殷毅帆	殷思远
	殷志文	殷子睿	殷欣怡	尹宇晨	尹韵淞	尹　磊	尹　静	俞　龙
	俞苏健	俞　超	俞致远	俞仕杰	郁子娴	郁景涵	燕　琦	燕希皓
	燕康乐	燕森茂	严建熙	尹　果	岳子媛	尤臣杰	闫　星	
Z.	朱羿铭	郑晓东	张皓轩	张照强	张静静	张泽浩	张盛杰	张子萱
	张子皓	张智轩	张旭东	张鑫龙	张聪健	张冬明	张　梅	张　勇
	张太根	张　超	张勇兵	张绍伟	张丁琪	张钧淏	张家鑫	张锦科
	张昊宇	张　瑞	张明阳	张宇桐	张　震	张丁琦	张　歆	张思涵

张　岑　张　浩　张紫凌　张子杰　张秦磊　张天祥　张　晶　张娅旻
张展望　张子儒　张　敬　张天宇　张家瑞　张哲源　张建凯　张佳祺
张天一　张　杰　张勇康　张健轩　张宇锋　张晚家　张　超　张欣泽
张宇轩　张宥辰　张梦如　张　钰　张佳琪　张杰涛　张文宇　张陈淞
张绍伟　张欣怡　张泽洲　张维佳　张泽浩　张新月　张睿安　张全啸宇
张宋智敏　赵振阳　赵毓雯　赵　楠　赵正银　赵俊杰　赵　帆　赵津煜
赵泽羽　赵雨泽　赵家栋　赵子昆　赵德洋　赵思源　赵泰宇　赵天昊
赵　羽　赵格非　赵天娇　赵伊灵　赵泽滨　赵金芳　周维亚　周　路
周心悦　周心成　周树涵　周　鑫　周枢研　周　佳　周子洋　周美娜
周美兰　周智勇　周　辛　周新林　周逸洋　周子健　周　涛　周冠澄
周琲儿　周　董　周　斌　周政禹　周驰闳　周明玉　周思睿　周晶羽
周雨洋　周铭轩　周芷卿　周　锐　周浩洋　周天祺　周慧康　周星潼
周文杰　周铭明　周林峰　周泽宇　周迟钰　周文斌　周萌萌　周欣喆
周家辉　周雨浓　周钰涵　周传意　朱加刚　朱晨贤　朱世豪　朱思源
朱竞池　朱佳琪　朱语韵　朱昱童　朱　勇　朱　剑　朱骐乐　朱豪喆
朱雨泽　朱宇轩　朱雨佳　朱　亮　朱利军　朱　辉　朱鹏飞　朱健宇
朱　俊　朱礼文　朱建军　朱逸凡　朱宸阳　朱亦玮　朱晓吟　朱宸阳
朱奕铭　朱　凯　朱晟睿　朱心翌　朱欣禹　朱李峥嵘　邹相杰　邹润生
邹　钰　邹丽华　邹小刚　邹王旻昊　翟泽宇　翟文涛　翟静儒　翟亦乐
翟慧敏　卓一一　郑旻昊　郑泽瑞　章馨文　章云轩　仲子航　查子民
曾俊睿　詹唯佳　征熙民　左忠志　藏　晖　郑　翔　郑　汉

第十章

论大人物，不是一个人在战斗

说到“大人物”这个词，大家都应该不陌生，每个人心中都会有不同定位的“大人物”。虽然对大人物的界定没有固定模式，大家会从各自的角度认识，但往往在人们心里，大人物总是高高在上，有一定权威或超出常人的能力，其中不乏有钱有势的各路明星们。

贾玉宏曾受邀参加聂卫平、胡荣华、谢军在天津举行的“中华棋坛三巨头”新书首发式。那次发布会历时两天，贾玉宏和三位棋界大师欢聚一堂，零距离接触，体会他们的成败历程，给他留下了深刻印象。毫无疑问，他们算得上公认的棋界大人物。

其实，在智慧足球棋推广近20年间，贾玉宏认识并拜访过的公众熟知的“大人物”有很多，涉及许多行业，其中足球界和棋界的最多。和他们接触交流，主要是在2015年之前，其中有一些人至今仍然和贾玉宏保持联系，在微信中聊天互动。那时和他们联系接触多是贾玉宏主动拜访的，因为在智慧足球棋的推广中，他一直想寻求“大人物”们给予他关注和支持，来提升智慧足球棋的价值和影响力，或者通过他们的帮助加快推广速度，以达到事半功倍的效果。

但现实是残酷的，许多“大人物”有自己的原则，不会轻易出手相助。

在推广之初，贾玉宏曾两次写信给中央电视台某著名节目主持人，信寄出后，如同石沉大海。而2004年春节前寄给中央电视台某足球节目主持人的第一代足球棋，春节后又原封不动回来了。

2006—2008年期间，贾玉宏接触到的“大人物”最多。贾玉宏去拜访他们，他们并不回避，甚至可以坐在一起谈天说地，交流棋理棋趣和推广策略及要领，仅此而已。见了“大人物”，往脸上贴金，智慧足球棋就能提升档次了吗？不现实，也不成立。

在现实推广中，贾玉宏深深体会到：一种全新的发明创造，不是“大人物”们说好，就一定能让人们接受和认可。“大人物”不是新事物的受益者，而大众参与者才是这项新事物的评价官，他们说好，才是真的好，才值得发展下去。

贾玉宏了解到的一位新产品发明人，有钱有背景，在推广自己的项目时投入巨资，一些公众人物为他出面撑场子，摇旗呐喊，而最终换来的是什么？有实例摆在那，尽管他有经济实力，走的是上层路线，但长期下来未见效果，在挣扎之中苦苦坚守，也就失去了意义。

据了解，这位发明人设计的新产品，从最初定型推广起，至今没做过任何改动，保持不变，都是在推广策略上下功夫。而且为了保证他发明的产品带有神秘色彩，他将自己“隐藏”起来，由其他人推广，他不轻易露面，在背后策划。每当他出场时，都是以显贵的身份出现在公众面前。这无疑是高明的推广智慧，但是他忽略了一个实际问题，就是发明的项目一定要适合大众，不适合大众的口味和需求，注定不会成功！自己发明的东西，自己感觉再好也不一定就好，而大众体验后说好，才是真正的好。这是现实的，必须面对。

贾玉宏发明并推广智慧足球棋与这位发明者走的路数完全不同，这是两个人之间的社会背景、经济实力和产品的内涵所决定的。

首先，没有经济实力，又没有社会背景，那么所谓的“捷径”就很难行得通，正是因为这两点，贾玉宏不得不踏踏实实亲上“战场”，冲锋陷阵。

实践证明，正是他带着智慧足球棋走进大众之中推广，看到了最初设计的缺陷和不足，通过对弈验证，加以改进完善，让智慧足球棋更加科学合理，才会被越来越多的人认可和接受。这是新项目发展成熟的过程，不可回避。看起来他前期推广的速度太慢了，且花尽了家中的积蓄，把身体几乎都搞垮了，但这个过程如同建造摩天大楼要先建好地基一样，不可或缺。建好了基础，后面才能顺利；否则，将会前功尽弃，导致失败。

其实，世界上有许多实例都证明了这一点：不要妄想一夜成功。不经历过程，即使火了，也只能是昙花一现。围棋、中国象棋、国际象棋、国际跳棋等传统棋或其他项目，都是经过一代又一代人的打磨后，才得以成熟并流传至今。

贾玉宏发明的智慧足球棋从灵感萌发到钻研设计，再到推广验证并进行修改完善，期间经历了太多的不容易。

有时候贾玉宏也会想，自己千辛万苦冲过层层障碍，取得了阶段性的成功，那自己是不是也成了“大人物”了？

许多人看到他今天取得的成绩，都会伸出大拇指为他点赞，认为他一个人做出这样的成果很是了不起。但是贾玉宏的心里非常清楚，这一路走下来，其实并不是他一个人在战斗，而是那些积极参与、热心相助和支持他的人们一起在战斗，智慧足球棋才能持续走到今天。

正因为如此，在贾玉宏的心中，那些支持和帮助他推广智慧足球棋的社会各界人士，他们是真正的大人物。

后　记

写我和智慧足球棋的故事，应该是五年前的一个想法。现在已经记不清是哪一天哪一日了！那时智慧足球棋推广已经走出了低谷，进入上升阶段。当初有了这个念头后很兴奋，心里有一种莫名的激动，觉得给自己写书立传是人生中最精彩的事！但是冷静下来，感觉到有很大难度，有些不可思议，尤其是对于我这样没有写作经验，也没有出版过书籍的人来说，难度更大。

世上的许多事，你有意去做，刻意去做，可能不一定成功；而顺其自然，或有意无意地去做，说不准一步步也就成了！智慧足球棋的最初发明过程和本书的写作就是在这样的意识下完成的！

写作《不是一个人在战斗：贾玉宏与智慧足球棋的故事》这本书的初始想法只是讲述自己发明和推广智慧足球棋的艰难过程，记录自己的经历和不易。那时在立意和构思过程中做了许多设想，故事的中心内容更多倾向于突出自己。因此最初的书名设想了两个：一是《昨天、今天和明天》，二是《贾玉宏的智慧足球棋人生》。从书名上不难看出，当初的想法个人意味比较强。但是在写作的过程中，渐渐感觉到在智慧足球棋长达 18 年的推广过程中，是许许多多的热心人出手相助，才使得智慧足球棋能一路走下来，因此这些热心人也是故事中的重要角色。这样就有了《不是一个人在战斗》这个主书名。

《不是一个人在战斗：贾玉宏与智慧足球棋的故事》这本书文如其名，“全景式”讲述了智慧足球棋从发明创造到普及推广的全过程。在阅读这本书之前，许多人可能会认为我是靠自己一个人单打独斗推广成功的！那是不可能的，也是不现实的。智慧足球棋一路走到今天，离不开社会各界人士的支持和帮助，是他们和我一起在战斗，他们也是推广中的重要力量，是可敬的人。没有他们出手相助，智慧足球棋是不可能有今天的成绩。

《不是一个人在战斗：贾玉宏与智慧足球棋的故事》即将付梓出版，了却了我的一个心愿！这本书是我从当初发明创造智慧足球棋到推广普及至今的一个总结，也是推广工作取得阶段性成绩的标志，是智慧足球棋发展至今的里程碑！智慧足球棋未来的路还很漫长，只有努力前行着，才能接近更高的目标。

有关智慧足球棋的故事还有很多，但限于篇幅，只能就此搁笔了！还有许多为智慧足球棋推广做出贡献的各界人士，他们热心相助，令我感动，让我难忘！为此，专门写了第十章“大人物”，将他们一并写入其中！他们中有相关部门领导，有媒体记者，有学校校长和老师，以及各界热心人士。他们助力智慧足球棋推广普及，谱写了许多感人的故事，只能在此一并感谢了。

本书是我的处女作，而紧随其后还有两部书稿在整理中，第二本已经有了初稿，是智慧足球棋的普及教学书，书名暂定为《智慧足球棋完全自学》，这本也将争取在今年内完稿。第三本题材是“智慧足球棋和我的学生们”，还没有命名。目前已经完成了部分稿件，预计 2023 年底有望完成全稿。有了本书的写作经验，相信今后其他书稿的写作，会轻松一些。

由于本人写作水平和经验有限，难免有错漏之处，恳请读者朋友们包容和指正。

感谢社会各界热心人士给予我和智慧足球棋的支持和帮助，我将继续前行，为之努力！

贾玉宏

2022 年 5 月 8 日